辽宁社会科学院2010年度省财政资助重大课题
《辽宁农村经济社会研究》的最终研究成果

民生哲学问题研究

——以新农村建设为例

牟　岱　著

人民出版社

目 录

前　言

　　民生哲学解决的是"民"的生存和发展问题。"民"的生存不仅包括实现其物质存在需要的形式，更包括实现其精神存在的内容，"民"的存在不仅要满足其衣食住行，还要满足其精神文化的需求。也就是说，"民"的生命的生存和发展不仅仅是一个为满足生命延续而提供物质需求的问题，也包括为满足生命延续而提供精神需求问题。其中"民"的生存和发展的依据标准不是简单的生物学意义上的延续生命的物质要求，更重要的是延续物质生命的理性要求，民生就是"民"的物质生命和精神生命的有机延续。也就是说，作为"类"的生命不仅要存在，还要体现"类"的本质特点的发展。人的"类"的生命存在形态理想应该是马克思所说的使人成为"自由的人"、"全面发展的人"。为此，民生哲学理论不仅强调保障人的物质需求，还更为强调保障人的精神需求，这两者是缺一不可的，也是辩证统一的。仅仅保障人的物质需求，不过就是实现了人的生物性存在和延续，没有实现人的理性存在；从满足物质需求看，无法把动物的存在和人的存在区别开来。只有在保障人的物质需求的同时保障了人的精神需求，才是使人区别于动物地实现了理性的生存和发展问题。正因如此，从中国文化的道统看，民生哲学不仅仅是指人的生存问题，它实际上是一个"心物合一"的问题（孙中山语），应该是人性中的心性与物性的统一发展问题，单纯地发展一个方面，就会导致人畸形发展。

　　中国的基本国情特征之一就是中国是一个农业大国，中国的发展问题，核心就是要解决农村问题。中共中央十三届八中全会的决议中曾明确指出："没有农民的稳定和全面进步，就不可能有整个社会的稳定和全面进步；没有农民的小康，就不可能有全国人民的小康；没有农业的现代化，就不可能有整个国民经济的现代化。"因此，农村问题对中国的发展是至关重要的。

　　新农村建设是在改革开放的历史新起点上，解决中国农村问题的一个举措，它实际上就是要解决改革开放以来我国农村（"三农"问题）发展滞后的问题。解决中国农村问题的关键就是要解决温饱问题，也就是说解决农民

1

的民生问题。这是解决中国农村问题的一个基本点。早在 20 世纪 30 年代，著名学者费孝通通过对中国农村进行典型研究，就准确地把握住了中国农村的基本问题："中国农村的真正问题是人民的饥饿问题。"① 到 20 世纪末，中国的农村改革实际上还是致力于解决农民的温饱问题。2008 年新华社的报道显示，中国农村贫困监测数据显示，从 1978 年到 2007 年，中国农村尚未解决温饱的绝对贫困人口数量已从 2.5 亿下降到 2479 万，占农村总人口的比重由 30.7% 下降到 1.6%。② 但是，根据 2009 年民政部的统计数据显示，目前中国农村贫困人口仍有 4000 多万，国家计划要在 2020 年将我国的绝对贫困现象基本消除。③

由于我国农村独特的贫困特点首先在于我国农村的贫困人口分布存在一个区域不平衡性，绝对贫困主要集中在中西部贫困地区，贫困人口占全国总贫困人口的 80% 以上。个别省份的绝对贫困人口达到了全省（区）农村人口三分之一，远远超过了全国贫困人口的比例平均数。其次，我国城乡贫困差异较大。我国是发展中国家，发展中国家的城乡差异较大，农村人口较多。因此，城市和农村宜制定不同的标准。我国的城市与农村由于在一个较长的历史时期实行一系列不同的具体制度，形成了二元社会结构的状态，就现实而言，只能制定不同的贫困标准。因此，我国贫困人口的界定标准存在城乡二元化标准问题。最后，我国的贫困标准也远远低于发达国家的国际化的标准。例如，中国 2005 年的农村贫困标准是 683 元，与此同时，美国同期的贫困标准是一万多美元。如果按照美国的标准，我国的贫困人数则会达到全国人口的半数。我国的贫困标准偏低的问题表明，同样是维持人的生存，标准存在着很大的差异性的。按照这个标准，美国的生存标准对于我国来说就是实现了生命的高质量存在。而根据 2010 年我国商务部的统计数字显示：国际上通行的贫困线是每天收入不足一美元，中国 2009 年的贫困线是 1196 元人民币，即每天收入不足 0.5 美元的才算贫困人口。中国还有 1.5 亿人未达到联合国一天一美元收入的（贫困）标准，这就是中国的现实。这更准确地反映了中国的现实，也就是中国是一个人均 GDP 在 100 位以后，还有大量的贫困人口的发展中国家。即使按照中国人均收入 1300 元贫困标准线，还有 4000 多万

① 费孝通：《江村经济——中国农民的生活》，江苏人民出版社 1986 年版，第 200 页。
② 新华社：《中国农村绝对贫困人口已经从 2.5 亿下降到 1479 万》，中央政府门户网站 www.gov.cn，2008 年 7 月 8 日。
③ 《我国农村贫困人口仍有 4 千多万 2020 年基本消除》，人民网，2009 年 04 月 22 日。

人没有脱贫，这都是中国的现实。①

按照我国目前的贫困界定标准，到21世纪初，我国的绝对贫困人口将逐年减少，但是，最大的问题就是我国目前解决温饱问题的长效保障机制还是没有完全建立起来，处在贫困边缘化的人口比例较大，一旦有什么突发性问题出现，返贫人口即刻增加，农村的发展很快又会出现一些影响农民生产和生活的民生问题。例如，国际金融危机的影响发生后，马上导致我国农业和农民的生产和生活等普遍受到严重影响。我国农民收入受自然灾害、意外事故、疫情、突发事件等影响波动很大，如受禽流感、三鹿"三聚氰胺奶粉事件"、四川"蛆柑事件"的影响，导致很多农民因灾返贫现象严重。而且，我国的农业风险保障体系不健全，农业保险制度不完善、覆盖面窄，主要农作物、大牲畜参保率不超过总数的5%，除主要品种粮食之外的农产品市场价格保护机制尚未建立。因此，尽管我国的农村发展取得了很大成就，但是，三农问题仍然很脆弱，温饱层面的民生问题一直是我国农村社会发展中不容忽视的、潜在的隐患问题。

因此，2005年底国家提出新农村建设的发展战略，其核心问题就是要在解决绝大部分农民温饱问题的前提下，进一步解决绝大多数农民的更加富裕问题，也就是解决农民的增富问题，这实际上就是要解决农民的进一步发展问题。加大富裕的程度，或者依靠持续性增富，最终在富裕的量的绝对值上超过贫困，这种发展方式，可以增加农民对贫困反弹的抗击力。但是，这种思路不是长效和机制性解决贫困问题的办法。由于新农村建设从一开始就面临着城乡二元结构矛盾和农村支持城市发展的惯性动力影响，特别是新农村建设初期面临着涉农政策调整不到位、基层政府服务脱位、社会结构调整离位、农民心态调整缺位等问题，使新农村建设要解决的农民发展问题（增富问题），变成了解决农民的生存问题。民生问题成为了新农村建设中不可回避的问题，并且如何看待和解决这些民生问题也存在一个方法论和价值观的问题。

在新农村建设初期，农民成为"三农"诸多问题和矛盾的承受体和化解体，很多农村建设的政策及其引发的效应，都落在了农民身上，农民成为农村改革引发的震荡的缓冲器。例如，国家免除农业税后，农民必须承担由此

---

① 胡笑红：《商务部谈GDP超日：1.5亿人收入低于国际贫困线》，《京华时报》，2010年8月18日。

引发的生产资料价格上涨的影响；实行免费义务教育和"撤村并乡"后，农民家庭不得不承担由此引发的教育成本（就学交通成本、住宿成本、膳食费用等的增加）的上升问题等等。在新农村建设的开始，农民还没有从新农村建设中受益，特别是农民还没有实现增富前，这类新农村建设引发的新问题，直接寻致农民的生存问题，特别是高质量的生存条件已经遭受严重的危机，并直接导致了农民生活水平的下降。这就无法谈及农民的增富发展问题。因此，只有首先关注和解决农民的生存问题（如温饱问题和一些基本精神需要满足问题），才能解决他们的发展问题。三农问题本身就是中国最大的民生问题，因为中国有九亿多农村人口，农民、农业和农村的发展出路直接关系我国现代化发展的全局，这成为当代中国最大的民生问题。因此，在新农村建设过程中，农民的生存和发展问题是新农村建设中的核心民生问题。

要处理好新农村建设中的民生问题，必须要从哲学方法论的高度，权变地审视新农村建设过程中的一些民生问题的内在联系。特别是如果要在实践操作层面解决农民目前遭遇的民生问题，就必须从主客体的关系出发，明确新农村建设的宗旨、目的、切入点、主体需求等问题，并把新农村建设的主体对象——农民的生存和发展需求，作为新农村建设的出发点和归宿，才能有步骤地、明晰地推进新农村建设的战略和实施工作，实现目的与效果、动机与结果的统一，决策目的、实施行为与民的需求满意度的统一，这是民生哲学的核心问题。为此，新农村建设或者现代农业发展，抑或是城乡统筹，都必须要解决好以下几个问题。

第一，明确影响农民增富的制约因素。在解决农村问题上，不论推进什么发展战略，是叫新农村建设，还是叫发展现代农业，或者是叫城乡统筹等等，都要始终明确，在不同历史时期和发展阶段推进这些发展战略的时候，有利于农民增富的因素有哪些，制约农民增富的因素都有哪些，这是发现农民民生影响因素的关键。这一点就决定了新农村建设要从理论上明确影响农民生存和增富的制约因素和条件。此外，新农村建设提出一个明晰的建设目标固然重要，但是，还要明确的实现目标的路径。只有从解决那些严重影响农民生存和制约农民致富的因素条件入手，才能从农民的实际困难出发，确定新农村建设的理论研究和实践操作的切入点，为驱动新农村建设奠定一个良好的开局起点，也可以很好地明确新农村建设工作实施的具体着力点所在，同时，更从政治上顺应广大农民的期望和心愿。

第二，明确农民增富实现的保障条件。新农村建设要在理论和实践上明确保障农民增富和发展的要素条件，明确这些条件的实现途径，为此，新农村建设不仅要有一个国家的达标体系，更要帮助农民制定新农村建设中的具体增富目标，确立实现目标的途径和方法，建立保障目标实现的服务支撑系统。在这个过程中，基层政府在新农村建设中的作用就是，通过积极创造农民增富的保障条件，帮助农民实现国家的预期目标和自己的增富理想。这些保障条件包括农村的基础设施建设、发展生产的资金保障、农业技术保障、农产品市场信息、农村社会保障、农村教育保障、农民的医疗保障和满足农村文化需求等方面。具备和完善了这些条件，农民的增富才是真正有了保障。

第三，新农村建设要处理好主客体的地位关系问题。新农村建设的主体是谁，从一开始就需要明确，因为新农村建设要主要依靠这个主体，而这个主体从一开始并不十分明确。农民历来是中国农村的主体，建设新农村，就要依靠农民这个主体，而实际上，从新农村建设初期以来，基层政府单方面地按照上级要求开展新农村建设，成为新农村建设的主体，农民没有发言权和参与权，只能在一旁观望。这严重挫伤了农民的积极性和主动性，甚至严重影响农民的创造性的发挥。因此，新农村建设首先要在理论上明确建设的主客体是谁；其次要在实践操作上处理好主客体之间的相互关系；最后，主客体之间是否实现了对称发展，取决于农民的满意度。新农村建设的主体应该是也必须是农民，农民在新农村建设过程中的主体地位必须保障，否则，新农村建设就会失去意义和方向。因此，新农村建设要在政府主导推动的前提下，充分发挥农民建设新农村的主体积极性和创造性，让农民按照自己的想法建设新农村，这样新农村建设才能成为农民满意、科学发展的民生工程。

第四，新农村建设是在解决中国社会的结构性发展不平衡问题，是在提升中国发展水平。新农村建设不是单纯解决"三农"问题，它是通过开展新农村建设，解决城乡社会发展的结构性失衡现象。城乡发展的结构性失衡是理论印证和人类社会发展的普遍存在的问题，在新农村建设初期，对这一点认识我国还需要达成共识，国际金融危机帮助我们认识到了这一点。实际上改革开放30年发展经历已经表明，在中国的城乡发展问题中，只是从1978—1984年和2006年以来，是中国农村和农民的黄金时代，这期间的农村改革增进了农民的利益，提升了农民的生活水平，与此同时也并没损害城镇居民的利益，是一种典型的"帕累托改进"（PARETO IMPROVEMENT）的改革结果，因而这期间的城乡关系一度好转和正在好转。1984年后的城乡关系发展一直处在非良性状态中，导致中国城乡关系极不平衡，表现就是城市持续地

"剥夺"农村。在城乡发展问题上，农村的发展并不是要与城市发展脱钩，相反，是要实行城乡一体化的统筹发展。2006年以后，我国逐渐开始进入统筹发展阶段，但是，形式上的统筹较多，表现就是单纯追求城市化，忽视了国际上发达国家的城市农村化发展的趋势。统筹的重点应该是城乡居民的待遇保障和基础设施的一致化和统一化。城乡居民生存环境和生存标准的统一化。为此，解决中国的科学发展问题，关注以人为本固然重要，但是在新农村建设发展战略中，科学发展的深刻含义就是解决"三农"问题；开展新农村建设运动的客观意义则是通过城乡平衡发展，提高农民的生活水平和消费水平，进而实现挖掘农村消费市场，为从机制建设上推进国家的科学发展、转变国家发展方式、扩大内需发展奠定基础。

第五，新农村建设不仅要坚持以人为本，更要遵循以规律为本。以人为本是新农村建设必须要贯彻和实现的政治要求，同时，新农村建设还要贯彻和实现以自然规律为本的科学目的。新农村建设是中国社会的变革，也是探索发展理念的实践变革。新农村建设的事实表明，新农村建设的实践都是在科学发展观的指导下进行的，都是以贯彻以人为本为宗旨的，但是，新农村建设中出现的一些影响农民切身利益的民生新问题（如滥用自然资源、破坏生态平衡、农村成为城市的垃圾场和污染转移场所等问题）也表明，同是在坚持科学发展，却带来的一定的负面结果，这是实践科学发展观的过程中，形式上地提倡以人为本导致的结果。因此，在坚持以人为本的同时，不能忽视以自然规律为本。以自然规律为本是以人为本的基础，忽视客观规律发展的以人为本，不是科学发展的宗旨所在。在符合客观发展规律的情况下实现的以人为本才是真正的科学发展的体现。因此，新农村建设带给我们的发展理念启示就是，必须在尊重客观发展规律的前提下，实现以人为本的目的。

我国开展新农村建设，首先要在理论上厘清与其他国际农村发展战略的区别。新农村建设的初期，学术界和理论界曾经有过一种观点，认为中国的新农村建设是借鉴韩国的"新乡村运动"（或称"新村运动"）的启示和理念的结果，因此，很多学者对中国新农村建设的评价，往往借助于韩国的"新乡村运动"这个参照系。而实际上，韩国的"新乡村运动"与中国的新农村建设截然不同。对此，国内很多学者也做过很有意义的理论区分探讨。韩国"新乡村运动"权威人士金裕赫教授曾对两者的不同做出了深刻的评价，这对于我们从理论上厘清中国新农村建设和韩国"新乡村运动"意义十分重大。

2007年辽宁社会科学院会同几个单位举行的"中国新农村建设问题"国

际研讨会。来自韩国、日本、荷兰以及国内的很多学者参加了这次会议，其中，韩国哲学家金裕赫教授也应邀参加了会议。金教授是当年韩国"新乡村运动"的参与人之一，也是当时韩国总统朴正熙的"新乡村运动"委员会的顾问之一、韩国"新乡村运动"委员会副会长，亲自参加了"新乡村运动"的全过程，对韩国的"新乡村运动"具有权威性认识和理解解释。

金裕赫教授说，1970年4月22日，韩国发起了以改善农村基础环境等十大事业为主要内容的"新乡村运动"（"新村运动"），从而推动了韩国农村进入现代化的进程。很多中国学者一直推崇韩国的"新乡村运动"，甚至很多报刊也登文提出中国的新农村建设可以借鉴韩国的"新乡村运动"，并且近几年也有成千上万的中国政府官员到韩国考察韩国的"新乡村运动"的发展成就。针对中国学术界和政治领域的这些倾向，金教授有针对性地介绍了当年韩国"新乡村运动"的一些做法和经验。

金教授说，韩国的"新乡村运动"同中国的新农村建设一样，都是一种国家关于发展农村的战略，目的都是要改变落后的农村，让"农民过上好日子"。但是，韩国的"新乡村运动"有几点不同于中国的新农村建设。

首先，韩国"新乡村运动"主要是精神文化运动，中国的新农村建设是经济运动。韩国的"新乡村运动"不是政府投入的工程，而是农民自救的新文化运动，目的在于改变农民精神现状，更新农民观念，培养新农民素质，是要农民自醒自救的运动。因为当时韩国农民经过战争后，土地被战争摧毁了，乡村到处是废墟，很长时间农民不知道做什么，每天喝酒和赌博，农民的精神状态颓废，农村的气氛很不好，消极颓废成为主要的农民心态。因此，政府决定改变农民的这种精神状态，提出了"我们也能过上好生活"的倡议，开始了"新乡村运动"。通过"新乡村运动"，韩国提高了农村农民改变自身生活的能力和自立程度，加快了改变农村现状和农村经济的速度，培育了国民经济腾飞的精神基础和经济基础，增强了韩国人民的自豪感和自信心。所以，韩国的"新乡村运动"不是单纯的经济发展运动，而是民族精神振兴的文化运动。

其次，韩国"新乡村运动"的发起动因和目的是为了解决韩国工业发展的出路问题，中国的新农村建设是为了解决城市和农村发展不均衡问题。"新乡村运动"开展时，韩国农村人口占全国人口的75%以上，由于农村贫穷，农民没有购买力，工厂的产品没有销路，工业生产受到严重的制约，工业化发展受到了制约和阻碍。在这种情况下，韩国政府号召全体国民齐心协力，以勤奋的劳动，改善农民的生活水平，提高农民的消费能力，提高国家的生产率，进而积累发展实力，使韩国农村得到尽快发展，韩国农村的生活水平得到尽快地提升，也使城市的工业得到尽快的发展。因此，韩国的"新乡村运动"是为了通过提高农民生活水平，提高农民的消费能力，扩大经济发展的内需，促进民族工业化发展和国民经济快速发展。

在韩国随后的发展中，证明韩国的这个发展战略是十分正确的。在韩国"新乡村运动"中，农村经过五年的发展，农民获得了很大的增收，增收农民的资金随后开始流向城市，转移到工业，城市的工业则由于农村社会的发展，为其提供了广阔的消费市场和资金动力，韩国的工厂规模也日益扩大，形成了一定规模和实力的民族工业，并逐渐奠定了向国外进军的实力，最终使韩国发展成为出口国。所以，韩国的"新乡村运动"是为韩国民族工业发展提供需求出路的发展战略。

最后，韩国的"新乡村运动"是以精神投入为主的发展战略。韩国政府在"新乡村运动"中的资金投入是很有限的，其投入的最重要东西就是全新的发展价值理念；而中国的新农村建设是政府主导下的资金投入的发展工程。韩国政府对"新乡村运动"几乎没有什么资金投入，实际上韩国政府对每一个乡村的基本投入只是三百袋水泥和十吨钢材，让每个村子都修路和修桥，建设好交通便于出行，此外没有其他的政府投入。后来在"新乡村运动"后期，韩国政府还对搞得好的乡村进行一定物质奖励，但是资金很有限，一个建设得比较好的村子的奖励资金约二十万人民币，并要求全部用于建设村部和村里的公共基础设施（村图书馆或者文化活动场所等）。所以，在韩国"新乡村运动"中，韩国政府的投入很少，加在一起的投入大约五千多万人民币，这和中国政府在新农村建设的第一年就投入两千多亿的资金无法相比。"新乡村运动"取得了很大成就，奠定了韩国的全面的发展基础，关键就是韩国政府在"新乡村运动"中为韩国农民提供了全新的精神理念和民族发展价值观，特别是韩国政府主要帮助农民树立"能过上好日子"的信念和决心，并帮助韩国农民实现他们的想法。此外，韩国政府的另一个投入就是全国上下的人力和人才资源的义务投入。韩国政府发挥政府的协调职能，动员和组织了全国的专家学者和官员，甚至自愿参加的大学生，组成"新乡村运动"指导顾问团义务到农村实行定点承包的办法，和农民一起研究新乡村的发展，定点帮助每一个村子制定自己发展规划和发展特点，然后让农民自己去做。至于农村如何发展，农业如何发展，农民如何发展，这是他们自己决定的事情。

他们自己知道应该如何做，一旦农民需要政府帮助时，政府就马上出面帮助他们解决困难。

因此，韩国的"新乡村运动"对中国的新农村建设仅是具有参考作用，各国国情不同，中国应走出符合自己国情的农村建设之路。但是，我国的新农村建设在理论上能够从韩国"新乡村运动"中借鉴的主要有三个理念问题。①新农村建设应该是我国扩大内需、转变发展方式、实现科学发展的战略。开展新农村建设，就是要实现扩大内需的目的，这是根本所在。如果不从这个高度认识，就会使城市发展和工业化发展走入困境。从一开始我国在实践操作上不是很明晰的，只是在金融危机后，我国才认识到应该挖掘农村消费市场问题，而这个时候新农村建设已经开展了三年多了，至今我国还没有形成完备的农村消费市场建设和发展的理论体系。②新农村建设应该是以农民自救为主的民生工程，政府的职能就是帮助农民建设新农村，帮助农民和农村根据新农村建设要求制定发展规划和实施发展规划，培育新农村建设的主体。③新农村建设要精神投入和资金等物质投入并举，并且通过精神投入提供给农民全新发展理念，帮助他们最终建立全新的精神世界，这要重于通过资金投入建立的新农村。因为理念和价值观问题解决了，农民自己知道如何赚钱和赚钱后做什么等问题。

这三点启示对于我国深入推进新农村建设工作是意义深远的。

第一章　新农村建设背景下的哲学关注走向

　　我国的新农村建设是在科学发展观指导下实施的国家发展战略，科学发展的核心是要以人为本地解决民生问题，关注民生已经成为新农村建设时代的主旋律。因此，新农村建设背景下的当代中国进入了一个以民生为本位的时代，解决人民的民生问题，是中华民族在这个特定发展时期的首要问题，也是中华民族实现伟大复兴的现实任务。哲学作为时代精神的反映，其走向也要体现民生精神和民生理念，为时代解决民生问题提供方法论和价值体系以及技术手段，特别是要形成以民生为本位的时代哲学特色和民族文明发展特色，把民生作为哲学研究的主题。为此，当今时代是民生哲学的时代，反映人民需要的民生哲学理论才能为人民的生活实践、个体和社会群体生命的生存和发展提供精神指导，进而促使人民尽快实现个体自身完善，成为"全面发展的人"，加快人类进入和谐社会境界的步伐。

　　哲学是时代精神的产物，时代精神是随着人的生存环境、人的需要和社会崇尚趋势的变化而变化的，哲学也必然要相应超前或者同步地反映这些变化。当今世界人类面临的最大不协调发展问题就是，由于物质生活和精神生活不能同步发展，引发人类对自我生存问题的杌陧不安，导致人们产生对物质需要、精神需要、自由需要、和谐需要、心力需求等方面的不懈追求和最大化满足的渴望，从而形成了需要与现实之间的矛盾和抵牾，民生问题由此成为当今人类社会发展普遍关注的问题。国内和国外的发展现实都充分印证了这一点。所以，从不同角度关注民生、研究民生是哲学和其他社会科学的时代研究本位变化的关注焦点。

　　新农村建设背景下的哲学支撑理念和价值体系首先需要依据国际人类发展需求的变化而确定的。当前我国对民生概念内涵的哲学界定是需要深入解读和调整的。目前我国在新农村建设背景下对民生问题的传统解读就是指人的衣食住行等基本生活问题，但是，从当代哲学的深度关注看，民生问题除了包括这些基本生存问题外，也包括人对真、善、美、圣等方面追求的满足问题，这些方面都是人作为理性生命的显著特点的体现。

因此，在民生问题上，目前理论界和国家的各级政府管理层都需要进行观念变革的就是：一是民生不是仅仅只指衣食住行等问题，还包括对真、善、美、圣的追求；二是民生不是说社会充分发展了，物质极大丰富了，就不存在民生问题了，一个国家和民族，在不同时代和不同发展水平时期，都不同程度地存在着民生问题，不过是侧重点不同而已。民生问题是否存在不取决于国家，而是取决于国家的人民的生存和发展需要。不发达国家和民族的人民面临的主要民生问题可能是温饱问题，而发达国家和民族的人民面临的主要民生问题可能是政治权益、社会权益、文化权益、教育权益等精神需求的保障问题。因此，从哲学角度看，民生问题可以概括出三个基本特点：第一，民生就是关于人的存在和发展问题；第二，民生就是人类社会的一个永恒发展主题；第三，"民"的生存和发展不仅包括物质需求，也包括精神需求，并且精神需求满足的意义是十分重要的。正是在这个意义上，民生问题才成为当代政治、经济、文化、社会、教育、科学、生态等方面发展的核心关注问题。

一、民生哲学的渊源

关注和解决民生问题，即关注人的存在和发展问题，一直是中外哲学的终极目的。首先，从中国哲学发展历史看，中国自古就是一个农业国家，几千年来对农业和农民的认识和管理积累了丰富的理论和经验。民生哲学建立的基石就是古代先民求生存的原理，或者说是中国古代农业社会中的"民"求生存和求发展的本能欲求，关注"民"的生存和发展历来是中国古代哲学的道统。国学的道统的核心思想就是视宇宙为生生不息的浑然一体，社会是人类求生存的目的的组合体。《易经》的根本精神是"生生之谓易"（《系辞》）；孔子曰，"天何言哉！四时行焉，百物生焉"，"万物并育而不相害，道并行而不悖"（《中庸》），并且孔子认为，"君子之道，造端乎夫妇"，"饮食男女，人之大欲存焉"（《礼运》）；孟子认为"食色，性也"（《孟子·告子上》）。可见，中国古人把宇宙视为生生不息的现象，人是宇宙的一部分当然也是生生不息的，因此，"天地之大德曰生"；人类求生存的民生问题是宇宙本质的体现。

民生也是中国古代圣贤明君为政第一要务。历朝历代的统治者都重视这个问题。民生就是政治问题。尧之"允厘百工庶黎咸熙"，舜要人"播时百穀""汝共工"，都是倡导农牧工事情的证明。禹曰："行在养民。水、火、金、木、土、穀惟修。正德、利用、厚生惟和。"汤为政的目的是"贲若草木，兆民允殖"。文王治歧"耕者九一，关市讥而不征，泽梁无禁"（《孟子·梁惠王下》），并实施仁政于"天下之穷民而无告者"；且进而对人民"制其田里，教之树畜，导其妻子，使养其老"。武王克商，随即"散鹿台之财，发钜桥之粟，大赍于四海，而万姓悦服"（《尚书·武成》）。周朝推行"井田"制度，目的是为了养民。孔子曰："足食、足兵、民信之矣。"（《论语·颜渊第七》）"不患寡，而患不均"，即为政之道要先养后教。孟子主张"保民而王"，认为"黎民不饥不寒，王道之始也"（《孟子·梁惠王上》）。管子曾说："凡治国之道，必先富民，民富则易治也，民贫则难治也。"（《管子》第四十八篇《治国》）董仲舒也主张要缩短贫富差距，避免以强凌弱出现，"使富者足以示贵，而不至于骄。贫者足以养生，而不至于忧。以此为度，而调均之，是以财不匮而上下相安"（《春秋繁露·度制》）。富者可"示贵"，贫者可以"养生"，富者"不骄"，贫者"不忧"，各得其分，如此，才能"上下相安"。"调均之"指的就是要协调好贫富关系，把贫富差距控制在一定的限度之内。唯有如此，社会才能和谐发展，趋于稳定和安宁，百姓的生活才能恬静而祥和。

以上论述足以证明，中国古代历史上历朝政府为政皆重农，重农皆重民。统治者是何等重视农民的民生问题，所以才有"民以食为天"结论，并且，重农厚生一直是中国古代思想文化的道统精髓。"民生"二字为中国数千年民族文明和文化发展中已有之理念。以民生为中心是中国古代哲学的一个显著特征，也是中国古代哲学对中国历史上农业社会发展面临的主要问题的概括和总结。

从西方哲学发展历史看，民生问题（人本问题）也是现当代西方哲学的研究本位。西方哲学理论目的是建立关于智慧的学说，从古希腊哲学家毕达哥拉斯、苏格拉底、柏拉图到英国的罗素，都肯定智慧至上论这个特点。无论这种智慧体现为世界观、认识论、方法论、价值观、崇尚观和信仰观，其核心都是为了实现一个目的：通过使人类在自然和自我面前变得越来越睿智，而实现不断地改善人类生存和发展的境遇条件。因此，所有人生的学问都是哲学，西方哲学就是通过勾画人类的理想、阐明人生的意义和价值及追求，来告诉人类应该怎样更好生活（生存）的一种学问。从古代到现当代，西方哲学思想本位经历了一个变迁过程，可以概括为：古代哲学以道德为本位，强调人类通过自身道德完善才能生存和发展得更好；中世纪经院哲学以宗教为本位，强调人类通过树立一个坚定的信仰才能生存和发展得更好；近代哲学以科学为本位，强调科学技术对改变人类生存和发展境遇的意义和价值；现当代哲学则以民生（人本本位）为本位，通过强调人的本体存在性是人类社会发展的中心，实现了发展支撑理念的转换，进而明晰了人的生存和发展的地位。这种演变过程从历史的时空上表明一个以民生为中心思想的哲学建构走向趋势。

马克思主义哲学历来强调，人类生存的第一个前提是必须能够生活，而全部社会生活在本质上是实践的，历史不过是人的实践活动在时间中的展开。为此，马克思主义哲学关注人的存在条件，并为人的自由全面发展而奋斗。这对以后西方哲学发展的影响很大。到目前为止，西方哲学的各个派别都在呼吁关注人的存在和发展问题，并且不断关注民生实际生活的改善、民生文化的发展等问题。从现当代西方哲学的一些哲学学派的宗旨也可以充分印证其民生本位的变化特点。

德国哲学家文德尔班认为，哲学的工作，在于处理关于世界及人生的总问题。① 美籍俄国人摩里斯·威廉的《社会史观》（1919 年出版）认为，"所有以往的历史，不过是人类努力求生存的试验与失败的记录"，"一切社会进步的目的和宗旨，都在于解决生存问题"。② 而美国的实用主义学派的根本精神就是追求民生实际生活的改善。英美的实在论更是以实现大多数人的福利为哲学目的；社会主义传入中国前被称为是民生主义，其更力主改善社会生活，实现经济平等和社会公平。所以，现当代的西方哲学一直是以人类生活为中心之学，普遍关注人的生存权利、存在境遇、自由发展的目的和结果等一系列民生问题。

二、民生哲学概念界定

我国处在新农村建设时期（或者说现代农业发展时期），目前所要解决的核心问题就是民生问题。在新农村建设初期，我国的民生问题主要体现为温

---

① ［德］文德尔班：《哲学教程》（上卷），商务印书馆 1997 年版，第 78 页。
② 转引自耿云卿：《民生哲学的法律思想》，中国台湾中央文物出版社 1983 年版，第 130、145 页。

饱问题，到现在温饱问题虽然得到了暂时的解决，但保障全民温饱问题的长效发展机制还没有形成，民生的温饱层面的问题还是一个不容忽视的问题，但已经不是主要的民生内容问题。当前，从新农村建设发展的实际需要看，民生问题主要是农民的精神文化需求的保障问题。因此，新农村建设背景下的民生哲学的关注内容和侧重点还是有一个内在变化的。为此，有必要首先明确研究竟什么是民生哲学。

在中国历史上，明确提出民生哲学这个概念是从 20 世纪 20 年代开始。当时孙中山、胡汉民、戴季陶等人曾积极倡导和创建了民生哲学，① 在中国哲学史上首次正式提出了民生哲学的概念和理论体系，孙中山还提出了建立和谐社会的思想。随后，民生哲学一直是我国 20 世纪上半叶哲学发展的时代特色。到目前为止，民生哲学也是我国台湾学术界的一个主要哲学流派，主要代表学者及其著作是吴经熊的《民生哲学》（1963）和王觉源的《民生哲学申论》（1978）等。② 周世辅、李玉彬、耿云卿等学者一直古为今用地致力于研究和挖掘先秦和中国古代的民生思想，也有大量学者从事民生哲学的应用研究，例如耿云卿及其《民生哲学的法律思想》（1983）等。

近些年来，由于科学发展观的确立，使民生问题成为当代中国社会的政治、经济和文化等领域关注的主要问题，国内的王伟凯、霍益辉等一些学者开始关注和研究民生的哲学问题和民生哲学，并纷纷提出民生哲学的界定含义。其中比较有代表性的观点主要有王伟凯研究员提出的"民生的层次论"③问题，首次提出了民生问题存在一个层次问题，对理论研究和实践操作具有启发意义。霍益辉在其《共产党的哲学是民生哲学》一文中提出了民生哲学的概念："民生哲学是以人民的经济生活、政治生活、精神文化生活和社会生活的本质、特征、相互关系和发展规律，以及人民的生活与环境的相互关系为研究对象，以不断改善人民的生存和生活状态为目的的一种社会哲学。"④这些研究对于开拓当代中国哲学研究视野，扭转当前中国哲学的极度化形而上发展的趋势，指导民族的理性实践，都具有很强的理论意义和现实意义。

要了解民生哲学，首先要对民生的概念要有个了解和界定。据考证，"民生"一词最早出现在《左传·宣公十二年》，即"民生在勤，勤则不匮"。但

① 袁伟时：《中国现代哲学史稿》，岳麓书社 2009 年版，第 542 页。
② 王觉源：《民生哲学申论》，中国台湾正中书局 1973 年版。
③ 王伟凯：《论"民生"的哲学性特征》，《理论界》2008 年第 10 期，第 122 页。
④ 霍益辉：《共产党的哲学是民生哲学》，人民网，2009 年 8 月 6 日。

是，不是作为一个词来使用，这里的"民"和"生"各自有各自的含义，但是合起来的意思无非是百姓生活或百姓生存的意思。孙中山对什么是民生曾经有过这样的论述："民生就是人民的生活，社会的生存，国民的生计，群众的生命。"① 这个论述基本上涵盖了民生的主要内容。也就是说，民生问题包括人民的生存、社会的生活、国家的生计和群众的生命。其中，"民"的生活是最基本的，因为，没有民的生活，就没有社会的生存和国家的生计，民的生活是社会和国家存在的基本前提，因此，强调的顺序是"民生国计"。所以，民生的核心就是"民"的生活问题。但是生活的内涵是要"生"并"活"着，"生"就是生存，"活"就是要持续下去，就是要持续地存在，"民生肯定总是处于发展的状态"，② 这表明存在的形式是动态的，存在本身就体现为发展的，发展是存在的表现形式之一。因此，哲学对民生的解读就是"民"的存在和发展。关于民生存的学问，或者让民生存的学问，它实际上是"官学"，因为"民"是相对于"官"而言的，官学也就是统治者的哲学。所以，现在西方学界把其称为是政治哲学。

这样一来，民生哲学实际就是关于一国之"民"求生存和发展原理的学说。通俗地说，它是研究人类求生存，即人民生活的根本原理的学说，研究人民生存和发展的条件的学说。我国以前和目前的民生哲学都是属于政治哲学范畴，因为无论是孙中山的民生哲学，还是充分体现民生哲学性质和功能的当代中国马克思主义哲学，其"民"的含义主要是指人民，所以，目前的民生哲学主要是人民的生存哲学，它是执政党的为政理念的哲学表述，是为"官"思民的哲学，因此，我国的民生哲学也是属于政治哲学的范畴。

由于民的生活的范围极其广大，生活依赖条件繁纷复杂，所以，民生哲学包括的内容和研究领域也很宽泛。但是，它不是直接涉及这些领域的具体问题，而是形成对这些具体领域所关涉的民生问题的指导性理论。这样就形成了民生社会学（研究保障"民"生存和发展的福利等社会条件问题）、民生经济学（研究保障"民"生存和发展所必须具备的经济利益问题）、民生文化问题（研究保障"民"生存和发展所必需的精神需要问题）、民生政治问题（研究保障"民"生存和发展的政治地位和权益问题）、民生法律问题（研究

---

① 《孙中山选集》（下卷），人民出版社1956年版，第765页。又见胡汉民主编：《孙中山全集》，中国台湾民智书局出版。

② 王伟凯：《论"民生"的哲学性特征》，《理论界》2008年第10期，第122页。

保障"民"生存和发展的权利问题)、民生生态问题（研究保障"民"生存和发展的自然环境条件的问题，包括社会生态条件和自然生态条件以及自我发展的条件等）、民生伦理学（研究"民"生存和发展必须遵循的行为规范准则等问题）等等。此外，"民"的生存和发展的任何领域的问题一旦成为"民"生存发展的制约因素，都会成为民生问题的研究对象。

三、民生哲学的内容

民生哲学以"民"的生活问题为研究对象，由于不同群体和阶层的"民"的生活内容有所不同，关于"民"的生存哲学的内容的侧重点肯定是不一样的。在此对不同阶层"民"的生存哲学的价值区别不做微观探讨，仅就不同阶层"民"的生存和发展的一般性问题看，这种以民生为本位的哲学的一般内容应该包括如下几个方面：

1. 民生哲学的宇宙论。这是关于民生的本体论问题。就是对"民"的生命和生活的来源认定问题。民生哲学的本体论重点探讨"民"的生命起源和性质以及发展条件等问题，实质就是关于"生生不息"的宇宙本体论内容。无论中国哲学还是西方哲学都肯定宇宙是生生不已的，万物是繁荣滋长的，自强不息的，"民"的生命和生存是属于自然界的，生命是进化的，由物质而进化成物种，由物种进化出人类，这个过程和一切生物的存在都是向生的状态求进的，所以说"天地之大德曰生"，人类乃是宇宙生命的一部分，居于万物之灵的主导地位。民生哲学本体论就是宇宙天启的人类生命生存本质的理论概括，就是说，生命和生命的生活是自然赋予的，尊重生命就是尊重自然的法则和规律，不尊民，就是不尊自然。

2. 民生哲学本质论。民生哲学的理论本质要求是物质和精神统一的理论，也就是心物合一的道统，这也是宇宙生命的本质和本体要求。物质和精神二者相辅相成为用，不能分离。因此，民生哲学不仅仅是研究保障人民衣食住行的生命物质保障问题，还要包括研究保障人民的精神生活需要的问题，因为生命存在是物质和精神在运动中的统一。

3. 民生哲学的认识论。民生哲学的认识论是以生为认识的本体，渊源于民生日用，认识的过程就是人类求生存的便利过程，人类生活的历程。为此要思想与实体一致，经验与理性并举，感觉和悟性并顾，批判与实证兼用。民生哲学认识论包括认识是人类求生存行为的实践结果；知识根源于行动，能行动必然能知，不知亦可以行；承认主观具有能动性作用，不否认客观法则的存在，主观与客观一致；人间法则与宇宙法则同科，认识过程就是重视天人合一。

4. 民生哲学的道德论。践行民生哲学的伦理基础是中国古代的儒家哲学的"仁爱"和墨家哲学的"兼爱"理论。"仁爱"是中国国理道德的总称，也是中华民族伦理文化的精粹灵魂所在。"仁"者爱人，"爱"者利他，所以，实践民生哲学的基础就是爱人利他，就是说要关爱别人和帮助别人，帮助别人是实现自己生存的前提和基本条件。

5. 民生哲学的动力论。民生哲学要研究推动社会发展和实现人全面发展的动力是什么的问题。民生哲学主要研究"民"的生活，那么，"民"的生活的需要，即人民生存和发展的需要就是民生哲学的核心问题和发展动力。由于人的需要是多方面的，可以体现为政治生存需要，也可以体现为经济生存需要，更可以是社会生存的需要；无论什么具体的需要，都是维系"民"的生命生存和发展的需要。因此，民生哲学的动力论就是人类求生存的需要才是社会进步发展的动力原因，人类社会的一切制度都是为了保障人民实现生存和自由发展的。

6. 民生哲学的方法论。民生哲学的方法论的着眼点在于实现人类生存的目的的便捷性。民生哲学以"民"的生活为研究对象，那么确保民生实现的方法是什么的问题，是民生哲学不可回避的问题。人民生存和发展需要是推动社会进步的动力，每个个体的生存和发展的需要只有通过相互协助和帮助，才能成为生存和发展的"合目的"，所以，生存和发展的主要方法是互助。恶性竞争社会和方法不是民生哲学所倡导的，社会互助才是民生哲学的社会追求。因此，民生哲学的方法论主要是社会互助理论。

7. 民生哲学的目的论。生存和延续是人类的原始目的，也是人类存在和发展的终极目的。民生哲学的目的论强调，"民"生存和发展就是人作为"类"的生命和生活的唯一目的，其他一切人类现象和行为都是实现其民生的手段，都是服务和服从于民生主题的手段。

8. 民生哲学的协调论。民生哲学重视解决人民生存和发展的必需的经济利益，同时也重视解决人民生存发展必备的道德利益。这主要表现在统治者既要注重保障人民的衣食住行，同时也要注重保障人民在生存和生活中对真、善、美、圣的境界追求。为此，民生政治就是要确保实现"民"的生存和管理"民"的生存以及为"民"的生存和延续服务。法律、道德、风俗、习惯等是制导、规范和调控人民的生存；教育、哲学、科学、宗教是指导人民的生存；艺术（各种形式的审美艺术）美育是美化和净化人民的生存。这样就使人民的生存变得积极而有意义，实现了心智平衡、物我平衡，成为健全和谐发展的人。

9. 民生哲学的和谐论。民生哲学以建立和谐自身、和谐群体、和谐社会、和谐自然以及和谐宇宙为理论的终极价值目的。从保民、养民、教民的理念出发，满足个体生存和发展需要是和谐理论的首要民生问题。这包括满足个体的经济需要、政治需要、社会需要、文化需要、教育需要、审美需要等多种生存和发展的外在需要。这些需要也包括心理学家马斯洛的理论（Maslow´s Hierarchy of Needs）概括的一些个体的内在需要：①生理需要（physiological needs）；②安全需要（safety needs）；③爱的需要（love needs）；④自尊的需要（esteem needs）；⑤自我实现的需要（need for self – actualization）。① 满足个体生存和发展的内外需要后，还要教育个体处理好人与自然和谐关系、人与社会和谐关系、人与他人和谐关系、人与自身和谐关系。教民重在提高人的素质，养教结合，使"民"的物质需要和精神需要都得到保障，从而实现"民"的自由全面发展，实现人与人互助的和谐社会。

10. 民生效果论。民生哲学理论和方法以及价值体系是否正确，关键看实施的效果如何。解决民生问题的效果如何是民生问题落实的关键所在。民生效果论主张，评价民生的效果要由民生问题的对象来评价，不是由民生问题的解决者来评价。例如，解决百姓的民生问题究竟解决的效果如何，最终百姓有发言权，百姓满意那么就是民生问题得到了解决。因此，民生问题解决是否妥当，评价的权利在百姓手里，而不在民生问题的解决者。

以上诸方面的问题就是民生哲学涵盖的大体内容。可见，从哲学角度分析人民的生存和发展的所有关涉问题，包括的范围和内容十分广阔，这也是开展民生哲学研究的难度和复杂性。

四、民生哲学的意义

哲学作为对自然、社会和人自身知识的概括和总结，被称为"科学之科

---

① 转引自耿云卿：《民生哲学的法律思想》，中国台湾中央文物出版社 1983 年版，第 130、145 页。

学"。由于中西文化背景不同，哲学的主旨功能也不一样。西方哲学主要是以"爱智"穷理为主要功能，中国哲学主要以"修身"明德为主要功能。所以，中西两种哲学形态概括起来，哲学的主要功能可以综合为穷理明德，这是就宇宙论、本体论、认识论、伦理学和人生观等问题而言的，不是针对民生问题而言的。建立民生哲学就是要解决以人类求生存为主要主题的知识体系建立问题。如何建立一套知识体系和方法帮助人们更好地生存和发展，这是民生哲学的目的。

民生哲学就是研究人类求生的一般原理，通俗地理解，民生哲学就是研究人民生活的根本理论，人民生活主要包括衣食住行和确保衣食住行实现的礼义廉耻等精神方面的内容，也就是说民生包括物质需要和精神需要两部分。所以从中国哲学的道统看，民生哲学是一个"心物合一"（孙中山语）的理论，包括真、善、美、圣等方面价值的探讨。民生哲学的目的是确保个体的充分生存和完美发展以及"人民的福祉"①的实现。因此，民生哲学就是关于保障人民生活，实现人民生存、发展理论。

民生哲学在宏观上强调人的社会生存是民生的政治表现（保障民生的民权问题），并确保人的生命存在是民生的伦理学含义（民族存在），视人民的生计就是民生在经济学上的表现（民生主义）；在微观上强调个体要"仁爱"，教育人民实现民生保障的方法特点是互助，弘扬人类求生存的互助原则，目的是要人与人、人与自然达到和谐共处的境界，终极目标是要建立一个互助和谐的社会。

---

① John C. H. Wu, The Philosophy of Min – Sheng. P. 1. 转引自耿云卿：《民生哲学的法律思想》，中国台湾中央文物出版社 1983 年版，第 136 页。

第二章 民生问题与新农村建设的切入点

　　"新农村建设"的提法本身并不是新理念，以往国内很多学者都曾经提出过"新农村建设"等类似的概念，在我们党的以往的文件中也多次出现过。20世纪80年代初，我国提出"小康社会"的概念，其中建设社会主义新农村就是小康社会的重要内容之一。不论提法如何，中心都是围绕如何提高农民收入，改善农民生活，缩小城乡差距等问题。北京大学中国经济研究中心主任林毅夫教授曾在1999年提出，由我国政府在全国范围内发起一场以实现农村自来水化、电气化、道路网化为核心的"新农村运动"，通过加快农村地区和生活消费有关的基础设施的建设，来启动广大的农村市场。2005年以来，胡锦涛总书记、温家宝总理在不同场合多次提出要建设社会主义新农村。十六届五中全会通过的《中共中央关于制定国民经济和社会发展第十一个五年规划的建议》，对建设社会主义新农村给予了前所未有的重视，把它放在"十一五"时期国民经济和社会发展十分显要的位置。如此突出地强调建设社会主义新农村，是我国经济社会发展的必然要求，有其深刻的经济社会背景。

　　针对我国城乡发展速度差异、城乡收入差异、城乡供求差异、城乡财政收支差异、城乡文化投入差异、城乡教育资源支配差异等众多城乡发展不协调的突出矛盾，党的十六大明确提出统筹城乡经济社会发展的要求。党的十六届三中全会明确地提出了以人为本、全面协调可持续发展的科学发展观，再次强调了统筹城乡发展等要求。在党的十六届四中全会上，胡锦涛总书记提出了"两个趋向"的重要论断："纵观一些工业化国家发展的历程，在工业化初始阶段，农业支持工业、为工业提供积累是带有普遍性的趋向；但在工业化达到相当程度以后，工业反哺农业、城市支持农村，实现工业与农业、城市与农村协调发展，也是带有普遍性的趋向。"2004年12月召开的中央经济工作会议上，胡锦涛总书记进一步指出："我国总体上已经到了以工促农、以城带乡的发展阶段。我们应当顺应这一趋势，国家自觉地调整国民收入分配格局，更加积极地支持'三农'发展。"2005年3月，温家宝总理在十届全国人大三次会议上所作的《政府工作报告》中也明确提出，要"适应我国经济社会发展新阶段的要求，实行工业反哺农业、城市支持农村的方针，合理调整国民收入分配格局，更多地支持农业和农村的发展"。

因此，提出"建设社会主义新农村"与以往的区别就在于其鲜明的中国经济社会发展的时代特征，它是在积极推进城乡统筹发展的前提下提出建设社会主义新农村的。我国现阶段统筹城乡发展，就是要实行"工业反哺农业、城市支持农村"的方针，"从农业支持工业，到工业反哺农业；从农村服务城市，到城市带动农村。工与农、城和乡，这两大关系正在实现着从未有过的历史性转变"。在这个社会发展的大背景下，我党提出了建设社会主义新农村的发展战略。

新农村建设开始和进行的过程中，始终存在和出现着一些民生问题，这些问题不仅仅包括物质民生问题（衣食住行等温饱问题），也包括精神民生问题（社会、文化、教育、法律和民主政治等方面的权益的保障问题），这些问题客观上成为农民增富的制约因素。新农村建设的核心问题是使农民增富，围绕着这个核心，新农村建设工作已经开展了近五年，农村确实发生了很大的变化，特别是国家和地方政府致力于改善农民的生活环境和提高生活水平，使农村的环境发生了变化，农民有了医疗保障体系、低保，国家取消了农业税，农民得到了直拨款等。从实际的效果看，农民确实得到了实惠，但与此同时，各种农业生产资料涨价和新农村建设农民支付的配套资金、农民的教育负担不断增加，使新农村建设初期也给农民带来了很多新的负担，这也是事实。

国家提高了粮食价格后，随着农业生产资料价格连锁性地不断上涨，导致农民曾一度增产不增收。同时，新农村建设的很多公共基础建设项目"村村通"、"户户通"、教育的"撤村并乡"等，在为农民造福的同时，也额外增加了农民负担，很多新农村建设的公益项目需要农民通过"一事一议"，掏钱配套，特别是由于实施新农村建设发展战略，农民的生活水平得到提高的同时，生活成本也在不断加大。因此，新农村建设的这些年来，农民确实增富了，但是由于一些不确定因素的影响，农民的增富程度是很有限的。国家在开展新农村建设时强调的反哺农村，在基层落实反哺总是有条件的，没有像农民当初支援城市那样无条件地支援，因为当时农民支援城市并没有要求城市居民掏腰包配套。因此，在新农村建设的初期，农民在得到有限反哺的同时，也通过各种渠道在贴补新农村建设有时甚至出现农民被套补的现象。

新农村建设的几年，国家一直强调反哺农民、农村、农业，新农村建设的反哺就是把以前拿农民的还给农民，不应该再让农民按比例出钱。当初农民和农村支援城市建设时，并没有要求城市市民和工人也贴补，更没有要求无法贴补的城市居民不能享受国家的优惠政策。因此，目前国家提出的反哺农村的政策和一些体现反哺政策的措施都应该是无条件的，其目的就是改善农村，使农民富裕，尽快缩小城乡差别，扩大社会和经济内需，实现国家的整体均衡发展。几年的新农村建设在增富问题上成效不大，原因就在于新农村建设中还存在很多制约农民增富的阻碍因素。因此，深入新农村建设工作应该以解决这些阻碍因素为切入点展开。

为了落实中央和省委省政府有关新农村建设的文件精神，辽宁社会科学院的研究人员从 2006 年初到 2009 年 12 月，陆续深入辽宁省、江西省、安徽省、湖南省、吉林省等地的农村基层，就新农村建设问题进行了调研活动。在调研中研究人员发现，农民对关系到切身利益的一些问题非常关注，特别是迫切希望解决一些长期影响农村经济社会发展的实际问题。这些问题就是当前困扰我国新农村建设的几个亟待解决的一些民生问题，广大农民对此呼声十分强烈，迫切希望各级政府对新农村建设中的民生问题引起重视并予以解决。

自新农村建设以来，随着新农村建设的实践的发展，很多学者关注和提到了新农村建设的问题和误区，从根本上看，这些问题和误区都是制约农民增富，引发农村民生问题的因素。基于我们的研究和调研，从新农村建设开展几年以来的实践看，"三农"问题取得了很大的成效，同时，我国农村社会也出现了一些新问题。其中有些问题是关系到农民的生存和发展的关键问题，因为它不仅严重制约农民增富，还影响农民的民生，分析解决这些关键问题对新农村建设今后的发展意义十分重大。

一、决策民生问题：成本支付缺位

开展新农村建设的决策目的就是让农民增富，国家实施新农村建设这个重大决策就是为了解决我国的民生问题，九亿农民的生存和发展问题就是国家最大的国计民生问题。但是，政策有时也会引发民生问题。国家开展新农村建设的战略决策是造福农民的决策，为了达到和实现这个目的，特别是为了推进新农村建设工作而出台的一些政策都是决策的体现和解决民生问题的保障。但是，这些决策也潜藏和引发了一些新的民生问题。例如，开展新农村建设在建设资金来源和建设成本问题上就存在着新的民生问题。

实施新农村建设发展战略，首先要在制定战略上明晰和明确新农村建设的成本支付渠道问题，就是要清楚确保新农村建设目标实现的资金投入的来源问题。通俗一点说，就是新农村建设的成本由谁支付的问题，是由国家支付，还是由农民支付；如果是国家或者农民支付，那么支付的依据是什么，国家的新农村建设的投入是否按照农民的需要投入等等。这些问题都是民生问题，因为新农村建设资金来源规定不明确，农民难免要被迫掏腰包。这几年新农村建设推进过程中的情况表明，农民生活水平确实有了极大的改善，但是，他们也不得不为新农村建设买单。

新农村建设的基本内涵和要求是"生产发展、生活宽裕、乡风文明、村容整洁、管理民主"。这也是中央提出的新农村建设的实现目标。因此，各级政府都要围绕中央这个建设社会主义新农村的战略目标，开展新农村建设。实现这些建设目标，就需要各个方面的投入，特别是资金的投入；而投入从哪里来，实现上述目标究竟需要多大的整体资金投入，投入多长时间才能缓解、平衡城乡差别，特别是投入多少"三农"问题才能彻底解决等等，这些问题必须首先从理论上明确和解决。农民最为关心的就是，究竟发展到什么程度才算实现了上述目标，量化的指标体系是什么，这直接涉及投入的成本大小问题，直接涉及农民受惠程度问题。不明确新农村建设成本的投入来源，就会在实际操作上引发和出现混乱，最后，必然要把一些建设成本摊派到农民头上。

在新农村建设的初期，农民是没有能力对新农村建设进行成本支付的，因为绝大多数农民的生活水平是维持在温饱线上的。特别是我国农村和城市贫富差距很大，贫富差距应该是绝对的，但贫富悬殊，却是一个社会问题，必然会拖住农村发展的后腿。根据我国官方公布的数字城乡收入 2001 年为 2.57:1，但到 2006 年扩大为 3.28:1，差距绝对额为 8172.5 元。这就说明，几年来，贫富真的是悬殊了，贫富悬殊必然造成两极分化，富的极富，穷的极穷。建设社会主义新农村，就是要让农村的穷人脱贫，增加收入，不但吃得饱，而且有钱存。

农村和农民为国家建设和社会主义建设常年无条件地以农村支持城市、农业支持工业的方式支持国家发展。即使是改革开放以来，从 1979—1994 年，中国政府通过工农业产品价格"剪刀差"从农业抽取 15000 亿元收入，同期农业税收为 1755 亿元，减去财政支农支出 3769 亿元，政府从农业提取的农业剩余净额为 12986 亿元，这些钱都是农民创造的财富。与此同时，国家对农业的投入却很少。尽管《农业法》明文规定："国家财政每年对农业总投入的增长幅度应高于国家财政经常性收入的增长幅度"，但是，仅以 1992—1996 年为例，财政支农支出年均增长 16.8%，财政支农支出占财政总支出的份额却逐年下降，1993—2000 年分别为 9.5%、9.2%、8.4%、8.8%、8.3%、10.7%、8.2%、7.8%；同时财政支农支出占国家财政总支出的比例远远低于农业产值在国内生产总值中的比重，前者仅仅为后者的 1/2 或 1/3，从而与农业在国民经济中的地位与作用根本不相称。多年来国家对农业拿走的多，给予的少，导致我国农业自我积累与自我发展后劲的不断弱化，农村剩余劳动力转移不力，农业劳动生产率长期停滞不前，农民生活水平低下。①

在这种状况下，开展新农村建设，农民家庭根本没有剩余资金配套给新农村建设作为启动资金和承担部分建设成本。从新农村建设初期的实践看，启动和实现新农村建设的成本投入（特别是公益性建设成本）强行要求农民掏腰包参与。例如，村村通公路建设基本上都要求农民通过"一事一议"的方式分摊一些建设投入，理由就是给谁修路谁受益，谁就应该拿钱，但是，当初农民支援城市建设发展工业，工人受益了，城市居民受益了，为什么不让这些受益的人也拿钱呢？因此，在新农村建设过程中变相让农民掏腰包的做法，无论是从政策上还是从资金支付渠道规划上都还没有明确地、人本地体现和落实城市反哺农村的理念，也说明在最初决策上就没有明晰落实新农村建设的投入来源。这不仅影响新农村建设进程，也影响新农村建设政策的信誉度和广大农民对新农村建设的热情和希望。

国家实际上对新农村建设的资金来源问题有很明确要求规定的，就是要"城市反哺农村"、"工业反哺农业"，就是说新农村建设资金应该来自城市和工业，来自全民集体努力取得的改革成果。目前，各级政府需要做的就是转变发展方式，重新计划二次分配的比例，增加对农村的投入比例，逐年逐阶段地落实解决新农村建设的发展资金和建设成本，并且在规划建设投入时，本着民生原则和人本原则，国家要承担新农村建设的全部建设投入，反哺应该是无条件的，就是要把当初从农民手里拿来的还给农民，不要总盯着农民手里有限的钱，把农民也算成新农村建设的投资股东，要把改革的成果无条

① 冯继康、李岳云：《"三农"难题成因：历史嬗变与现实探源》，中国社会学网，http：// www. sociology. cass. cn。

件地让农民享受。

二、政策民生问题：政策惯性制约

我国农业发展一贯倡导的是"一靠政策，二靠投入，三靠科技"。"三靠"的核心和关键在于"一靠政策"，政策导向对我国的农业发展已经形成了制度性的驱动机制。我国农业很大程度上是靠政策出台后形成的制度性惯性推动和发展的。但是，在新农村建设问题上，农业的政策惯性在驱动新农村建设同时，也是困扰目前我国新农村建设发展的一个重要问题，这种政策惯性在农业内部行业垄断上、农产品市场占领上、农业管理体制等方面体现得最为突出。如果不能打破政策制度惯性对资源的不合理配置，则资源（包括技术）就不能充分发挥出最大的潜能。

政策制度安排合理，就会促进新农村建设的发展，否则就会引发民生问题。新农村建设初期，突出的问题之一就是很多农村政策在新农村建设背景下表现出的滞后作用，影响了新农村建设的推进效果，特别是影响了农民增收的效果。这主要体现在现有的"三农"政策对开展新农村建设存在的滞障作用还没有完全解除。

美国发展经济学家西奥多·舒尔茨（Theodore W. Schultz）指出："一国农业之所以停滞不前，不在于资源禀赋，而在于宏观经济政策和农业政策的扭曲与失误。"新农村建设的很多新情况表明，很多问题是由于政策规定过死，导致现实执行过程中的"一刀切"造成的。辽宁社会科学院的研究人员通过调研发现，农村现行的很多"三农"政策，总体上是有利于开展新农村建设的，但是仍然有很多原有的政策（如农信政策、土地政策、教育政策等）对新农村建设形成了束缚作用，影响了农民增收和增富。例如，小额农贷（3万元以下）贷款很多规定导致其为农民提供生产和生活资金的同时，也给农民带来了期限过短、利率过高、手续烦琐、还款急、压力大、贷款周期与农民生产和生活周期不符等一系列的问题，特别是由此导致农民还款压力过大，售粮还贷交易过程中不得不低价出售折现还贷，忍痛挨宰，每年损失巨大。尽管国家提高了粮价，但是，地方政府农信部门也相应提高农贷利率，导致国家惠民政策出现水涨船高的结果，导致农民在新农村建设的第一年基本上是增产不增收。因此，农贷的这些规定对于开展新农村建设极为不利。

再如，研究人员在调研中发现，100%的农民和乡村干部都提出了国家土地制度不合理的问题。土地承包政策三十年不变，导致新生农民没有土地，导致"死不抽、生不添"的土地不合理分配现象，甚至很多人大学毕业很多年，已经成为城市居民了，农村还必须保留他们的农村土地。另外，个人承包土地的政策已经极为不利于形成农业的规模化发展，不利于现代农业的产业化发展，现在农村很多产业升级和多种经营的规模化发展，往往因为几户农民不出让土地而搁浅。诸如此类的政策滞障现象表明，我国的很多农村政策还没有与时俱进地建立健全权变机制，导致目前的城乡差别继续加大，加剧了农业对工业的反哺作用，特别是在新农村建设背景下引发了很多农民的民生问题。当务之急是要尽快调整和出台完全适合现代农业发展目标要求的新农村政策。

三、条件民生问题：发展条件制约

事物发展的条件必须充分具备，才能使事物得到健康发展，达到预期的效果。人们常说，没有条件要创造条件，说的就是要在条件不具备的情况下，创造条件促使事物的发展达到预期目的。新农村建设受很多发展条件的制约，由于在初期很多发展条件不具备，由此推进新农村建设过程中引发了一些民生问题。例如，农村市场原始，影响农产品交易问题；新农村建设人才建设匮乏，不利于新农村建设工作的开展问题等等，这些问题从一开始就制约了农民的生产和生活。要想新农村建设顺利进行就必须解决发展条件的制约问题。

长期以来，人们对农村市场重视相对不够，对开拓农村市场的重要性认识不足，存在只重视城市市场而忽视农村市场的思想和做法，导致农村市场大大滞后于城市市场的发展水平和建设规模。城乡二元结构导致城乡二元市场的形成：城市市场消费已进入到耐用甚至是长期耐用品消费水平阶段，而农村市场仍然是生活必需品消费阶段（民生消费水平）；城市市场消费以品牌化、质量化、个性化为标志，而农村消费仍然以实用性、温饱性、通用性为标准。城乡二元市场导致假冒伪劣产品在城市找不到生存空间，而却在广大农村地区找到了消费市场，低成本、低质量要求的农村生活使得假冒伪劣产品在农村地区大肆流行。目前农村假冒伪劣产品盛行，对农民的生产和生活危害极大。

我国农村市场发育不健全，特别是农村市场发展滞后已经成为阻碍我国社会主义市场经济发展的一大障碍。新农村建设初期，我国的农村市场发展水平原始，据统计资料显示，占全国人口72%的农民，其消费零售总额仅为全社会消费品零售总额的43%，市场规模与人口规模极不相称。农民总体收入水平还相对较低，严重制约了农村经济发展和新农村建设，现代农业的产业化和市场化程度急需提高。

中国农村的实际情况是农民习惯于分散的小农经营方式，但实行现代农业，需要建立现代农业集约化和具备一定规模的农业生产和销售。因此，从目前看，政府的发展目标要求和农村实际差距太大，由于农业产业链短、农业产业原始，延长产业链和产业升级问题是首要紧迫问题。很多乡村还没有条件开展科技含量很高的农业产业升级等多种经营，尽管基层政府扶植农业贷款，支持农村发展专业户，但是一切还仅仅是开始，农业和农民的原始积累才刚刚开始。目前农民由于没有发展资金，农业没有科技含量，农产品没有成熟的销售市场，因此，短时间内农民很难形成规模化发展，农业很难形成产业化发展，农产品很难形成市场化发展，农产品市场销售不畅，特别是农民增收还面临着很多制约因素，严重影响农民增收和农业结构调整的效益。当务之急，还是要解决农业的增长方式问题。在恩格尔系数不变和城市人口分布不变的前提下，原始的单纯追求农业的增产增收的方式已经不能适应现代农业的发展了。

构建社会主义新农村，农村人才培养是关键。农村九年制义务教育完成得很好，80%的适龄学生都能完成初中教育，而高中及以上的教育不到20%（含中专、高中、职高），大学生更是凤毛麟角，这表明，农村教育仍然很落后，新农村建设人才还很匮乏。例如，研究人员在辽宁北部调研走访的一个200户的村子，25年来大学生只有2名。这个比率与城市升学率相比差异很大，这种情况与新农村建设的人才需求形成很大的矛盾，人才问题严重地制约新了农村建设的发展水平，影响到了农民的增富进程。因此，加大对农村教育的投入，尽快培养人才、改善农村面貌成为一个农村发展的民生问题。

从新农村建设以来的情况看，农村人才教育落后的原因有多方面的，总体上可归纳如下几点：

1. 教育成本过大，成为农民家庭的主要负担。农村教育是农民的生活负担。从一些省份农民家庭的平均收入看，农村一个家庭年收入大概在两三千元，农村学校实行"撤村并乡"后，每个学生一年的教育新增费用大体相当于整个家庭年收入的一半。教育支出与农民收入不成比例，教育成为农民生

27

活沉重的负担，这严重阻碍农民对教育的选择。

2. 农村教育实用性不强，与农村实际需要不接轨，不能解决农民基本生活问题。一个农民家庭把子女培养到高中至少需要四五万元，由于在校所学内容与农业生产直接关系不大，农村学生高中毕业既无职业保证又无稳定收入的人，自身的生存都成问题，不可能对家庭有多大经济贡献。农民收入微薄，教育的投入多，产出少，在这样一个投入与产出不成比例的对比中，农民对教育的追求淡化。

3. 农村师资力量不足，导致农村教育发展基础差。教师素质直接影响着农村教育的水平和农民对教育的态度。农村教师大都是中专、大专毕业，还有民办教师，整体素质较低，不足以启发诱导调动学生学习的积极性。另外，农村教师待遇低，拖欠工资现象普遍，严重压抑了教师教书的自觉性和主动性。诸多原因导致农村教学水平落后。

4. 农村的教育环境急需优化。目前我国农村社会存在很多的不利因素，干扰农村教育健康发展。农村的游艺厅、男女早婚现象、农村女性素质低、农村社会文化生活贫乏、进城务工留守子女心理发展不健全等诸多不良因素影响形成了恶劣的社会环境，对农村的教育发展十分不利，这些不良的社会和家庭现象，往往导致适龄学生弃学现象增多，这不利于农村教育健康发展。

5. 就业形势严峻，导致新的"读书无用论"在我国农村兴起。由于不断扩招，大学毕业生供过于求，直接导致大学生毕业后就业难。很多农村家庭花很多钱培养自己的孩子上大学，毕业后找不到工作，还不如没有上大学的农家孩子在家务农赚钱多，这导致农民认为，上大学不如在农村当专业户。

以上诸多因素导致农民对教育需求呈弱化趋势。这不仅影响农村义务教育的普及，也导致我国农村很多地区出现"读书无用论"再度抬头的现象，影响农村高等教育水平的普及。很多学者都在呼吁，针对上述情况，必须制定相应对策迅速扭转这种农村教育发展的局面。

农村教育如何搞，不仅仅是国家和学者们关注的问题，也是农民关注的民生问题。农民有接受教育的权利，但是，接受了教育却感觉对农民自身的生存和发展没有多大的改观和帮助。农村教育提供给农民的是否是他们需要的教育，是否是针对他们的需要提供的教育，究竟提供什么样的教育才能满足农民的生存和发展需要，特别是农村教育应该从哪些方面入手进行教育改革，对此，很多农民从农民家庭生存和发展的需要，从其子女生存和发展的需要出发提出了一些农村教育改革的建议。

首先，农民认为，地方政府应该对发展农村教育提供一些扶持政策。针对新农村建设人才匮乏这个事实，农村培养人才工作是当务之急，国家和地方政府都应该给予政策扶持。从建设新农村需要出发，把农村人才培养列入工作日程，加大对农村教育的财政投入和政策倾斜。国家承担九年义务教育的财政支持，对于高中的教育费用应从省、市及地方按比例予以支付，这样国家保障九年义务教育，地方政府要尽力保障高中教育，这样才能形成农村教育发展的多层次、多渠道、立体化发展的模式，把教育普及和教育提高有机地统一起来，确保农村人口文化素质的普遍提升。

其次，农民认为，发展农村教育一定要降低教育成本，以奖代补。国家一方面要进一步通过提高农产品价格，降低农业生产资料价格等相关政策调整，尽快让农民富起来，增强农民对教育支出的承受力；另一方面要实施以奖代补的做法，把对教育的补贴，同学生的实际需要和业绩等紧密联系起来。农村教育补贴以往的办法多是减免学生食宿费，发放补助等，这虽然解决了一部分学生经费的困难，同时也增加了他们心理负担。应该借鉴发达国家的做法，尽快设立农村教育基金，让学生以奖励的方式获得国家资助，并把学习期间的业绩同以后在农村发展时享受补贴和优惠贷款，取得经营农业企业的资格等方面的要求和待遇结合起来，让国家的一些优惠支农政策对农村人才发展形成可持续的良性发展结果。

再次，农民主张，在新农村建设中，一定要以科技兴农来增强农民对教育追求的动力。为此，要在政策上和机制上引导农民通过科学种田达到科技致富，让农民认识到在农业生产中离不开科技和教育，科技和教育可以有效提高农业经济收入，改善生活质量，进而增强追求教育的内驱力。

最后，农民呼吁，建设新农村，教育一定要先行，为此，要加大对农村的教育投入，包括实行九年义务教育和高中义务教育，同时一定要充实农村的师资力量。国家和各级政府要采取一些特殊政策留住和吸引农村人才，特别是吸引人才到农村。一方面要提高农村教师的工资待遇及生活环境和质量，至少不低于城市同类学校的水平，吸引更多优秀毕业生到农村任教。同时，借鉴发达国家的做法，采取支援、借调和硬性要求等方式，规定所有教师必须有在农村工作的经历才能作为教师，周期可以一年、三年，把教师执教农村作为职称晋级的硬件条件，以此缓解农村教育人才短缺和推动教育水平的提高；也可以开展各种形式的农村与城市教师流动，以充实农村师资，优化教学氛围。

新农村建设发展战略在推进的过程中一定要确保各个方面的条件都完备，否则，不仅影响新农村建设开展，还会由于推进这项工作引发社会问题和个体的生存发展问题。

四、政治民生问题：发展主体错位

新农村建设的建设主体是谁，这个问题在新农村建设的初期（2006 年初）是很不明确的，到现在也是一个理论上明晰，实践上还没有解决的问题。尽管我们在理论上明确了新农村建设的主体是农民，但是在实践操作上绝大多数地区都是地方政府在单方面地推进新农村建设工作，成为新农村建设的主体，而新农村建设的真正主体（农民）的积极性没有调动起来。这种发展主体错位的情况，导致目前出现各级政府在搞新农村建设，很多农民还在观望的现象，甚至是政府搞政府的，农民自己搞自己的。

农村的主人和主体是农民，农业的主人也是农民，新农村应是农民的新农村，享受新农村文化建设成果的应该是农民。因此，如何搞新农村建设一定要知道农民的想法，听农民的话，按照农民的需要，因地制宜地放手让农民搞，这是新农村文化建设的一个基本出发点，也是在新农村建设问题上贯彻群众路线的体现。

从 2005 年底到目前的情况看，新农村建设的各种政策和建设活动都是以各级政府为主导实施和推进的，很少有以农民为主体推进的实际活动，这与韩国的"新乡村运动"形成了鲜明的对比。"新乡村运动"的基本精神是勤勉、自助、合作，如果没有农民的自发、觉醒和参与的话，是不可能成功的。"新乡村运动"就是韩国政府要"帮助农民过上好日子"，农民要根据自己的情况，自己想办法，自己实施，自己实现自己的想法。这个过程中，农民如果需要帮助就向政府提出，政府的任务就是帮助农民研究他们自己的"过上好日子"的方案、步骤和实现条件，最后确保实际效果出现。为此韩国政府官员和全国的学者以及大学生志愿者组成的众多顾问咨询小组，要承包落实每一个农民，确保每一个农民都富起来"过上好日子"。因此，农民完全是"新乡村运动"的主体，政府和全国人民都围绕这个主体，帮助这个主体实现其理想。

导致农民没有建设新农村积极性的另一个原因就是：新农村建设的目的是要农民增富，政策都是非常好的，也深得农民的拥护，但是在实施和执行起来，很多新农村政策带给农民的不是实惠，而是形成新的负担，主要表现就是农民需要掏腰包配套许多新农村建设工程，实际上就是要农民支付新农村建设的成本。例如，村村通的建设，各级政府配套后，也需要农民自己配套出钱，目的是要把农民切身利益和国家发展战略投入紧密结合起来；基本的哲学理念就是"谁受益，谁出钱"，这导致农民对新农村建设的积极性并不高。在实际调研中，农民反映，当初农民支援城市是无条件的，城市都从"三农"的支援中受益了，但是，城市居民没有任何自己掏腰包配套的事情。现在实施城市支持农村发展，也不能附加任何条件。

在新农村建设的初期阶段，应该是国家对"三农"进行反哺的重要阶段，新农村建设的每一项措施和活动，都要让农民看到实惠和甜头，真正体现新农村建设是为了农民的造福工程，因此，尽量少从农民腰包里掏钱。当时农民手里也的确没有钱，2006年年初，很多农民发展生产的2000—5000元都要从支农金融部门贷款获得，他们手里基本没有任何积累，每一项活动都继续向农民要钱，这和费改税前没有什么两样。

新农村建设吸引人的就是个"新"，但是首先在做法上就没有体现一个"新"字。要让农民一开始就认识到新农村建设是不一样的惠民政策，就要让农民得到实惠，不是让农民掏钱为自己办事（改善居住条件和生活环境等），就是完全让农民得到了好处，从而才能调动农民这个新农村建设的主体的积极性。

在新农村建设的中期阶段，经过初期阶段政府对农民的帮助，农民手里有了一定的积累，自然而然也有一定的经济基础参与政府的配套工程，这样再要求他们形成持续发展农村各项事业和经济活动的长效和稳定机制。到新农村建设的高级阶段，农民手里有了一定的资本，就必然要成立农业的专业合作组织。

因此，新农村建设的一个很至关重要的民生问题就是，新农村建设中农民主体建设地位的确立和保护问题。这个问题涉及农民在新农村建设这个国家发展战略中的政治地位的保障问题，涉及农民的政治生存问题。目前由于基层政府职能过大，强势政府包办一切的做法，严重影响农民在新农村建设中的主体地位的确立。

五、金融民生问题：农贷双刃剑

新农村建设初期情况表明，支农贷款是一把双刃剑，一方面它代表国家为农民发展生产提供资金支持；另一方面，支农资金的运营和管理也引发了很多农民的生产和生活问题。也就是说，现行的支农贷款对农民增富具有鲜明的"二律背反"作用。一方面，限于我国农村金融市场的发展水平，农民目前的生活和生产发展离不开政府支农金融部门的农贷资金；另一方面，农贷资金也在农民身上实现了自己行业和部门的"剩余价值"。

新农村建设初期，辽宁社会科学院的一些研究人员在对新农村建设现状进行实际调查研究中发现，有些地区农民对开展新农村建设以来出现的一些问题反映比较强烈。例如，新农村建设发展资金缺乏问题、土地承包制度的弊端问题、农村合作医疗管理弊端问题、农村卫生问题、农民子女教育问题和农村文化生活贫乏问题等等。其中，反映比较强烈的问题之一就是农民迫切希望调整农业信用贷款期限问题。

当时我国实行的农村小额贷款政策是"春贷秋还"，每年3月开始向农民发放贷款，11月下旬前农民必须还款。贷款可以延期一个月到12月25日还，但是利率就要高出正常利率了；超过12月份这个期限，就会被取消下年度的贷款资格，甚至失去贷款的信誉。

农民要求延长贷款期限的原因主要是，农民为了在规定时间内还贷款，就必须在秋收时尽快卖粮食换现金，还农村信用社的贷款。农民反映，在卖粮食的时候，粮贩子故意压低粮食价格，导致农民每年低价卖粮食，损失严重。

为了搞清楚问题的真相，就农业贷款期限问题，研究人员先后在一些省份的地区的乡村进行了调研活动。在调研中，通过座谈、问卷调查和入户采访，农民反映了很多急需解决一些农贷问题，但是，农民感觉最迫切希望政府能调整农业贷款期限政策、发放农业中长期贷款，缓解农村发展资金不足，这是农民当时急切希望新农村建设首先解决的问题。

农业信贷是我国各个省份发展新农村建设的资金杠杆。各个省份农村的农民发展生产和维持正常生活的资金差不多都来农信社。比如，在经济比较发达的省份辽宁省，其新农村建设的生产发展资金几乎都由农业信用贷款提供。根据统计，截至2006年2月末，辽宁省农村信用社累计发放农业贷款64.2亿元，满足了296万农户的贷款需求，占全省有贷款需求农户总数（340万户）的87%，为辽宁省农民发展生产提供了有力的金融支持。并且，2006年辽宁省预计增加信用村100个，预计增加信用乡（镇）5个，为进一步拓展小额信用贷款营造良好的信用环境。

可见，辽宁省农信社上下高度重视农民的贷款需求，并深入了解农民、农村对金融服务的需求，积极拓展农村信贷市场，增加农户贷款投放额度，扩大贷款覆盖面，最大限度地满足农户贷款需要。应该说辽宁省农信社的支农力度是很大的。

但是，在调研中，一些省份的农民集中反映的问题主要是，我国农村发放的小额农业信用贷款存在如期限过短、利率过高、还款时间紧、压力大、手续繁琐等问题，严重影响农民的增收幅度。在研究人员调研的过程中，接受调查的农民年人均收入大都在千余元左右（土地收入六百元左右/亩，其他多种经营收入约四百元左右），无论是发展种植业还是养殖业，他们基本都是靠农业贷款。农贷额度一般为每亩地 200 元左右，贷款期限为一年。农民把这种农业贷款称为"春贷秋还"，即每年 1 月至 3 月发放贷款，11 月 20 日（有些地区是 12 月 25 日）前必须还贷款。所以，农民必须在规定还贷日期前将收获粮食全部出售，兑现用以还贷。过期还贷，不仅加重利息和罚款，还要取消下一年度的信用贷款资格。因此，粮食收购者大多借机压低粮价，每斤（以水稻为例）以低于正常价格 1 角或 2 角钱（玉米为低于正常价格 3—5 分，甚至 1 角到 2 角）收购，农民迫于还贷压力不得不认宰出售。这样一来，农民在粮食市场交易中，每斤至少损失一角钱，以水稻为例，一亩地收成粗算为一千斤左右（玉米为 1400 斤左右），那么每亩地损失约一百元左右，现在农村每个家庭（每户以四人计）平均有十亩地左右，那么每个家庭由于农贷政策而导致的年收入损失至少为一千元左右，而一个农民的年人均收入也仅为千余元左右（家庭年收入三千元左右）。因此，一千元对农民家庭不是个小数目，并且对农民的生活也是至关重要的，它至少相当于当时农民家庭负担孩子上学一年的杂费费用。

由于贷款期限问题导致贷款农民每年损失多少收入呢？以 2006 年某省的农业贷款户为例，每户由于农业贷款期限损失一千元，2006 年该省的农贷户为 296 万农户，那么，仅仅由于贷款期限问题，导致全省农民损失在至少 30 亿元左右，这还没有计算使用这些贷款进行短期多种经营的收入损失。

上述农村信贷引发的农民的增收损失问题，主要原因还是人为造成的，是农业贷款期限过短这个制度规定造成的。如果国家或者地方政府对此进行干预，调整农业贷款政策，灵活执行和调整农业贷款期限，特别是延长现行农业贷款期限（现行农贷期限政策为 1 年，实为 9—11 个月，而实际上农民仅能使用 8—9 个月）到 2 年或 3 年，不仅能减轻农民的还款压力，避免农民在粮食交易中的损失，减少粮食市场的不合理交易，而且使农民的家庭收入平均增加一千至两千元，更使农民有可能形成一定的农业资本积累。这不仅有利于实现农业的"休养生息"发展，更使农民真正从政策调整中得到实惠，为新农村建设积蓄实力。

农业贷款期限问题引发的民生问题是我国农村很多地区都普遍存在的现象，属于现行支农资金管理制度与新农村建设宗旨相抵触的实际情况，这个情况不改变，农民的增收幅度就受影响的。因此，国家有关部门和各省委省政府有关部门，应该针对这个情况，从保障民生的高度出发，为了确保农民收入大幅度提高，必须尽快调整农业贷款政策，灵活执行贷款期限，延长农业贷款期限，或者增设中长期贷款项目，为农民提供灵活多样的信贷服务，减轻农民信贷压力。这样，政府可以在不增加任何农业补贴的情况下，就有可能使贷款农民家庭的收入增加至少一千元，甚至可能翻一番。

新农村建设首先应该解农民所急，为农民办实事。辽宁省曾经发现了这个问题的严重性，农贷期限问题影响农民收入问题在辽宁提出之后，辽宁省委省政府当时的主要领导李克强书记、张文岳省长和主管农贷的鲁昕副省长都高度重视并做了重要批示，要求有关部门尽快解决这个民生问题。并且，辽宁省政府有关部门经过调研核实情况后，调整农村信贷期限规定，在一定程度上解决农民农耕生产中的资金负担和收入损失问题。

但是，小额农贷的发放和回收时间都是国家计划经济时代、粮食统购统销时代的产物，从地方政府的管理层面，要想彻底解决小额农贷期限问题，目前一时还难以做到的，只能是微观地调整一下期限。例如，像辽宁省那样，在原来国家和行业要求还款期限的基础上，延期一个月还款，这样可以缓解农民由于还款期限问题带来的压力，但是，农民由于贷款造成收入损失的问题还是没有解决。一些基层的支农部门领导和管理人员在实践上也尝试过根据农民的实际需要，执行灵活还款期限的做法，小范围内可以，制度性和政策性做法还没有出现过。这样，成为引发新农村建设民生问题的小额农业贷款期限问题，从新农村建设开始至今一直未能彻底解决，贷款农民和家庭还在由于贷款期限问题影响增富的程度和进度。因此，从根本上解决这个问题，必须从国家制度安排层面上想办法解决。这是一个需要国家引起关注和解决的至关重要的民生问题。

六、土地民生问题：土地政策弊端

毛泽东说过，农民问题最根本的就是土地问题。土地是农民的安身立命之本，没有土地就没有生存保障。新中国成立后我国的《土地法》经历了一个完善过程。解放初期土地改革，在全国范围没收和征收了地主富农占有的土地，分配给无地少地的农民耕种，实现了"耕者有其田"。1958 年人民公社化，通过建立农业生产互助组、初级农业生产合作社、高级农业生产合作社三个步骤，推行了人民公社制度，把农民的土地私有制转变为农村土地的集体所有制。1978 年家庭承包经营制党的十一届三中全会决定，废除了人民公社体制，实行了以"包产到户"、"包干到户"为主要形式的家庭承包经营制，激活了土地资源的有效利用和解放了生产力。但是，自 20 世纪 80 年代"大包干"以来，农民的社会保障等问题基本没有解决，"生、老、病、死有依靠"对于大多数中国农民来说，依旧是有后顾之忧的发展问题。而且，随着新农村建设的推进，现行土地制度的一些弊端越来越明显，严重影响农业和农民发展规模化经营，导致拥有小块土地的农民至多只能解决温饱层面的民生问题，无法达到富裕发展问题。

进入 20 世纪 90 年代后，随着农村经济发展和农村改革的深入，现行农村土地制度的种种缺陷日益显现。第一，农村土地经营规模不断缩小。据有关方面十几年来对 300 个村，2.8 万个农产的跟踪调查，1990 年农民户均经营的土地由 1986 年的 9.2 亩减少到 8 亩，1997 年再下降至 7.65 亩。第二，农民承包地变动频繁。按人口或劳动力以绝对平均为原则实施的土地承包制，必然要根据人口或劳动力数量的变化对农户的承包地块不断进行调整。因此，虽然当时国家规定的土地承包期是 15 年，但根据调查，1978 年以来，农户的承包地平均被调整过 3.01 次，至少有 60% 的村和农户经历过土地的调整。由于承包土地调整频繁，农户难以确立长期收益预期，因而不同程度地出现了投入减少，耕作粗放，甚至弃耕、撂荒等现象。第三，由于我国的土地法的不完善，导致我国各个省的新生代农民正面临"无地"困境。无地就是无生存保障。第四，我国农村人口绝对增长。我国农村人口绝对增长，与土地面积减少的冲突，也是导致我国农村土地政策不符合当前农村发展实际的主要原因之一。近年来，我国人口每年以 1000 万左右的速度递增，而农村土地却以每年数百万亩的数量递减，尽管我国已经规定了十八亿亩的土地红线，但是这对于改变我国现代化进程中所特有的人增地减的独特格局没有什么实质意义。

所以，从1999年后国家开始探讨土地流转改革问题。1999年国家在安徽芜湖等地进行农村集体土地建设用地流转试点。2001年3月，国家"十五规划纲要"指出，"鼓励有条件的地区积极探索土地经营权流转制度改革"。2007年6月，重庆、成都获准设立城乡综合配套改革试验区。2008年9月30日，胡锦涛考察小岗村，定调"新土改方向"——保持现有土地承包关系稳定并长久不变，允许农民以多种形式流转土地承包经营权。2008年10月12日中国共产党第十七届中央委员会第三次全体会议通过《中共中央关于推进农村改革发展若干重大问题的决定》。

我国《土地法》的实施，充分保障了农民对土地的经营承包权，为解决自身的温饱问题奠定了基础。但是，据实际调查，在新农村建设过程中，农民对现行土地分配政策意见很大，问题主要集中在当前土地分配过程中存在的"增人不增地，减人不减地"现象和规定上，正是由于这一管理规定导致了目前农村新生儿处于"无地可分"的困境。在农村，无地就是无生存保障依靠，失地也就意味着农民失去基本生存条件。这种社会现象和其所形成的社会威胁已经让农民深感不安。对现行的土地分配政策的不满，已经成为各级政府特别是乡政府接受村民上访的主要问题之一。

造成此种严重局面的症结在于现行土地分配制度政策过死，存在"死不'抽'，生不'添'"的规定。第二轮土地延包之后预留的5%的机动地在这几年也基本上调整分配使用完了，农村基本上没有了土地可分。农村新出生的新生代农民基本上没有土地可分，这种现状再任其发展，将会出现影响政治大局和社会稳定的严重后果。

国家的土地面积是一个恒量，并且国家还规定了我国耕地不能少于18亿亩的红线，但是，人口则是一个变量。即使农村人口的自然增长率不超过自然死亡率，保持一个相对稳定的平衡状态，死不抽回、走不收回的土地政策，仍然会造成人口与土地的尖锐矛盾。按照计划生育指标正常出生的孩子，构成农村新生劳动力的主要来源。他们享有的土地份额，应当靠人口的自然减员和离土离乡人员空出的土地份额来填补。但是，目前实行的土地分配方式却忽略了人口的变动性和流动性，出现了"人死地还在，人走地还留"令农民难以接受的现状：已经注销户口的死亡者以及通过上大学、当兵、进城务工、嫁人等方式户口已经"农转非"的人，却仍然"依法"占据着本村的土地份额。在土地分配制度"30年不变"的前提下，这种土地分配和管理政策将危及到两代农民。无地分给新生代农民，无异于剥夺了新生代农民的生存权利。这些农村未来的主人，从一出生就将丧失最基本的生活来源，为社会发展埋下了不安定、不和谐的隐患。

因此，国家实行了土地流转。土地流转指的是土地使用权流转。土地使用权流转的含义，是指拥有土地承包经营权的农户将土地经营权（使用权）转让给其他农户或经济组织，即保留承包权，转让使用权。

由于土地流转政策，现在农村中的养鱼大户、养猪大户、粮食蔬菜果树种植大户就不断涌现出来。城里人到农村从事生产经营的多了起来，合理有效使用土地进行农业规模化经营的也越来越多了。这似乎喻示着土地流转将带来生产力的解放，并且新一轮农村发展出现新的生机了。农民从土地流转中获得了租金收入，从业主的生产经营活动获得了工资收入。

农民对土地的依赖根深蒂固。因此，确保"耕者有其田"，才能保障农民的切身利益，才能继续维持农村的社会稳定与和谐发展。对此，建议有关部门根据我国农村各个地区的土地现状的实际，制定相对灵活的地方性土地管理政策和法规，以化解农村土地矛盾，保持农村社会稳定的大局。

七、管理民生问题：治理抑或服务

在新农村建设中，基层政府是治理农村还是为农村和农民服务，这是一个基层政府定位问题，也体现了观念变革问题。目前农村的基础政府纷纷反映，现在管理农民很困难，他们的法律意识都很强的，所以，现在农村干部不好当啊。与此同时，也有一些基层干部认为，只要摆正位置，多帮助农民，急农民所需，就能为农民做实事。因此，在新农村建设中，我们的基层政府和领导，应该转变观念，不要继续强调管理农民，而要多提如何为农民服务的问题。建立服务型基层政府，已经迫在眉睫了，否则，农民就不相信和依赖基层政府，特别是农村税费改革以后，直拨款直接到农民手里，与基层政府不发生关系，用基层干部的话说，基层政府基本上管不了农民了。根据辽宁社会科学院副研究员李绍德的调查研究结果显示，农村税费改革确实顺应了农村改革和发展的需要，使农民得到实惠，获得了利益，但同时也出现一些新的问题，妨碍了农民的民生问题，需要我们政府有关部门和全社会引起重视。

1. 村委会经费困难，基本开支难以维持。农村村委会基本没有经济来源，村干部的收入没有保障。原来让农民负担的村干部工资，国家通过转移支付的方式，解决了村干部的工资和一些办公经费问题，但是，转移支付毕竟很有限，且都用于支付工资，并且实行"村财乡代管"还要扣除一定比例的管理费，尽管村干部的工资由村财政来提供，但是，村财政没有收入渠道，很多村子为了给新农村建设工程进行配套，只能将村里的公共财产一点点变卖换钱，支付日常运转。调研中有些村干部反映，农村的村里有村委会办公室的，已为数不多了。由于没有办公经费，连基本的办公用品都买不起，像笔记本、笔之类的，很多都是村干部自己掏钱购买，量稍微大一点就要在商店里赊账。由此可见，村级组织已到了一穷二白、举步维艰的地步，很难承担起新农村建设的重任。

2. 乡、村组织都背负着沉重的债务负担。省内乡、村欠债现象非常严重，在我们走访的乡、村中，几乎村村都有欠债，乡乡都有窟窿，少则几万元，多则几十万元，甚至上百万元，虽然大部分欠债是历史原因形成的，但也有一些是人为因素造成的。沉重的债务包袱，不仅严重阻碍了乡、村经济的发展，而且影响了党群、干群关系。

3. "婆婆多"、压力大，给不堪重负的村委会平添许多烦恼。在省内农村的村财政都十分困难的情况下，上级主管部门的"摊派性"任务却一点也没有减少。以每年每个村订阅报刊杂志费为例，每个村费用都在1500元以上，这笔费用在省内并不富裕的农村相当于一个村干部一年的工资。即便是订了报刊杂志，也很难及时看到报纸，但不订不行，订少了也不行，这是任务。

4. 乡（镇）政府机关人员编制严重超编，开支已成困难。由于目前省内农村乡（镇）基层政府还没有进行政府机构改革，再加上历史形成的机构设置问题，所形成的人员超编现象普遍存在。据辽北一个乡干部介绍，上级给该乡政府的编制为38名，但原乡政府机关就有60多人，而这些人都是在编的干部编制，享受工资待遇。减谁都涉及个人的切身利益，上边没有给出相应的政策，也只能按部就班地前行。有些乡村干部半年多没有开过工资了。

5. 乡、村组织职能陷入困境。在农村实行二次土地承包责任制后，过去乡、村组织的许多管理职能失调了。很多乡、村组织也想转变职能，带领农民致富，但由于缺少资金、技术和对市场风险抵抗能力，很难得到农民的响应。用一位乡干部的话说：现在整天忙忙碌碌处在解决农民纠纷问题上，"有一种种了别人的地，荒了自己的田的感觉"。这反映出一些乡、村干部的迷茫思想状态。

乡、村组织是新农村建设的前沿阵地，在基层这些新问题解决不好，势必影响我国农村建设的整体发展，因此，必须引起有关部门的高度重视。为此，今后在新农村建设实践上要做好以下几个方面的工作：

1. 加大向农村转移支付的力度，特别是要加大对村级组织的扶持力度。落实反哺政策，加大反哺力度，这样就可以激活村级组织的工作，发挥新农村建设的基层堡垒作用，获得新农村建设事半功倍的效果。

2. 不断加大工业反哺农业的力度。改革开放以来，我省对农业的扶持力度是有欠账的，尽管近几年有所改观，但与工业大省、强省的地位是不相符的。

3. 对乡、村债务问题要有一个通盘的考虑，特别是对那些由于政策失误所带来的损失，而造成的陈欠债务，要想方设法帮助解决。此问题不从根本上解决，我省新农村建设就像国有企业改革一样，从一开始就背上沉重的债务包袱。

4. 尽快实施乡、村基层组织改革，加快乡、村改革的步伐。通过合村并乡的办法，压缩、精简乡镇机构。支持那些有经验、懂民情、合民意的乡镇机关干部到村委会去竞聘村干部，当好带头人；鼓励、帮助乡镇机关干部走诚实劳动致富的道路；对那些分流人员，要保证工资待遇不变。

5. 坚决纠正乱收费、乱摊派现象，减轻农村负担。各级政府的应该坚决杜绝各种各样的费用摊派。

八、教育民生问题：教育"撤村并乡"

就社会、学校、家庭这三大教育发展状况而言，我国农村教育发展水平在整体上远不如城区，而且与城区差距有越拉越大的发展态势，这与当前教育改革形势极不协调，特别是一些较穷困的地区，农村的学校教育、家庭教育和社会教育几乎是苍白。为了改变这种现状，国家通过新农村建设，试图优先发展农村的学校教育。从 2006 年开始，国家实行九年义务教育，免除农村学生九年制义务教育学费，表明了国家发展农村教育的决心和投入。

实行九年义务教育，免除农村学生九年制义务教育学费，这样农村学生每年免交 40—50 元钱，这样可以降低辍学率，提高入学率，达到普及九年义务教育的目的，最终是为了提高农村人口素质，缩小农村人口与城市人口在教育素质上的差别。

　　同时，国家还实行了新的农村教育改革举措，这就是整合农村教育资源，集中师资，集中办学，提高教育质量，为此各村撤销学校，一乡镇统一办一个学校，实行"撤村并乡"的办学方法，也叫"撤点并校"，全国和各省以及各县都这样在优化配置农村中小学教育资源。自2003年起我国就已开始了大范围的撤点并校工作。

　　免除了教育费用，又调整了办学方法，目的是让农民充分享受国家的教育政策和教育资源，但是这种旨在让农民受益的教育改革举措，从一开始出台就引发了农民的民生问题。这种"撤村并乡"虽然实现了我国农村教育资源的优化配置，教学条件和教学水平得到很大改善，但在这项政策执行过程中，采用了"一刀切"的做法，没有结合农村实际情况，许多地方强行撤村的中小学，群众对此意见很大但没有办法，有的地方还出现了集体上访。其实出现这种不具体问题具体分析的做法是有害的，特别是没有考虑到由此引发的民生利益问题，导致老百姓的切身利益受到损害。

　　"撤村并乡"办学之后，教育学费免除了，但是，农民孩子接受教育的成本加大了。由于绝大多数乡政府没有额外的财政收入覆盖新增教育成本，新增的教育成本只能由农民家庭分摊，这无形中增加了农民的教育支出，使农村教育改革带给了农民更大的生活负担。

　　根据辽宁社会科学院研究员侯小丰等学者的研究结果显示，"撤村并乡"后，一个小学生一年的教育支出不仅没有因为学费的减免而减少，反而由于增加了上学的交通费、住宿费、膳食费、其他费用（如电脑使用费等）等，每个农民家庭比以前平均增加教育支出1200—2000元，新增的教育花费大大超出了普通农户的支付能力。因为新农村建设刚刚开始，绝大多数家庭都还没有从新农村建设的政策中受益增富，这些额外的教育支出纯粹属于农民的新增负担。实施新农村建设以前，我国农村的各个村里都有小学时，虽然教学质量不高，但是除掉学费和书费，没有其他开销；学校"并"到乡里之后，师资优化和学校设施都比以前有所改善，教学质量得到提高，但是随之而来的教育的费用也成倍增加。这些新增费用都是农民的纯收入，很多家庭一时很难承受这些突然增加的教育支出，特别是有两个以上就学孩子的农民家庭，由于一时无法负担费用，只能让一个孩子读书，其他孩子辍学在家务农。因此，农村教育改革没有预见到的额外教育开支导致一些孩子被阻止于校园门外。

除了上述新增费用之外，学习期间的教材费、文具用品、校服、课外活动等费用，每个学生还要再支出 200—300 元。这样一来，一个学生一年的费用开销就达到 1500—2200 元。这样一来，教育费用占到农民家庭年收入的一半左右。以辽宁的情况为例，普通农户家庭年平均收入在 5500 元左右，一个农民家庭勉强维持一个学生就学，有两个学生的家庭基本生活都难以为继。新增加的年支出，目前看来导致了农民家庭负担增加，很多家庭望而生畏，特别是有两个以上学生的农民家庭，新增教育费用几乎等于他们全年收入的一半。这种情况不改变，将会引发农民的教育民生问题。

　　从 2006 年看，国家减免的学费其实是当年度中小学教育中农民的教育支出的最少部分。当时学生教材的费用是学费的 2 倍以上，教辅资料也在学费的 2 倍上下，新增的伙食费是学费的 10 倍，新增的交通费是学费的 12 倍，住校生的食宿费是学费的 30 倍，并且目前这些费用呈现出有增无减的趋势。至此，农村教育支出确确实实成为农民家庭的负担问题。很多地方政府针对这些教育负担也制定了一些应对措施，例如加大对农村学生困难补助的覆盖面，给贫困家庭学生每年 300 元的困难补助，但由于这些补助覆盖面太小，仅有 20% 的覆盖面，面对新增教育费用来说，这些补助基本上是杯水车薪。还有学者提出，应该循环教材，增加一定的教育补贴，减少不必要的教育花费等等。例如，取消学校的统一校服，减少教育开支，因为孩子个头年年长，小了就要重新买，因此校服势必成为经常性的开支，增加农民不必要的负担，建议取消校服。这些建议和做法对于减轻农民家庭的教育负担很有意义的，但是从根本上还是不能彻底解决这个教育民生问题。国家已经叫停了强行撤点并校，问题在于已经并校的地区农民的教育负担怎么解决？

九、社会民生问题：农村社会治安

　　在新农村建设过程中，我国农村社会治安总体上基本稳定，但是，不同的地区存在着不同程度的社会稳定问题，严重影响了农村地区的社会稳定和经济发展，甚至影响到了农民的生产和生活。

　　新农村建设以来，农村出现的社会民生问题主要包括以下一些问题。一是影响农村社会不稳定因素多，涉及农村征地补偿、土地承包、生产资源、医疗等方面引发的群体性事件不断增多。二是刑事犯罪案件多，尤其是盗抢机动车、电力设施、农机具、牲畜等生产资料的犯罪率上升，因经济、婚姻、宗族家庭矛盾、房屋宅基地、是非口角等一般民事纠纷和村干部选举而引起的打架斗殴、报复伤害案件也时有发生。三是各种犯罪现象较多。很多犯罪现象仍屡禁不绝，特别是未成年人犯罪的组织化、成人化、暴力化倾向日趋明显；另外，农村交通安全问题日益突出，一些农村地区的交通安全事故呈上升趋势。四是封建迷信和非法宗教活动多。新农村建设以来，各类境外宗教势力和一些邪教披着华丽的外衣，对农民进行蒙骗，诱使一些农民参与，有些宗教为了扩大信徒队伍，竟然拉农村儿童入教，而且，宗教势力在农村都是秘密活动，不仅影响农民生活和生产，也试图影响农村基层政权，甚至影响到了农村儿童的心理发育和健康成长。五是赌博等社会丑恶现象在农村呈蔓延发展之势。目前农村很多地区赌博成风，导致恶性循环，越穷的地方赌博越厉害，他们有侥幸心理，希望赌博使自己富起来。赌博名目繁多，有赌"三公"，有赌21点，有赌拖牌，有打麻将，有赌六合彩，尤以赌六合彩最甚，危害最大。六是集体上访、越级上访等群体性事件普遍存在，且时有发生。其中失地农民上访案件频发而严重。

新农村建设以来，农村社会治安中存在问题的主要原因可以归纳为以下几个方面：农民法制观念淡薄，文化生活匮乏；农村剩余劳动力增多，大量剩余劳动力转移困难；农民收入增长较为缓慢，社会收入差距扩大；受社会腐败现象的影响，拜金主义、享乐主义、极端个人主义等思想滋长，部分收入较低、急于致富但又无致富门路的人心态失衡，铤而走险，走上违法犯罪的道路；农村社会治安防范工作不够到位，打击力度不够，在客观上助长了犯罪分子的侥幸心理等。

农村的一些社会治安问题已经成为了影响农民生活的民生问题。特别是赌博，给农民的生产和生活、甚至对农村的乡村文化和文明建设，带来了极大的负面影响。调研中，农民反映，农村一些地区赌风盛行，尤其是地下六合彩犯罪活动到处肆虐，诈取群众大量钱财，使许多人倾家荡产。这已严重影响了农民生活和农村社会治安，甚至影响到了农村经济发展，特别是影响到新农村建设。目前农村对禁止赌博问题没有什么很好的有效手段，导致赌博问题在农村肆无忌惮地发展着。因此，农民特别希望政府有关部门引起高度重视，加大农村社会治安治理力度，根除我国农村的社会隐患，提升农村社会的和谐度。

农村的地下赌博问题，对农民的生产和生活影响很大。研究人员在调研时发现，地下六合彩赌博团伙在我国农村部分地区极为猖獗，四处行骗。许多村民参与这种非法赌博，并被高额奖金引诱，投入成千上万元，最后被骗得倾家荡产。很多农户把多年积蓄输个精光，有些农民把准备买种子化肥的钱也输进去了，还欠下一大笔赌债，甚至输掉了房子，因此造成妻离子散、家破人亡、服毒自杀、铤而走险的屡见不鲜，给农村社会治安带来严重问题，严重危害当地社会稳定，影响农民的生活。调研中，一些地区的农村干部认为，地下六合彩赌博活动使整个村子的经济至少倒退5—10年。

产生这些赌博现象的主要原因是农村地区分散、不利于管理，治安警力不足，打击力度不够。同时还因为农民业余文化生活贫乏，缺乏科学与法律知识，贪图眼前利益，胆小怕事不敢举报。另外，有些地方的基层领导对农村赌博问题治理束手无策，不重视、宣传教育也不够，甚至还存在保护伞包庇和基层政府有关人员参与操纵赌博等腐败现象，这更加大了新农村建设过程中清除农村赌博等不法现象的难度。

目前看来，农村诸多赌博情况中，六合彩等欺诈犯罪是破坏农民生产和生活的超级杀手，是当前农村社会治安的重大隐患，必须引起国家各级政府领导的高度重视。对于基层管理部门来说，治理农村六合彩问题也确实是比较棘手的问题，但是，辽宁社会科学院哲学研究所的研究人员王春光深入实际调研发现，农民对解决这个问题有着一些操作性很强的想法。他在一些地区调研过程中，农民曾向其建议，农村要彻底解决六合彩等赌博问题，作为农村的基层政府必须要做好以下一些工作：

1. 地方基层政府要加大打击赌博诈骗团伙的力度，清除地方保护势力。农民建议，治理农村六合彩等赌博问题，首先国家和各省市县的各级领导要高度重视，从破坏农民生活和引发民生问题的高度，认识治理六合彩等农村赌博问题，要组织公安部门深入基层农村，进行实地调研活动，把握犯罪团伙活动规律，侦察了解具体案情；同时吸取总结全国各地类似案件治理的教训与先进经验，制定网络式打击计划，精心研究部署、果断行动、严厉惩治。必要时采用封锁消息、异地执法等手段来防止犯罪集团买通的内线来通风报信。同时要对公安司法腐败现象进行严肃追查、从重处理，以绝后患。对赌博泛滥地区的政府官员一定要认真追究责任。

2. 农村社会治安部门要警力下沉，充实农村一线。为解决警力不足问题，要在调查后按实际需要适当引进真正干练的警察充实到农村一线。但派出警员不能增加农民负担。另一方面相对丰富的城市警力资源还应向农村下沉。城市警察通过轮岗、借调、分流等形式随时按需要加入到镇乡村的治安队伍当中；乡村警力还可轮流进入城镇警局，起到互相监督互相学习互相促进的作用。

3. 有关部门要通过各种渠道，加大宣传力度，揭露六合彩的骗术伎俩和赌博危害。通过各种媒体等多渠道对群众进行全面的宣传教育，揭露赌博及其他行骗团伙的骗术伎俩，宣传其危害的严重性及相关的法律知识。让男女老少警觉骗术，不图不义之财，远离赌博，积极参与打击赌博犯罪。

4. 政府有关部门要尽快发展农村文化生活，用健康文娱活动充实群众业余生活。各级党政组织、各类群众组织还要充分利用现有的条件，帮助农村设立群众文化体育活动场所，并以此作为地方各级政府机构与基层政权的业绩考核内容之一。

农村赌博问题严重影响了农民家庭生活和生产，影响了农村的社会和谐与稳定，是建设社会主义新农村的一大毒瘤。

十、宗族民生问题：村民自治还是宗族自治

自古以来，中国农村就是一个自治的社会，"皇权不下县，县下是宗族，宗族皆自治，自治出於伦理"，①县以上官吏和其治理权力，由国家委派，乡以下治理权力大都是来自农村宗族内生的权威，维持皇权在农村的实施。我国历史上，宋神宗熙宁三年（1070 年）王安石变法，实施保甲制以后，国家在乡村不再设置基层政权机构，乡村负责人不再是政府官吏，乡村自理公共事务。即使在王安石变法以前，国家在乡村的治理机构也十分简单，并体现出浓厚的自治色彩。如秦汉的乡"三老"，虽是乡官，却由民选；西汉时更有县"三老"、郡"三老"、国"三老"，可以直接上书皇帝。② 这种传统的治理结构，呈现典型的"小政府、大社会"特征，在维持国家政权的同时，也保障了小农收益效率的最大化。

几千年来中国农村社会的管理都是宗族治理的延续。宗族自治一直是我国农村普遍采用的管理方式，并且，几千年的宗族自治的结果使其本身已经成为中国农村潜移默化传承的乡规民俗了，至今为止，村民很少有人敢于挑

---

① 李成贵：《中国三农问题政治经济学》，人民网，2005 年 5 月 25 日。
② 白钢：《中国政治制度史》，中国天津出版社、新西兰霍兰德出版有限公司 1991 年联合出版，第 242 页。

战宗族权威。因此，在中国农村如何建立和实行现代民主管理制度一直是国际关注和中国政府探索解决的一个政治民生问题。

早在延安时期，我党就针对村民自治问题，做过一些积极探索，积累了很好的经验，就是让农民自己选自己想选的人。当时采用过很多选举方法，有些选举方法也很典型，影响也很大的，例如豆选方法，甚至引起了当时国际社会的所谓民主国家的关注和高度评价。

当时，在陕甘宁边区的农民们，在选举村官时，主要采用"豆选"的选举方法。豆选是一个很简单、很质朴的选举方式。豆选的一个基本原理就是少数服从多数。这个近乎于结绳记事的方法，原始到看似武断的技术规则，其集中突显的好处就是杜绝了选举中的猫腻儿！豆多当选，以豆取人！延安时期曾有个歌谣："金豆豆，银豆豆，豆豆不能随便投；选好人，办好事，投在好人碗里头。"这首歌谣就指的豆选一事。

在林牧先生自述《昭昭日月》（新世纪出版社 2008 年 11 月版）一书中，对当年解放区农民"豆选"做了比较详细的描述。

"乡长、副乡长和村长的候选人，当然是由党内提出的，但是，党内提出的候选人，不是一名，而是几名。选举是在村民大会和乡民大会上进行的。几个候选人面对选民坐在会场的第一排，每人背后放一只饭碗，村民们依次在候选人背后投豆子，豆子就是选票。投票以后，由村民选出两名计票员，得到豆子最多的人，就是当选人。在选举和计票过程中，我们工作组的人不授意也不干预。解放以后，在新区减租、反霸和土地改革的末尾，都有一个民主建政的阶段，选举村、乡干部。我作过几次工作组组长，都是按我在陕北学会的办法进行选举。"

关于豆选方法的现代意义问题，当时美国著名记者史沫特莱在她撰写的《中国的战歌》一书中，有评价豆选的一句感慨："这是（指豆选）比近代英美还要进步的普选！"这很耐人寻味，发人深省。这说明，我国农村的村民选举方法一度是很先进的方法，甚至后来还延续了很长时间。

但是，新农村建设以来，一个很令农民普遍不满的问题，就是村官的选举和确定操作过程中的腐败问题。调研中发现，一些地区的村民对他们本村的选举结果满意度低，并且认为他们的选举就是宗族、家族和亲属关系的结果。有些村子甚至无法选出令人满意的村主任。之所以这样，主要是因为农村宗族派性观念严重，家族势力、派性严重操纵选举，这是影响农村选举的重要因素之一，有的地方甚至是首要因素。看似民意的村选举，有村民戏称其为"家族选举"。选举中大姓大户倚重人多操纵选举，村民为家族宗族势力所左右，致使一些家族势力小的优秀人才难以当选。另外，有的村已经形成了三股或四股势力，各自为政、互相攻击，他们把村"两委"换届选举视作宗族、派性的比拼，各选各的代言人，选票分散，难以过半数，致使有的村连续三届没有村主任。

国家原则上实行村民自治，但是在实际选举过程中，往往由于宗族势力影响，已经演变成了家族自治问题，引发了农民的政治民生问题。农民对此反映极为强烈，迫切希望在新农村建设过程中改善村民自治选举中出现的问题。

自1988年6月1日我国《村民委员会组织法（试行）》试行以来，在《村组法》关于"村民委员会主任、副主任和委员，由村民直接选举产生"的原则指导下，我国农村自治逐渐走上民主化、法制化轨道。1998年底，我国农村实行了村民自治制度，应当说，中国的民主进程大大地进了一步，生产力也再次得到了极大的解放，村民政治或者说"草根政治"的发展取得令世界瞩目的成就。

然而，在新农村建设过程中，实行村民民主选举，也存在一些不和谐音符，农村民主选举随着农村社会经济的发展也暴露出一些亟待解决的新问题。诸如滥用权力、仗势欺人，照顾亲友、与民争利，收受贿赂、贪污挪用，挥霍公款、放纵小节等问题，这些所作所为在当地造成极坏影响。但由于其中许多案例不够党纪国法的惩处，而在农村干部人选相对匮乏的情况下，这些人还是担任村干职务或党内职务，从一定程度上影响了党和政府在农村群众中的威信，也影响了农村群众对民主选举的信任。特别是宗族势力的影响十分严重和普遍等问题，应引起我们的关注和深入研究，为农村民主政治的进步提供理论和实践上的解决方案。

自开展新农村建设工作以来，就村民自治选举问题，辽宁社会科学院历史研究所所长廖晓晴研究员带领其课题研究组的学者在辽宁省内的开原县、昌图县、西丰县、彰武县、铁岭县、宽甸县和法库县等地的乡村进行调研，所调研的乡村村民都毫无例外地反映了一个共同的问题，即在三年一次的村主任选举中，宗族势力的干扰太大。具体来说，村中的大姓，由于人口多，选票就多，往往能够主宰村主任的选举。据西丰县某村村民说："家族势力大就都能选上。"又说："村里主要有曲、李、王、刘四大姓，几乎每届村长都是从这四大姓中选出。"据彰武县某村干部说："现在选村长，素质高的因家族小，票少选不上；素质低因家族大，票多就能选上。"农民这些话也许有过激之处，但大家关注宗族势力对村民民主选举的严重影响，显然是不容置疑的。为了尽可能当上村长，竞选者除了依托家族势力外，还往往辅助以金钱的力量。这样一来，村长之位便可十拿九稳了。

既然村主任大都通过这种途径上台，就不可能为全村人着想，只能代表大姓宗族的利益。另外就是利用职权，牟取个人私利。据廖晓晴研究员的了解，村主任正当年收入5000元左右，每月平均不到500百元，工资不是很高；自从农民包产到户后，村长不再管生产，权力也大不如前，然而这些竞选者为什么不惜投资几万元，而得热衷于当村官，是因为还有许多非正常收入。据村民反映，村长家里若遇到大事小情，如婚丧嫁娶、盖楼或孩子当兵等事，村民都得上礼。至于礼金多少，则视该村的富裕程度和风俗习惯而定。调研中发现，在某县某村村民的礼金是：大礼100元，小礼30—50元，而在一些富裕地区，个别的选票竟达千元。贿选者既然投资出去了几万元，当然回报要达到并超过这个数目，岂能做了赔本的买卖？所以一旦当选不可能不贪。通过这种途径当上村官的人虽然搞歪门邪道很有一套，但正经的事却做不来，据村民反映：有些新当选的村官，开会讲话时往往脏话连篇，胡诌八扯，根本不像个领导。不仅没有个人素质，也没有个基层领导的文明形象。

相反，一些文化程度较高，个人素质较好的候选者，却因为是村中的小姓群体，或没有什么经济实力而报村无门。

尽管宗族势力影响和贿选现象等问题从国家到老百姓对此都深恶痛绝，但是，要想通过法律手段查禁这一违法行为却非常困难。一是由于贿选认定困难，因为其中夹杂着风土人情和乡俗乡规，都是乡里乡亲的，举报和作证以后就没有办法住在村子里了，例如，乡里乡亲请吃顿饭似乎无可厚非，外出打工人员收了1000元作为误工费也属正常，等等；二是由于贿选给村民带来经济上的好处，使他们不愿意向上反映，这就使贿选成为官不究民不举的"正常"现象；三是相关法律法规过于宽泛，针对贿选、干扰或破坏选举等行为，还没有相关法律细则；四是缺乏有力的监督，上一级政府或有关部门即便了解贿选存在，也听之任之，没有采取有效的监督惩治措施。

村"两委"选举中存在的宗族势力影响问题以及带来的危害，在一定程度上制约了我国农村的民主化进程和社会主义新农村建设，应该引起高度重视，并采取积极的措施予以解决。

有鉴于此，很多地区的村民和基层干部都建议，在村民民主选举的过程中，应该对村长候选人有条件要求，设立一个门槛，有所限制，不是什么人随便都可以做候选人的，目前的候选人资格限定宽泛，造成当选者身份复杂。候选人资格问题实际上是村委会选举中被选举权主体资格问题。《中华人民共和国村民委员会组织法》规定："年满十八周岁的村民，不分民族、种族、性别、职业、家庭出身、宗教信仰、教育程度、财产状况、居住期限，都有选举权和被选举权；但是，依照法律被剥夺政治权利的人除外。"是否需要对候选人提出比普通选民更高的资格要求，一直是村委会选举实践中引起争议非常大的热点问题之一。从选举过程来看，由于候选人资格并未严格限定，使一些道德法律素质低下的人在参选过程中拉帮结伙，利用暴力、胁迫、贿赂等手段破坏选举。在调研中，农民和基层干部还提出了一些具体的条件，他们认为，对村长候选人至少应该规定以下一些门槛条件：

1. 完善有关的法律法规，提高对候选人的门槛要求。目前，村委会选举的主要法律依据为《中华人民共和国村民委员会组织法》，2009 年中共中央办公厅、国务院办公厅还印发了《关于加强和改进村民委员会选举工作的通知》。尽管如此还是需要对这些法律法规进一步完善与充实，比如，对投票前候选人首先应通过资质审查标准。审查的资质标准至少要包括以下几项：①年龄；②学历；③政治面貌；④身体状况；⑤领导经验；⑥施政目标。经过这五个方面的资质审查，相信素质太差的人不会蒙混过关，轻易成为村长的候选人。具体可以从以下几个方面操作：

第一，对候选人应提出更高的资格条件要求，主要包括以下几方面：年龄，应在 60 岁以下，避免村中六七十岁的老人仍可以当选的事实；学历，应为大专以上学历，杜绝村民反映的村主任"大字不认识一箩筐"的现象；能力，包括语言表达能力、组织能力、尤为重要的是带领村民致富的能力，这些能力的考核可以采取考试的方法，提出一些村里文化教育宣传、如何致富等方面的现实问题。这样村委会选举就类似于公务员考试，既有笔试，成绩可以占50%；也有面试，是全体选民对该候选人的面试，选票的比例占50%。这样才能使选举相对公平，选出真正有能力的村干部。

第二，对于贿选问题应提出更清晰的认定方式和惩治措施。建议将贿选界定为："直接以现金（不论数额多少）、有价证券、发放实物和宴请拉票的，都属于贿选范畴，这是事前行贿；承诺当选后给予某些人以金钱等其他物质利益或精神利益，或者提供某种方便甚至是帮助其进入村委班子，这也属于贿选范畴，这是事后行贿。"贿选的界定固然重要，但随后的加大惩治力度更为必要。建议除了"一经发现即取消其参选资格，已经当选的，其当选无效"；构成犯罪的，以行贿罪依法追究刑事责任。

2. 严格执行《村规民约》或《村民自治章程》。《村规民约》或《村民自治章程》是村里办事遵循的"宪法"，今后就是要把村务管理纳入到法制的轨道上来，使其逐步得到健全，这也是未来村务管理的发展方向。这项工作做好了，便能够使新当选的村官规范化管理村务，同时也避免贪污腐败事情的发生。

3. 加强对村官的监督力度。民主选举、民主决策、民主管理、民主监督共同构成村民自治的基本路径和工作要求，但在村民自治的实践中，三年一度的换届民主选举普遍得到重视，而作为村民自治基础性、长效性建设的民主决策、民主管理和民主监督却重视不够且难以到位。特别是"民主监督"是村民自治制度中的四项重要内容之一，选举结果好坏，选出的人究竟是否称职，全靠村民监督，并且除了村民要监督村官之外，村党支部也要切实承担起监督的责任，并起到对村官制衡的作用。

4. 建立健全监督举报制度。村"两委"选举之所以存在着严重的宗族势力影响甚至贿选、暴力、欺骗、伪造选票等违法手段，其根本原因在于选举过程中及选举前后缺乏有效的监督机制，即便有监督，也是流于形式，因此加大监督举报力度非常关键。建议充分调动村民的积极性，鼓励村民举报违法犯罪行为。对于举报的村民给予重奖，所谓"重奖之下必有勇夫"，高额的奖励能够起到一定的激发村民伸张正义的勇气和激情的作用。当前村民举报和上访的数量不多，并不是说不存在问题，而是村民觉得"村主任谁当都那样，不会使老百姓得实惠"，存在一种消极的想法，而且目前村霸势力强大，村民也由于惧怕而不敢举报。但是一旦加大举报的奖励力度，使村民衡量得失而勇于举报。当然，一定要采取匿名举报并保护好举报者，避免举报者受到黑恶势力的伤害。

5. 普遍提高农民文化素质是根本。克服村民自治选举中的问题，必须提高村民的自治素质。据第五次全国人口普查数据显示，我省农村劳动适龄人口中，文盲半文盲占 1.96%，小学文化程度占 35.09%，初中文化程度占 48.19%，高中以上文化程度占 14.76%。可见，我省农村劳动力平均文化程度较低，有 85.24% 都在初中及以下文化程度，这已成为全面建设社会主义新农村的"瓶颈"因素，也使我省农村村民自治出现种种问题，因此普遍提高农民文化素质是关键。第一，构建农民科技教育培训体系，由决策系统、执行系统和培训系统三个系统组成，每个系统由省、市、县、乡、村构成，这是提高农民素质的基础保障。第二，拓展农民科技教育培训手段，利用各种先进技术媒体和方法，加速培养农村科技致富带头人、农民企业家、科技示范户、技术能手等，使他们尽快成为有文化、懂技术、善经营、会管理的新型农民。第三，加快农村信息化和市场化建设。信息化是提升素质的重要途径，要培养会经营、懂技术的农民，必须使农民方便、快捷和低成本地获得市场信息和农业技术信息。

当前的村民自治实践活动，已经全面展开，各级政府一定要准确落实村民自治的基本要求。村民自治选举，一定时间内只搞一次，相对于间断性的民主选举来说，连续性的民主决策、民主管理和民主监督更重要。仅仅把行使民主权利的重心放在选举上是危险的。因为候选人在选举前后可能会言行不一甚至发生蜕变，这就需要有持续的参与和监督来保护村民的利益不受损害，所以基层民主政治建设的重心更重要的应放在民主决策、民主管理和民主监督上。但从农村实际来看，一旦选举完成，新班子很容易也很愿意把权力集中在党支部书记"一把手"那里，形成了工作"一肩挑"，财务"一支笔"，决策"一言堂"的局面。正因为目前的民主主要停留于选举层面，而村民的民主权利在决策、管理、监督领域体现不力，所以才有"选谁都一样"等对选举产生失望、怀疑甚至冷漠不愿意参加的情况。

以上是新农村建设以来，经过实证调查研究发现的一些制约农民增富的民生问题。这些民生问题有些属于物质民生问题，有些属于精神民生问题；有些问题是即发性的影响农民生产生活的暂时性问题，有些问题是结构性和制度性的长期性的问题。无论如何，新农村建设工作和理论研究工作都应该以解决这些民生问题为切入点，推进新农村建设的理论和实践的发展，解决农业和农民的发展过程中面临的实际困难，才能满足广大农民的实际生活和生产需要，农民才能真正从新农村建设中得到实惠。

开展新农村建设是符合中国国情和广大农民愿望和需求的，是深得农民人心的发展战略，但是，以上这些民生问题的出现也说明，在新农村建设的具体实施过程中，应该把国家的正确的发展战略和政策，因地制宜、实事求是地同农民实际生活和生产需要紧密结合起来，同解决农民的实际生存和发展困难紧密结合起来，通过权变的方法既保障国家重大战略的顺利实施，又保障农民利益不在发展过程中受到损失。

由以上这些问题可以总结出，新农村建设初期所体现出的核心民生哲学问题就是政治民生问题。因为新农村建设急需解决的核心问题之一，就是在新农村建设中，把政府的主导作用和农民的自主建设有机地结合起来，把政府的主导意识变成对农民的扶持和帮助。也就是说，新农村建设要政府和农民互动才能见成效，政府单方面在新农村建设中唱主角、积极推进新农村建设的各项工作，而农民的积极性没有充分调动起来导致农民不配合，新农村建设就失去了意义，这样一来新农村建设就会变成政府自己满意的最大政绩工程。新农村建设是我国的发展战略，在实施的过程中，如何保障农民利益也是我国最大的政治，为了保障农民利益政府推行了很多政策和做法，这些政策和做法以及实施程序，都必须得到农民的认可，才是实现了保障农民利益的政治任务。

现在很多学者和政府官员从国家政府的角度，探讨了很多新农村建设的政策和实际以及未来发展问题，并且提出了很多建设性意见和建议，很多有意义的建议也被及时采纳付诸实施。但是，农民是如何看待新农村问题，农民对新农村建设有什么想法和建议，这一直是一个被各级政府和社会所忽视但需要高度关注的问题。在新农村建设的过程中，农民对新农村建设有自己的想法、发展思路和达标要求，在新农村建设的初期也都带着很高的期望值想畅谈一下自己对这些想法和愿望的，但是，各级政府都是在按照文件和部署推进新农村建设工作，从来没有那个政府部门倾听过他们对新农村建设以及战略推进过程中想法和要求。因此，在新农村建设问题上一定要把政府对农民的"善良意志"与农民发展的内在需要紧密结合起来，让农民满意，才能形成事半功倍的效果，才能调动农民积极性，最终提高农民生活水平，实现国家整体和谐和科学发展。

2006年新农村建设初期存在的问题表明，由于体制、机制和结构问题的影响，新农村建设主要还是政府的一项重要工作，工作的绩效是由上级主管部门评定，农民当时还没有成为评定新农村建设业绩的主体，也就是说农民是否满意还没有成为衡量新农村建设的尺度，新农村建设还没有真正贯彻和体现以人为本的科学发展的指导思想。新农村建设绩效考核中农民评价缺位，这是新农村建设在工作机制上安排的一个失误。很多农民甚至基层干部都建议，新农村建设应该完善农村党组织领导、政府推进的方式，充分调动广大农民建设新农村的积极性，特别是通过村民自治机制认真贯彻执行《村民委员会组织法》，健全村民委员会选举、村民自治章程、村规民约、一事一议、

"三务"公开和村账镇代管等制度，全面推进新农村建设的民主决策。发动和依靠村民共同管理新农村建设事务，切实保护农民的民主权利，在新农村建设问题上，要根据新情况、新问题、新动向，从维护农民利益角度，让农民真正享有知情权、参与权、管理权和监督权，增强农民自我教育，自我管理和自我服务的能力。因此，继续坚持当时政府主导推进的做法，以上这些制约农民增富的问题在短时间内是很难得到解决的，势必严重影响农民的增富要求和进程幅度。所以，在新农村建设问题上必须解放思想，转变思考立场和发展方式，在坚持政府主导的前提下，应该本着求真务实的原则，走一条形而下的建设途径，完全从农民的角度，思考一下农民对新农村建设的要求、愿望和方法，把农民的满意程度作为衡量新农村建设是否科学发展的标准。

第三章 民生标准与新农村建设目标

新农村建设的核心问题是使农民增富，但达到什么程度才算增富，增富的标准是什么，如何确保农民增富等等，对这些问题的回答，不仅体现了新农村建设科学发展的量化目标，更直接体现了对农民切身利益的关注和保障。新农村建设对农民的民生问题如果没有一个详细而明确的实现目标，就没有把党的政策和改革成果人民共享的理念具体落到实处，更谈不上把农民的发展利益放在了发展的首位。

新农村建设初期，我国政府在新农村建设发展战略制定和实施的过程中，对农民增富方面没有提出具体的量化目标要求，但是有一个宏观的政治目标，这就是最终要使农民实现小康社会水平。同时也有一个较为具体的建设目标和工作目标，这就是被概括为 20 个字建设社会主义新农村的目标和要求，即党的十六届五中全会提出建设"生产发展、生活宽裕、乡风文明、村容整洁、管理民主"的社会主义新农村的目标。它全面体现了新形势下我国农村经济、政治、文化和社会发展的要求。实现这五句话提出的要求，就是农村各方面实现协调、全面发展的过程，即新农村建设要达到的终极目标。

但是，这些目标是从政府工作出发设计和提出的工作目标，在新农村建设中，达到什么程度算是农业的"生产发展"了，农民的"生活宽裕"了，农村的"乡村文明"和"村容整洁"了，农村的"管理民主"了，都没有具体的量化目标要求，特别是达到这些目标的同时，农民究竟能得到什么样的实惠，没有明确表述。任何一个重大活动，对每一个参与者的切身利益没有明确规定和保障，这对调动参与者的积极性十分不利的，也不是以人为本的科学做法。为此，新农村建设应该有一个让农民看到自身实惠的具体目标，特别是从新农村建设开始（2005 年 11 月）到实现小康社会（2020 年）之间，应该有一个量化的趋近目标的发展标准和要求，使农民知道政府开展的新农村建设每年或者每个阶段会让农民得到多少实惠，生活水平得到多大的提高。这也是确保农民民生实现保障的必要工作。

新农村建设中，农民的民生需求究竟应该如何确定，这是一个理论和实践问题，确保农民增富到什么程度才是满足了他们现阶段的民生需求，这是需要从理论上首先明确的。对此，马克思有关专门的论述。马克思的经济学中，对于劳动者的价值内涵有一个明细的规定，他关于劳动力价值的理论主要包括了三个部分：一是劳动力本人的生活资料价值；二是劳动力子女的生活资料价值；三是劳动力及其子女的教育和培训费用。随着生产力的发展和社会的进步，劳动力价值包含的生活资料的数量和品种应不断增加，质量不断提高，如电冰箱、电视机、洗衣机以及汽车等耐用消费品在西方发达国家半个世纪前已纳入劳动力价值之中，因为它们不再被视为奢侈品，而被视为生活必需品。构成劳动力价值的生活资料是以满足社会一般水平为依据的，而不是仅以维持生命为依据。这对于我们当前确定民生内涵是极有指导意义的。

在新农村建设时期，我国也应该给农民的生存和发展价值确定一个明确的内涵规定。遗憾的是，到目前为止，我们在理论上还没有给农民的价值内涵做一个明晰规定。尽管政府没有给农民制定这样一个微观发展的增富进程表，但在新农村建设的实践中，农民对自己在新农村建设中的生存和发展还是有很实际的打算的。这些打算应该算作是农民借助新农村建设活动希望实现的自己的生活目标。2006 年 6 月，辽宁社会科学院哲学研究所的研究人员在深入基层开展社会调查中发现，在新农村建设初期，农民对增富有着自己的实实在在的增富目标，并且，他们希望在新农村建设中能够实现自己的实际目标。

在一次座谈中，研究人员发现，接受调研的农民提出，我们农民所理解的增富就是生活水平的改善，我们希望通过新农村建设提高我们的生活水平，并且在提高生活水平的问题上，我们有我们自己的标准。许多农民和乡村干部谈到：我们现在差不多都基本上达到了温饱，下一步好一点的话，就想实现粗粮换细粮，再往后就希望能有一点闲钱就行了。

农民的一席话实际上道出了他们对未来生活水平的基本要求。并且，农民也希望通过新农村建设实现他们的这些基本要求。研究人员经过实际调研和论证后发现，这三个目标实际上就是农民在一定时期内想实现的三个生活水平目标；也可以理解为农民希望通过新农村建设所要达到的温饱型、粗粮换细粮型、有点闲钱型的三个增富目标。

一、温饱型水平

我国农村的生活水平普遍处在温饱程度。这是我国农村改革多年来取得的主要成就。但是，由于种种原因，农村的贫困人口和贫困阶层还普遍存在，现在所说的农村贫困户也就是指达不到温饱水平农民。根据国家有关部门统计，我国目前农村贫困人口为2610万，农村低收入标准以下人口为7587万。[1]据国务院扶贫办副主任高鸿宾介绍："虽然贫困人口比例很小了，但绝对数量还是很大的。"并且，剩余贫困人口脱贫越来越难，农村贫困缓解速度明显放慢，城乡间、地区间甚至地区内的社会差距进一步拉大。据悉，到2010年前，中国扶贫首先是帮助还未解决温饱的贫困人口解决温饱。[2] 因此，温饱问题是新农村建设首先要解决的基础问题。从目前农民的生活水平看，温饱是农民的生活底线，也是新农村建设农民生活水平的起点目标。从全国划定标准看，温饱型生活水平的量化标准指数是每户年收入在三千元左右，一家三口平均每人每年一千元。也就是说新农村建设首先应该确保农民家庭年收入都在三千元以上。农民的这个要求带给我们的启示是，新农村建设初期的第一步要彻底解决农村的贫困阶层和贫困问题。

很多人认为温饱问题在我国已经基本解决了，但是实际上，温饱问题并没有彻底解决。一年、两年解决温饱很容易，但是保障温饱问题却很难做到，特别是应对突发性灾害降临时，要及时确保农民不挨饿。因此，解决温饱问题应该主要依靠建立保障温饱的长效机制，消除农民对温饱保障的负担。

二、粗粮换细粮型水平

从吃粗粮到完全吃细粮，是农民所期望通过新农村建设实现的第二个生活水平目标。

农民解决了温饱问题，也希望提高生活质量，因此他们提出要粗粮换细粮。现在很多农村家庭还必须吃一些粗粮，否则粮食是不够吃的。如果全部改成吃细粮或者吃深加工的粗粮，那么他们的生活水平就又上了一个台阶。

---

[1] 国家统计局农村社会经济调查司：《中国农村贫困监测报告——2005》，中国统计出版社。
[2] 刘远达：《中国到2010年将解决全部农村贫困人口温饱问题》，新华网，2003年8月29日。

农民的这个朴素想法同国家解决农民贫困人群的发展规划是一致的，这就是国家在 2010 年彻底解决温饱问题后，要帮助初步解决温饱的贫困人口进一步改善生产生活条件，巩固温饱成果，提高生活质量和综合素质的问题。

农民反映，目前在农村，农民靠自己实现粗粮换细粮的主要通过两个途径：一是自己种植细粮，如水稻和小麦等；二是花钱购买细粮。在这两种方式中，自己种植细粮受土地、气候等客观条件制约，对于绝大多数农民来说不现实，因为我国绝大多数地区农村的土地是适合种植粗粮的，不是什么土地都能种水稻或小麦的。因此，大多数农民还是通过花钱买细粮来实现粗粮换细粮。

粗粮换细粮就是提高生活水平，农民放弃吃玉米和高粱，改吃大米和白面就得要额外花钱，对于农民家庭来说，这也是一笔不小的数目。经过计算，农民卖掉粗粮添钱购买细粮，如以 0.60 元/斤卖掉玉米，以 1.20 元/斤买大米吃（2007 年东北地区的价格），对于一个三口之家来说，每年至少要多花两千元左右。就是说，要想从完全吃粗粮改成完全吃细粮，每个农民家庭至少每年要多花两千元。

因此，目前看每个家庭要想实现粗粮换细粮，年收入大约至少要在五千元以上，人均收入每年在一千七百元以上。这是农民在解决温饱之后，希望实现的新的生活水平目标，这也应该成为新农村建设初期农民希望自己的生活水平所要达到的第二个目标。

三、有点闲钱型水平

现在农民都在讲，新农村建设确实改善了农村的生活环境，提高了农民的生活水平，目前农民的主要问题就是手里没有钱。农民如果不吃粗粮了，手里要是能再有一些钱，那就更理想了。所以，能有点闲钱是农民所期望的第三个生活水平台阶。农民所说的闲钱就是种地和多种经营需要的资金。农民手中没有启动和发展资金这是新农村建设面临的最大问题。目前解决农业发展资金的唯一途径就是农用信贷。农民每年农业生产包括种植和养殖业的资金主要依靠农业信用贷款。现在种地大都靠农用信贷获得每年的种地钱，农民的这笔闲钱的数额并不大，因为农贷的数额本身就不大，而且农民一般相对容易得到的农村信贷多是耕种贷款，获得养殖贷款对于农民来说相对困难。对于一个家庭来说，耕种贷款一般是每亩地贷两百元左右，现在农村三口之家拥有耕地大都在8—10亩左右，普通家庭一般能贷两三千元，最高不超过五千。所谓闲钱就是不依靠农业贷款可以种地或者发展养殖的资金。因此，农民祈望的这笔闲钱大概是两三千元左右。如果农民有了这笔闲钱，就可以不求信用社。农民为什么不希望贷款而希望拥有自己的闲钱呢？原因在于现行农业信用贷款政策死板、期限过短、利率高、兑现还贷过程中农民损失严重。总之，现行农贷政策严重影响农民增加收入。拥有这笔闲钱，农民不仅减少了贷款压力，还能实现每年收入的稳定增长（至少增长一千元）。可见，拥有这笔闲钱对农民家庭来说是多么重要。所以，达到拥有闲钱的农村家庭生活水平年收入大都在七千元左右，人均收入每年在两千五百余元左右。这是实现粗粮换细粮型生活水平后，农民希望实现的下一个目标。这也应该成为新农村建设初期农民生活水平所要达到的第三个目标。

可见，我国新农村建设在坚持新农村的总体战略目标的同时，应该根据农民提高生活水平的要求，为农民增富和生活水平提高设计一个渐进的进程尺度和目标体系。建议我国新农村建设应该划分为几个发展时期，如新农村建设初期、新农村建设中期和新农村建设后期等等，在不同的时期内要逐步有序地解决新农村建设面临的亟待解决的问题。同时，除了整体发展目标体系外，不同的时期应该有不同的达标体系。以上农民谈到的三个生活水平目标就应该是我国新农村建设初期帮助农民实现的三个物质生活水平的晋升标准。所以，新农村建设的短期目标应该是在解决农民温饱问题后，实现农民的粗粮换细粮的生活水平，然后再帮助农民实现有闲钱的生活水平。这是新农村建设初期依据科学发展观要求，体现以人为本宗旨，提高农民物质生活水平、夯实新农村建设发展基础的前期工作。

综上，社会主义新农村建设的战略部署的实施，要与我国农民现时的实际生活水平和切实生活需要密切结合起来才能产生绩效，才能形成符合农民需要、适合农村实际的新农村发展战略。农民提出的三个目标应该成为我国新农村建设初期农民生活水平改善和提高的三个标准和依据。

第四章　民生主体与新农村建设的路径

有了增富的目标，还要有增富实现的途径保障，否则，增富目标就是纸上谈兵。农民依靠谁来实现增富目标，依靠自己还是依靠政府，这是需要深入探讨的问题，是实现农民增富内外因因素问题。很多调研表明，农民对解决农村问题，发展农村经济，提高农民生活水平，特别是如何增富，有着自己的看法和办法。农民认为，新农村建设不能单纯搞成政府自己的事情，特别是搞成政府政绩工程，而应该是帮助农民致富的活动和工作。目前的新农村建设实践表明，各级政府按照上级的工作部署，单方面地开展工作，农民没有参与进去。农民认为，各地政府应该根据各个地区农村的实际情况，特别是农民的实际需要和要求，推进新农村建设工作。否则，政府单方面推进新农村建设，农民不买账，新农村建设的结果就会事与愿违。

一、政府主导

发展战略的实施主体是谁，这是实践操作前必须首先明确的问题。对于推进新农村建设工作也是如此。新农村建设开始就要明晰谁是新农村建设的主体。新农村建设开始阶段，基层政府一直扮演着新农村建设的主角和主体，农民都处在旁观者的地位，从而使新农村建设初期工作的主要推进方式体现为政府主导、农民观望。主要表现就是，新农村建设以来，基层政府在农村社会公益事业方面极大地推进新农村建设工作，这对于落实新农村政策、改善农村的生活环境、提高农民的生活质量和水平都是很见成效和很有意义的；但是，与此同时，这些新农村建设的公共性和公益性建设工作，由于要求农民掏腰包出钱配套，也抬高了农民的生活成本。例如，让农民上楼，给农民安装电话、电视和修路等，以及实现国家要求的"村村通"达标工程，都要求农民掏腰包配套，这就增加了农民花费负担和以后的生活负担，导致农民生活成本提高。由于新农村建设工作刚刚开始，农民还都没有从新农村建设的政策中得到实惠，这样就导致农民的生活成本的增长速度高于其实际收入增长速度。因此，在新农村建设的初期，农民不得不支付这些改善农村环境和生活条件等公共事业而引发的成本。

农民应不应该为新农村建设承担成本，这是个值得深入研究的问题。在很多高福利的发达国家，如美国、加拿大、澳大利亚等也存在改善落后的农村地区，但是，这些战略和项目等都是政府完全掏钱买单，甚至政府出资为穷人建设住宅，帮助穷人改善居住条件。从总体上看这是一个高福利政策，深得人民的欢迎，但是，也有一些政府项目取得的效果不是很好。例如，澳大利亚政府为了改变贫穷的土著人的生活条件和生活习惯，在他们喜欢的聚集地，为他们建造了很多房子，希望他们由流浪迁徙人群变成定居人群。等建设好房屋，分配给这些土著人房子后，没过几天，很多贫穷的土著人就又卷起铺盖卷搬出了这些房子，甚至离开了这些政府修建的定居地。因为虽然住在好房子里，但他们手里没有钱，支付不起居住消费成本，他们得找工作赚钱。

这个情况带给我们的启示是，在新农村建设改善农民居住条件的问题上，一定要实事求是，根据农民的实际需要，把改善农民居住条件同提高农民的实际收入和实际生活水平状况结合起来。一些地区忽视农村实际和农民的收入水平，机械和强行推进新农村就是要农民上楼的做法，导致农民无法承受上楼后的生活成本，出现了很多令人难以置信的事情。例如，很多农民搬进政府给建设的新农村楼房，但是不舍得使用坐便，而宁可下楼找地方上厕所的事情，因为用水要额外收钱，农民住平房自己打井吃用水是不花钱的。这就是输血不如造血的道理。给农民钱，不如帮助他们如何赚钱；给他们盖房子，不如帮助他们赚钱自己盖房子。

国家如何帮助农民自主发展增富，成功国家的经验主要有两条：一是通过国家政策投入；二是通过资金投入。目前国家的相关政策基本上都出台了，并且还在逐步完善中，很多新农村建设的公益性政策已经开始分阶段地实施，例如"村村通"、"户户通"、农村医疗保障政策、农业补贴政策等等。这些政策确实带来了农村社会和环境的巨大变化以及农民自身的生活水平的提高，也带动了农村经济的发展，在一定程度上缩小了城乡差别。因此，国家的政策投入，特别是集中在农村公益性事业方面的投入的确改善了我国农村的现状和提高了农村的生活质量，为农民发展生产和生活创造了有利的环境。

二、农民自主建设

自救还是他救是一个哲学理念问题，也是打破救世主神话迷信的解放思想问题，在我国的新农村建设问题上和过程中也存在依靠自救和他救的不同哲学理念支撑的问题。自救和他救就是内外因的辩证关系。自救就是依靠自生的力量，他救就是依靠外力。我国的新农村建设是应该以农民自主建设为主、政府帮助农民培育自救的能力，还是政府推进新农村建设工作，这就是一个自救和他救的问题。从当前新农村建设的实践看，农民自救的成分少，政府扮演着拯救农民的角色，因为我们的新农村建设工作的定位就是新农村建设是政府造福人民的民生工程，而不是帮助农民开展新农村建设的自救运动。

韩国的"新乡村运动"就是典型的农民自救运动，政府通过帮助农民，让农民自主发展，农民实现了"我们也能过上好生活"的自救结果。农民自主建设农村的问题，是一个国际化的问题，很多国家都曾出现过通过政府推进代替农民发展农村的事情，严重地剥夺了农民自主发展的权利。为此，1979年，联合国及有关组织联合在罗马召开了"世界农村改革和发展大会"，通过的《农民宪章》宣言号召："鼓励农民组织起来，以便通过其亲身的参与，开展自救活动。"梁漱溟当年也曾说："乡村建设之所求，就在培养起乡村力量，更无其他。力量一在人的知能，二在物质；而作用的显现要在组织。凡所以启发知能，增殖物质，促进组织者，都是我们所要做的。"[1]

政府的职责就是发现农民大的共同利益追求和共同价值准则，通过国家运转形式，把分散和缺乏有机联系的农民组织起来，把他们团结到一个共同的事业中，这也是改变中国农民政治、社会和经济地位的一个好办法。为此，我们的政府在新农村建设中不能单方面成为新农村建设的主体，新农村建设还是要以农民自主发展增富为主。在国家有了诸多惠农政策和农村公益事业方面也有一定保障的情况下，剩下就是农民自己发展自己的生产、实现致富的问题了。政府特别是基层政府不能代替农民发展生产，政府的职责就是为农民发展生产创造环境，按照他们的生产和自主发展需要提供服务。通过发展生产而致富的工作必须由农民自己搞，否则，农民就会误解新农村建设，

---

[1] 《梁漱溟学术精华录》，北京师范学院出版社 1988 年 6 月第 1 版，第 495 页。

进而形成对政府的依赖和懒惰思想。韩国"新乡村运动"带给我们的启示就是，新农村建设不是救济农民的运动，而是挖掘农民的力量，依靠农民帮助国家实现全面发展。

从新农村建设的初期情况看，政府一直是新农村建设的主角，要改变这种做法，让农民成为新农村建设的主人，要农民依靠自己的力量自主地发展，首先要解决一个解放思想的问题，即放心地让农民建设和发展新农村，更是一个"相信谁、依靠谁、为了谁"的问题。

其次，政府要让农民自主发展，还要创造自主发展的条件。这些条件包括的内容很多，其中最关键的就是自主发展需要的资金。当前，农民自主发展的关键问题是农民没有钱，这是制约农民自主发展的关键因素。农民对生财致富都有自己的想法和好办法，关键是手里没有资金。正如农民自己说的那样，我们手里就是没有钱，否则，我们知道干什么能致富赚钱。很多学者对这类问题也作了深入地研究，其结果表明，农民缺少生产性贷款等生产发展方面的困难导致再生产投入不足，很多发展的条件和资源都掌握在政府手里，严重制约了农民自主发展。

三、政府推进与农民积极性统一

新农村建设是我国的发展战略，也是全民全社会的大事，需要通过政策激励和要素运作，以及媒体舆论宣传，努力营造各行各业都来关心、支持、参与新农村建设的浓厚氛围，形成全民参与的驱动机制和激励机制，拓展参与途径，扩大参与范围，为新农村建设做出贡献。同时，把国家政策资金、社会智慧力量和农民辛勤劳动结合起来，形成社会发展合力，推进新农村建设活动。一句话，就是调动一切积极因素推动新农村建设。

从这些年我国新农村建设的经验看，政府单方面唱主角，新农村建设是不可能成为让农民满意的民生工程的。另一方面，要农民自主发展，但自主发展的资源和条件又都掌握在政府手里。因此，新农村建设必须坚持政府为主导，农民为主体的方法。所谓政府主导，就是指政府通过有效发挥统筹、协调、组织、服务职能，把握新农村建设的导向和新农村建设发展整体态势，让党的政策阳光普照农村、惠及农业、造福农民，推进农村政治、经济、文化、社会协调健康快速发展。政府主要负责行政、财政和技术支援，并且调动全国公民积极参与，起到了发动、引导、支持和推动的重要作用。采取分步实施、示范引导、典型引路等方式，从改善农业生产条件和农民居住环境入手，从小事干起，从实事做起，逐步向农业现代化、农民市民化、农村城市化的纵深推进。

所谓农民主体，就是农民通过政府的组织引导，充分发挥积极性、主动性和创造性，成为新农村建设的直接参与者、受益者和终极评价者。其内容至少包括三个方面：其一，农民是新农村建设利益的主体；其二，农民是新农村建设行为的主体；其三，新农村建设的如何，农民是唯一的评价者。

政府主导推进新农村建设，一定要以农民的实际需要和农民的满意度为出发点，把政府推进和农民自主建设有机统一起来。

政府为主导，农民为主体的成功典范就是韩国的"新乡村运动"。韩国"新乡村运动"的基本做法就是以农民为主体、政府为主导。韩国政府始终把唤醒农民、激励农民、调动农民贯穿于始终。运动起初，就鲜明地提出运动的基本精神——勤勉、自助、协作，用简单形象的话语来教育农民。因此，韩国"新乡村运动"是农民自愿、自发、自主的运动。从计划到落实均由农民自作主张，从意愿到推动均由农民自主选择，始终维护和发挥了农民的主体地位。在农民相互依赖与合作的关系下，靠自主自发地奋斗摆脱贫穷，增加收入，改善环境，是一场农民用自己的双手改造自己庄园的自力更生运动。韩国政府主要负责行政、财政和技术支援，并且调动全国公民积极关注、参与，起到了发动、引导、支持和推动的重要作用。采取分步实施、示范引导、典型引路等方式，从改善农业生产条件和农民居住环境入手，从小事干起，从实事做起，逐步向农业现代化、农民市民化、农村城市化的纵深推进。

韩国的推进经验和主要做法也就在于把政府的积极引导与农民自主精神有机结合起来。根据韩国"新乡村运动"委员会的顾问之一金裕赫先生介绍，韩国"新乡村运动"的开展，是在政府的积极引导和帮助支持下进行的。20世纪70年代初期，政府在财力上根本没有太多力量，但他们根据当时的情况，着力构建了多形式、多层次的支持体系。第一年免费支援全国35000个村每村335包水泥，第二年对成绩好的村庄增加500包水泥和1吨钢材，以发放实物的形式支援新乡村建设。他们后来设立新乡村建设基金，先后投入20亿美元，采取政府支持一半、农民自筹一半的办法改善农民生活环境，兴建农村公益事业；成立农业科技研发、成果转化、农技推广、农民培训、良种供应等一体化科技服务体系，免费为农民提供农业科技服务；设立各级研修院，对由村民选举产生的"新乡村运动"指导者进行免费培训。通过政府的积极引导和帮助，农民自主建设新乡村的积极性和主动性被调动起来，由最初的推进运动转变为自我发展运动。1972 年，农民的参与热情异常高涨，积极提供现金、劳动力、土地、各种物资等，总值达 273 亿韩元，占全部投资的 86.6%。"新乡村运动"早期的 10 年间，每年有 18.5 亿人次参与新乡村建设，政府和民间总投资约 34000 亿韩元。

而从我国新农村建设几年来的实际和现状看，建设新农村，农民是主体，但实践操作中很多地区并不是如此，特别在新农村建设启动之初，农民自主建设新农村的主体地位一直没有得到保障。因为，新农村建设首先是政府的发展战略，也是各级政府的政绩所在，政府必须亲自主抓，好坏也是由政府评价，农民没有评价权力；其次，在组织领导上，推进新农村建设的工作是政府自上而下地部署，各级政府对建设新农村经验不足或急于求成出政绩，一般都是采用政府和领导越俎代庖的办法，大包大揽，帮助农民建设新农村；第三，新农村建设初期，农民对新农村建设工作不是很理解，甚至对新农村建设政策以及基层干部不是很信任，认为又是在搞形式主义，所以少数地方曾出现"基层等靠要，干部跑龙套，群众看热闹"的现象。因此，在新农村建设初期，农民在新农村建设中基本上是处在旁观者的位置。近年来我们开始认识到这个问题并强调农民在建设社会主义新农村中的主体地位，但是，在实际上还是没有解决农民自主建设新农村的主体地位问题。

保障新农村建设中农民的主体地位，目前看不是一个理论问题，而是一个实践操作问题。基层在推进新农村建设这项工作的过程中，是否出现发展主体错位现象，其关键在于实际工作中是否相信群众和基层政府是否存在自身利益保障问题。很多基层政府和领导也都在讲他们都是以农民为本地开展这项工作，但只是流于形式。

在实践运转层面上确定政府和农民究竟哪个是新农村建设的主体，关键要看基层政府是否给农民办实事，解决实际问题；并且基层政府所办的实事是否是对农民有利的实事，还必须由农民评价决定，而不是上级政府对下级政府业绩评价。这是政府之间的自我评价，新农村建设工作是否令人满意不是政府说了算，而是农民说了算，让农民成为基层政府工作业绩的评价主体就是确立了农民的主体地位。因此，农民是否是新农村建设的主体，关键是看基层政府是否为农民排忧解难地提供服务，并且由农民来评价服务的结果，也就是说是否是一个服务型政府，为农民自主发展提供全方位的满意服务。

在新农村建设初期，政府的服务主要体现在帮助农民解决实际困难。农民在新农村建设中遇到很多发展困难，及时帮助他们解决，就是服务型政府的体现，特别是基层政府的服务重点应该放在帮助农民解决自主发展和建设的一些瓶颈问题（如解决发展资金和找市场等等）上。在农民自主建设新农村的过程中，遇到的发展问题较多，其中最大的问题就是农民没有发展资金问题。从当前看，各级政府应该尽快帮助农民解决发展资金短缺的问题。

如何解决农民手里没有钱的问题，农民有自己的看法。农民认为，农信贷款在农村为农民自主发展生产提供了有效的资金。因此，解决农民没有发展资金的问题，就主要还是依靠政府有关部门发挥农业信贷这个金融杠杆的作用。新农村建设初期，中央强调要完善农村金融服务体系的意义就在于此。实际上，就是要发挥农村信贷的作用，就是通过发放各种农贷让农民手里有钱，自己发展，自己致富。这是农民实现新农村增富目标的关键途径。

辽宁社会科学院的研究人员在调研中发现，我国农村很多搞得好的乡村发展经验表明，农村的很多专业大户当初都是靠政府的贷款扶植，依靠农贷提供的启动资金发展起来的。这充分证明了农村信贷对农民增富的重要性。并且，现在新农村建设中，农村乡镇干部的主要工作之一就是为农民发展生产找项目和协调贷款。很多地区的"一乡一业，一村一户"等都是指通过农贷扶植农村产业和专业大户的具体发展措施。因此，农业信贷对于农民增富和新农村建设发展至关重要。

在中国农村，谁能贷款，谁就能赚钱。但是，目前我国的农贷部门还是盈利性贷款机构，靠放贷给农民赚钱，而不是扶植农民和农业发展的公益性贷款部门。农民和乡村干部认为，农信部门既然是政府机构，就应该代表政府发挥公益性职能，而不是想办法赚农民的钱。小额农贷"春贷秋还"就是一个例子。并且一些多种经营的养殖贷款，普通农民根本拿不到，都是靠关系才能拿到的农业贷款。

根据调查表明，农民和乡村干部认为，目前小额农业贷款的弊端一是贷款时间短，还款压力大。每年3月放贷，11月26日收贷，有些地方是12月26日收贷，贷款时间不足一年。并且，还款时粮食才收获，很多农民为了还款急匆匆卖粮，粮贩子借机压低粮食价格，盘剥农民。二是申请手续烦琐，浪费时间和精力。三是贷款利率太高（一般为1分/年左右），一度甚至超过民间借贷的利率。四是政府农贷部门独家垄断，其他银行没有放贷的权利。目前在农村只有农村信用合作社提供农村金融服务，其他银行没有权利经营农村信贷业务，这样就形成了农村信用社独家垄断农民贷款业务。五是农民卖粮还款过程中受粮贩子欺压损失很大。由于还款急，农民不得不低价卖粮。以玉米为例，农民按照农信社规定还款日期卖粮时的粮食价格，比平时粮食价格低0.10—0.20元/斤；按照低0.10元/斤计算，一户农民（四口之家）有十亩地，每亩地产玉米按1000斤计算，每户贷款农民家庭至少损失1000元/年，还不算用此款项周转发展多种经营获得的更大收益。对于农民家庭来说，这是一笔不少的数目。

因此，完善新农村金融服务体系，就必须首先从上述五个弊端入手，从农民实际生活需要、农作物生长周期需要、农业生产实际需要、农产品市场价格需要等四个方面出发，改革农村金融服务体制，建立公益性的农业、农村、农民的发展贷款。

综上所述，新农村建设应该以人为本，尊重农民意愿，按照农民自己的增富要求，制定发展目标，在坚持政府为主导的前提下，调动农民的积极性，让农民自主发展生产实现增富。在这个过程中，一定要充分发挥农村金融信贷体系对调动农民积极性的杠杆作用，为农民发展生产提供充足的发展资金和金融保障。

第五章　民生新问题与新农村建设的着力点

新农村建设初期，是我国"三农"政策更替之际，是新农村建设政策与原有的"三农"政策更迭之际，特别是很多新农村建设政策与原有的"三农"政策，一时还无法衔接，需要一个衔接过程，所以，"三农"的新旧政策在这个时期处在磨合衔接阶段。这主要表现为旧政策与新政策同时发生作用，属于我国"三农"政策转型时期。因此，这个时期也是我国农村旧政策与新政策引发的新旧问题和矛盾凸现时期。用农民的话说，"三农"原有的一些问题一直没有彻底解决，新的问题又出现了。因此，新农村建设不得不面临着同时处理新旧两个方面问题的局面。对"三农"的一些老问题的解决成为了新农村建设的切入点，而对新问题的解决又成为了新农村建设的着力点。新农村建设应该以新出现的问题为抓手推进工作进程，特别是新农村建设应该以重点解决农民关心的一些问题为建设重点，这样才能把新农村建设真正办成反映农民需要的民生工程。

一、老问题新表现

新农村建设在开展一年多以来农民从许多惠农政策中看到了希望，对新农村建设充满信心，新农村建设在全国已经出现了一个良好的开端。

（一）问题的表现

与此同时，农民也反映，新农村建设以来，出现了很多新情况和新问题，希望政府有关部门引起重视。这些问题很多是新农村建设前期和初期老问题的表现和变异，很多问题是长期困扰我国"三农"的老问题在新形势下的新表现。

1. 村民自治引发的农民政治民生问题。调研中农民反映，农民都赞成和拥护实行村民自治，但是，村民感觉村委会选举过程中猫腻太多。例如，依靠家族势力，拉票当选为村委会干部；再就是贿选问题，有些人为了当选村干部，挨家送钱。据农民反映，当选一个村长，大约需要 3—7 万左右资金。由于这些原因使有能力、有品行的人很难脱颖而出，而一些家族势力强、甚至个别横行乡里的人却能当选。当选后，村干部是挣工资的，每年在 4—6 千元之间，是纯收入，比农民种地要划算多了。当然当村干部的好处绝不仅仅就这些。

2. 农民还没有真正地从新农村建设中得到实惠。新农村建设开展一年多以来，农民普遍反映，国家的许多惠民政策很振奋人心，但是在实际中，农民见到的实惠并不多；并且，从目前看，农民由于进行新农村建设相对增加了一些负担。例如，"村村通"修路要农民先掏腰包让村里路基路面达标，然后有关部门才给修柏油路；尽管国家提高了粮价，但由于农业生产资料涨价和各级政府提高农贷利率，导致 2006 年农民增产不增收；农村教育实行"撤村并乡"集中办学，有利于提高教育质量，但是同时也额外增加了每个学生的住宿费用、坐校车的交通费用、吃饭费用以及由于集中办学产生的其他杂费（例如电脑费等），每个农民家庭因此新增多达 1000 余元/年教育费用；农村合作医疗中很多规定不考虑农民居住情况，看病到指定医院就医，对于居住农村的农民很不便，农民遇到紧急情况不得不自己掏钱看病。诸如此类新问题，都给农民新增了很多费用和不便。农民讲，如果是丰收年还可以应对这些新增费用，如果赶上饥年，就又会出现温饱问题了。

3. 广大农民对新农村政策普遍不了解。农民对新农村政策只是知道大概，不了解详细情况。知道的大概情况还是通过电视了解的国家大政方针，对很多省市县等部门的具体配套规定不了解。有很多新农村配套的措施也不和农民见面，村干部告诉农民怎么做，农民就怎么做。农民说，很多文件，像农村合作医疗政策等，具体怎么规定的一点儿都不知道。这种政策和规定不透明的情况不利于农民参与新农村建设，同时也导致干群关系紧张和农民对新农村政策的误解。

4. 新农村建设使村级债务出现有增无减的趋势。新农村建设开展以来，由于一些公益性基础设施建设要求基层配套，由此导致一些乡村新增很多乡村债务。许多新农村建设项目要求地方农民配套出钱，但乡、村两级没有财政拨款，只能向农民募集，农民不交则形成新形式的债务。另外，农民也反映，乡村原有债务利滚利后，形成很大的债务，农村发展很困难。历史积累的债务由于利息影响，不断增大，不仅不利于农村发展，也给农民形成持续性沉重负担，使新农村建设一开始，农民就背上沉重的债务包袱。

5. 农民参与新农村建设的积极性还没有调动起来。农民反映，新农村建设几年多以来，一直是基层政府在唱主角，因为新农村建设是各级政府必须贯彻落实的政治任务，并且在新农村建设中也必须坚持政府为主导。这样一来，农民基本上是在看着政府搞新农村建设，根本没有参与到新农村建设的活动中。政府主导的新农村建设带来我国农村的很大变化，同时也存在把新农村建设作为政绩的情况，政绩的评定又是由上级政府决定的，而不是农民决定的。因此，农民所希望的通过新农村带动实现增富的目标与政府实现的政绩还存在一定的差距。

此外，农民也反映，新农村建设从长期看，农村还存在一些民生忧患问题，导致农民的民生得不到保障。例如，国家主要负责出钱给农民修路，但是，谁负责建好的"村村通"公路管理和保养问题，村路不畅将导致农民生活和生产都受到影响；提高农村教育质量，实行集中教学，但是接送孩子上下学的车大多都是违法黑车，车况和营运都威胁学生的安全；农村合作医疗很多规定忽视了农民生活的特殊性；村级组织实行转移支付，并且村级财务是由乡代管的，那么，如何杜绝"村财乡代管"的代理费和增加代管人员数量和待遇问题等等，诸如此类问题均是新农村建设开展以来存在和出现的影响农民民生的新隐患。

（二）农民的解决办法

农民十分关注的这些新农村建设出现的新问题和老问题的新表现，特别是希望国家和地方政府有关部门尽快解决，因为这些问题直接影响农民增富水平和生活水平，影响农民参与新农村建设的积极性和创造性。对于解决这些问题，农民也有自己的一些看法和做法。

1. 完善选人用人机制。基层自治组织选举问题，应该完善选拔任用机制。农民建议，在目前的村民自治选举体制中，建议增加被选举人入选条件的标准要求，就是说候选人要有个起点台阶，不能什么人都可以参选。农民建议制定一套打分考核标准，从业绩、成就、个人素质、就职目标实现与否等方面建立一套指标体系，通过对候选人打分形成一个候选人梯队，分高的才能成为候选人，再从中择优投票选举。这样有利于有业绩、有能力、有品行的人脱颖而出。

2. 尽快让农民得到实惠。应尽快农民从政策落实和资金投入上看到新农村建设的变化，特别是从生活水平提高、收入增加、条件改善等方面让农民尽快得到实惠，进而调动其积极性，投身新农村建设中。国家和地方政府有关部门要多了解农民所急，据此制定具体新农村建设部署，体现急农民所急的思想，让农民感到我们新农村建设工作有实际意义和关系农民切身利益。

3. 确保农民的知情权。国家一再强调，要保障农民的知情权。在农村政策知晓问题上更应该如此，为此，要加强基层对农民进行新农村建设政策宣传和解释工作，让农民成为政策的知情者。农民建议，有关新农村建设的政策和具体规定应该公布，采用政策宣传手册、公告栏、农村有线广播、报纸等方式，普遍宣传政策，让农民知道政策详情。这不仅有利于农民对政府部门的监督，提高新农村建设的工作质量，也让农民有效地理解了党的新农村政策。

4. 设法让农民有钱。新农村建设以来，我国农村取得了很大的成就，"三农"问题有了很大的改观，但是，农民反映，最大的问题是农村没有钱和农民手里没有钱。乡村债务是个制约乡村发展的老问题，国家于2004年对全国的乡村债务进行了统计和统筹，并要求以后不要新增任何债务。但是，新农村建设的很多政府主导的公共基础工程都要求乡村的农民配套，并通过"一事一议"的方式解决配套资金。例如修"村村通"油路等需要农民出钱修路基，路基达标后才由政府有关部门出面给村里铺一层油路。很多村子只好通过谁分得土地谁拿钱的方式要求农民出钱，而很多农民拒绝出钱，由此形成了新一轮的乡村债务。新老乡村债务利滚利，压得农民透不过气来，更无法发展。农民建议，能否通过降低乡村两级债务的利率，减缓村级债务，让农民轻装上阵开展新农村建设，同时也体现了城市对农村、农民、农业的反哺政策，把反哺落到实处，真正让农民得到实惠。

5. 农民应该成为新农村建设工作的唯一评价者。应该由农民来评价政府新农村建设工作的成效，调动农民投身新农村建设的积极性和参与性。新农村建设既然是造福农民的工程，必须要农民认账，否则就失去了意义。政府在坚持新农村建设的引领主导的前提下，应该把新农村建设的主要工作重点放在帮助解决农民急需解决的问题上。由此出发，各项政策和配套措施要结合农民的实际需要，迎合农民的需要。特别是在新农村建设的初期，各级政府不要通过政策、行政和经济手段强迫农民出资配套。一是长期农村支援城市，导致农民和农村没有发展资金，只有生存资金；二是城市对农村的反哺应该是无条件的，当初农民支援城市，并没有要求城市居民按比例出资配套建设城市，现在发展新农村，同样也不应该这样要求农民。为此，建议国家在以政府为主导建设新农村的同时，应该通过农业信贷向农民发放体现新农村政策的低息、长期贷款，让农民手里有钱，自己发展和致富，这是调动农民积极性的关键。

二、产业结构调整

在新农村建设中，加快农村产业结构升级是我国新农村建设的重要战略步骤之一，也是发展农村经济产业化，使农民走上富裕之路的重要途径。在推进新农村建设的实践中，各省的部分地区在新农村建设过程中打破了"主农型"的经济格局，从种植粮食作物转向经济作物，发展多种经营，促进产业结构调整和升级，获得了可观的经济效益，农民的生活水平得到了提高，农村产业布局和升级都呈现了新的良好态势。

（一）问题表现

但是，根据辽宁社会科学院学者陈东冬的调查研究结果显示，新农村建设的实践中，特别是在农业产业升级的过程中，也存在和出现了很多制约我国农业产业升级发展的因素。其中很多因素是国家政策造成，农民自己很难解决这些制约因素，特别希望国家有关部门关注和解决新农村产业结构升级过程中遇到的一些制约性因素。这些问题主要包括：

1. 现行的土地制度和管理制度制约了农村产业结构升级。目前，实行土地承包制度后，土地使用归农民所有，基层政府很难对产业升级做整体规划和管理，规模化经营受到了限制，产业升级发展规划往往由于一户、两户农民不同意出让土地就全部搁浅，严重影响农业规模化经营和"一乡一业"等举措的发展。这给基层推进新农村建设工作带来了一定困难，影响到干部工作积极性和广大农民的新农村建设的热情。

2. 农村市场信息不畅通，严重影响产业升级效果和农业产业化发展。我国农村市场信息不畅通，农民对市场信息如供求关系、价格涨幅等了解较少，面对千变万化的市场，普遍感到无所适从，往往什么挣钱就"一窝蜂"做什么，生产眼前利益较高的产品，重复建设和发展。这导致的直接后果就是种植生产、产品流通、销售等各个环节出现堆积、滞销、浪费等现象。研究人员在一个省份调研过程中，接受调研的 8 个乡的农民和村干部都提出了这个问题。一位西红柿专业大户说，靠政府扶植，他搞了几年大棚种植西红柿，有一定的规模，也是示范户，但是每年都愁销售，乡村干部也帮助销售，但是随着规模越来越大，销售越来越难，急需中间销售环节帮助将产品运往市场。目前他每年都是通过长途贩运，将产品销往上海市场，销路很好，一箱西红柿在当地也就是卖2元多，但是卖到上海就是28元/箱。正因为赚钱，2007年仅整个东北地区，农民就都种西红柿了，导致西红柿极度过剩，仅他个人就倒到河里40余吨西红柿，损失惨重。农民由于市场信息不灵和不准确，遭遇这样的事情是经常的，并且农业的保险业还很不健全和发达，导致这些损失都是农民自己承担。

3. 地方政府在产业结构升级过程中出现职能弱化的趋势。农业税免除后，我国农村出现了一些新情况：直拨款也直接到农民个人手里，农民种什么都自己决定等，乡干部和村干部都感到无所适从，甚至发展基础公益事业的决策也由于"一事一议"而受持不同意见的农民的影响，产业结构升级（或者发展多种经营）首先要搞好农村基础设施建设，否则无法为产业结构升级和调整奠定发展基础，但是，很多基础建设需要向个别农民借地或经过他们的地时，乡干部和村干部都没有最终决策权。这往往导致基础建设被搁置或增加额外成本。

4. 农村科学技术水平较低。我国农村的种植和耕作水平还处于很原始的初级水平，绝大部分地区仍采用传统的操作方式，这种方式严重制约了产业结构升级的发展。农民对新品种的种植、养殖缺少基本的知识，动植物病虫害屡有发生，直接影响经济效益。此外，农产品加工转化能力较低，农业产业链条难以进一步延伸，可见，提高农民素质，加强科技推广力度势在必行，这是影响产业升级健康发展的关键因素。

上述问题是在新农村建设过程中，我国农村产业结构升级过程中存在的问题，是新农村建设过程中出现的新问题，国家和地方政府有关部门对这些问题必须引起高度重视，它不仅涉及产业调整升级，也涉及农民的切身利益。

（二）农民的解决办法

在调研中，农民从新农村建设的实际需要出发，对解决这些问题提出了他们自己的想法和愿望。归纳起来，农民建议应该从以下几个方面着手解决这些问题：

1. 基层政府要根据产业升级的需要事先做好土地规划。针对土地使用与产业升级之间的矛盾，在国家土地政策不变的前提下，国家政府和各省的各

71

级基层政府应该定期做好土地整体规划，统筹安排，并保证土地管理政策的连续性、稳定性，减少土地分配和使用过程中的纠纷，防止土地成为农村产业结构升级的制约因素。辽宁社会科学院研究人员张妍博士在实际调研中就曾发现，辽宁省几个著名的产业化大乡就从来没有发生土地纠纷问题。其中，沈阳市苏家屯区永乐乡是中国的最大的温室葡萄乡，号称"中国温室葡萄第一乡"，每年全乡种植温室葡萄超过万余亩，从来没有发生过土地上访事件和土地纠纷事件。这个乡的干部在介绍经验时强调，关键是在土地定期分配时，事先要做好全乡的土地使用规划和计划，然后让农民自愿选地。辽宁其他几个大的农业产业乡的乡干部也都提出了类似的建议和做法。可见，发展规模农业和产业化农业，事先一定要做好发展规划，特别是土地使用的规划。

2. 基层政府要做好产业结构升级的服务工作。农村的基层政府要转变职能，多向农民提供服务型管理，基层政府一是要多给农民提供资金扶植；二是要多给农民提供市场销售信息。农村产业结构升级处于起步阶段，很需要政府的扶持和引导，地方政府可以在开拓市场、扩大信息渠道等方面给农民提供切实的帮助。此外，政府应该对公益性事业和农村科研性活动提供资金保证。沈阳市苏家屯区永乐乡政府在帮助农民，通过发展多种经营实现产业升级的过程中，把职能定位于服务，全力为农民协调发展资金、提供市场信息和找销售市场，形成了一套产供销的流水作业模式。并且乡政府集中精力搞好基础建设，让农民安心全力发展生产，创建了被誉为"中国温室葡萄第一乡"的永乐乡，其工作经验很有推广和借鉴意义。

3. 培育农村民间经济组织和经纪人队伍。研究人员在一些省份调研中发现，在产业结构升级初见成效的一些地区，农业产品70%的销售渠道是靠农产品的经纪人的推销。例如，像辽宁省阜新市的彰武县养殖专业大乡东六家子镇，依靠农民经纪人每天有60余吨鸡蛋销往广东、福建等地，有效减少了政府和农民自身的销售压力。因此，国家以及各省政府有关部门应该在农村培育一批涉及产前、产中、产后的了解市场情况的农民经纪人和民间经济团体，帮助农户实现分散经营与大市场的对接。

4. 尽快普及和应用农业科学技术。可以充分利用广播、地方电视台、科技人员下乡等途径对农民进行有计划、有针对性的培训；可以加强和农科院、高校等科研单位的联系与合作，使科技人员到村、到户帮助农民解决实际问题。还应该做到科研与生产相结合，发掘产品的多样性，形成具有高附加值的特色产品，形成具有竞争力的产品产、供、销体系，不断保持产业的优势，特别是通过提高科技含量，使目前已经通过多种经营取得产业升级效果的大乡，提升为农业科技产业升级的大乡。

5. 以农民为主体，让农民自主发展。农民是农村产业结构升级的主体，农业产业升级问题，必须紧紧依靠农民。研究人员在一些地区调研中了解到，我国很多有农业特色的专业化的乡村，如辽宁省铁岭市昌图县长岭乡（种植蘑菇）、沈阳市苏家屯永乐乡（葡萄种植基地）、阜新市彰武东六家子乡（养鸡基地和民间文化产业）、铁岭市西丰永淳村（西红柿和茧蛹基地）、铁岭昌图毛家甸（肉牛饲养）等，最初都是农民依靠市场信息自主发展起来，再由政府扶持形成一定规模，进而成为全乡的产业。在农业信息收集方面，农民也发挥了重要作用，如铁岭市昌图县爱农网（http：//www. ain0410.com/）就是由当地的一名普通农民创建并不断发展起来的，收集了农业等方面的大量知识和信息，成为农民获取农业市场信息和知识的重要途径，网站还参与2006 中国农业百强网站评选，扩大了影响力。可见，农民在产业结构升级过程中可以在各个环节成为主体力量，应该通过政府引导、他人示范、政策扶持、资金保证来调动农民致富、发展、创业的主动性、积极性和创造性。

三、农贷新老问题

对于基层政府来说，产业升级或者发展设施农业的最关键的服务保障之一，就是为产业升级和设施农业提供必要的资金支持。因此，农业贷款问题在产业升级过程中占有重要的地位。

从新农村建设开始以来，农贷问题就一直是农民增富和推动新农村建设工作的关键问题，因为农民发展生产的资金一直由农村信贷提供，农村大约有2/3 的农民依靠农业贷款发展生产。农贷关系到新农村建设的发展，关键问题处理不好，就会成为农民增富和新农村建设的制约因素。2007 年是新农村建设的第二年，有关研究人员的在我国北方地区的实证调研结果显示，农民反映最强烈的问题还是农村信用贷款问题。与此同时，《海口晚报》记者在陵水黎族自治县英州镇采访时发现，种植大棚哈密瓜正成为当地一些农民致富的一条佳径，但是当更多的农民掌握了该项技术之后，却因缺乏资金只能望棚兴叹。陵水黎族自治县的农业局局长董国良说，资金问题是发展设施农业碰到的瓶颈，现在农民向银行贷款不但需要300% 的担保，而且繁杂的手续也让人望而止步。董国良建议，银行能否降低农民贷款担保率？能否简化农民贷款手续？①

可见，新农村建设初期，我国从南到北的农民都想发展但是贷款困难，他们对农业贷款期限短、贷款难、贷款手续烦琐、贷款利率高等问题，反映极大，强烈希望国家和政府有关部门尽快解决这些问题，因为这些问题已经严重制约了农民的增富进程。

（一）农贷老问题新表现

农贷中农民迫切需要解决而又一直没有解决的老问题是小额农业贷款期限过短，严重影响农民收入的问题。2006 年辽宁社会科学院的研究人员就农业贷款期限不合理以及引发农民民生问题等情况做过深入调研，并曾向国家和地方政府有关部门提出建议，尽快延长农业贷款的期限，也引起过一些部门领导的重视，并要求有关部门解决这个涉及民生的问题。从随后几年的农贷发展情况看，这个问题还没有完全改观。目前农村信用社确定的农户贷款期限，仍是依照其年度经营管理需要确定的，一般贷款期限长短决定于申贷时间（月份）。比如，农户在 3 月份提出申请，贷款 1 年，由于信用社年度考核收贷收息率，必须在 12 月份收回本息，所以该农户最长贷款期限只能是 9 个月。也就是说农民 3 月份贷的款，到 10、11 月秋收粮食下来后就要马上还款，恰在此时，收购粮食的粮贩子借机压低粮价，农民为了还贷不得不低价（低于正常价格 0.10—0.20 元/斤）卖粮食，兑现还贷。这样无形中使农民收入受到损失，一般贷款家庭损失在 100—200 元/亩或 800—1600 元/年（按每个家庭 8 亩地计算）。根据某省政府有关部门公布的数据，2006 年全省农贷户为 398 万户，这样，保守计算，该省贷款农民家庭每年累计收入损失在 31.84 亿—63.68 亿元之间。因此，我国各省农业信用贷款期限过短和过死，严重影响了贷款农民的收入，急需尽快改变。

（二）农业贷款出现的新情况

新农村建设以来，农民一直反映贷款难，而且农贷还表现出了一些新的变化，主要表现为农民贷款需求向多元化发展，需求额度有所提高。调研显示，大部分农民一般申请的是低于 5000 元的小额种植贷款，只有少数农民会申请万元以上的养殖贷款。因此，小额种植贷款仍然是农民最需要和最常使

---

① 《想种大棚密瓜却没有钱　英州农民望棚兴叹》，《海口晚报》2006 年 3 月 13 日。

用的贷款种类。但与此同时，农民贷款需求有向多元化发展的趋势。多年来，农贷主要是用于农业生产，购买种子、农药、化肥等农用生产资料，但国家和省里的一系列新农村政策出台后，有效促进了农民收入增长，农民生活已经逐步由温饱向小康型转变，农民对贷款资金的需求也出现出多元化特点。农户贷款正在从传统农业向二、三产业等非农需求转变。目前，多数农民购置农用生产资料已经不需要贷款，但对开展农产品初加工、深加工，提高农产品附加值，扩大种养殖规模等方面资金需求强烈，农户贷款额度也从原来的几千元、上万元发展到 10 万元甚至更多。调查发现，大约只有 1/3 的农户种地需要贷款，其余 2/3 的农民种地已不需要贷款，有些农民贷款是想将其用于扩大生产规模，或用于发展其他农副业以及非农业生产等产业结构调整和升级上，但目前农村贷款主要是用于支持农民种地贷款，其他方面的贷款农民基本上没有得到过，因此，农民感觉贷款难。

农民还反映，面对农民贷款的需求变化和贷款难的情况，农村还出现了一些所谓的贷款中间人，帮助农民贷款获取回扣。所谓"中间人"就是指与发放贷款的人熟识或有特殊关系的人，通过这些人农民可以顺利得到贷款。一个农民想要贷款，但是通过正常手段可能贷不到款，他只能找"中间人"（能够贷到款的人）帮忙。但中间人会收取一定的费用。一般贷款 5000 元，农民要给中间人 100 元作为好处费。这样一来，农民除了支付贷款利息外，还要支付给中间人一笔额外的中介费用（至少 2%）。可见，目前在农业贷款发放过程中出现的吃农民回扣的"中间人"现象，属于农信贷款发放过程中出现的"不正之风"。这种情况无形中加大了农民的还款负担，也严重阻碍了中央和地方政府的惠民政策的执行。

（三）农贷出现的新问题

2006 年以来，我国农村的农业信用贷款也出现了一些新问题：

1. 贷款难。贷款难实际上是老问题，但是在新农村建设一开始，农民响应党的号召，按照国家的新农村建设政策参与发展时面临的首要问题就是没有发展资金而又借不到钱。农民普遍反映，2006 年以来，农贷贷款特别难，有时候担保手续齐全了还是贷不到款，不知道是否是信用社的放贷本金不够的原因。据辽宁省政府有关部门公布的资料显示，2006 年辽宁全省信用社累计发放农户贷款 314.2 亿元，惠及农户 398 万户，占全省农户的 62.6%（占全省农户的 3/5），这表明 2006 年全省有大半以上农民不得不依靠农贷发展农业生产。而 2006 年辽宁省的总农贷储备资金超过六百亿，这笔资金满足辽宁省内贷款农户需求还是绰绰有余的。从辽宁社会科学院的研究人员 2007 年对17 个县（市）的调查结果显示，2007 年辽宁农村小额贷款农户比例基本上占总农户的 1/3，就是 33% 的农民仍然依靠小额农业信用贷款发展生产，但是，同去年相比，小额农贷户占总农户比率已经减少了将近 30 个百分点。这说明，经过一年多的新农村建设，辽宁省的农民确实增富了，用于发展农业基本生产的钱有了一定的积累，所以小额贷款户减少了。但是，与此同时农民仍然反映贷款难。贷款户减少了，贷款反倒难了，这是一个令人费解的问题。

2. 贷款手续烦琐。调研中农民反映，农业贷款抵押手续太多，每次贷款大约需要二十几个贷款抵押材料。农民感到非常烦琐，他们需要出具包括土地、家庭财产等在内的抵押文件材料，这些材料都需要村和乡里盖章证明。农民反映，跑贷款至少需要半个月左右的时间。而贷款开始的时候也恰恰是春耕农忙的时节，农民不得不花大量时间跑贷款。但是，在我国南方的一些省份，例如安徽、江西和湖南等省份的农村，基层农贷部门都是主动上门为农民服务，帮助农民解决贷款问题。因此，贷款难不难，基层农贷部门的态度是很关键的。

3. 利率高。新农村建设以来，很多省份的农民对农业贷款利率普遍感觉偏高，感到很不满意；并且，农信社的贷款利率高于其他银行，位居十大银行之首。国家提高粮食价格后，一些省份农信社也相应提高了农业贷款利率，导致我国有些省份的农村的实际农贷利率普遍达到了 9.765 厘，个别地区甚至达到 1 分 2，比民间抬钱（放高利贷）利息（一分）还高。在对安徽、江西和湖南农村农贷利率的调研结果显示，这几个省份农民的实际农贷利率都低于 7 厘。相比之下，我国北方，特别是东北地区农村的实际农贷利率远远高于这些省份。

4. 垄断经营。农民反映，目前在我国农村地区，只有农业信用社开展小额农贷业务，其他银行不被允许开展此项业务，这种情况不利于竞争，也无法满足我国各省农民扩大再生产的资金需求，十分不利于农贷发展，不利于改善农贷服务质量。

（四）农民提出的解决办法

针对上述问题，根据调研中农民提出的一些建议，归纳如下：

1. 必须延长或调整农业贷款期限。应该根据农民需要和根据农作物生产和生长需要，制定灵活多变的农贷政策，使小额农业贷款变成跨年度农贷，到期农民可以还钱或还利，贷款可延至下年度，缓解农民还贷压力和急于还贷造成的收入损失。我国一些省份农业信用社每年的3、4月份放贷，期限到当年的12月20日之前。如果把贷款期限长到第二年的8、9月份，或者是贷款期限灵活一点（比如当年8月贷款，明年8月还款，也是一年期限），这样还款就会好些，因为8、9月份粮食价格普遍较高。根据基层农信部门的干部介绍，这个问题完全可以从各省农信社解决。并且，根据研究人员的调查，辽宁省内有些地区（如苏家屯永乐乡）就是实行跨年度贷款，到期还利。希望国家和各省政府有关部门从农民致富需要出发，延长农业贷款期限，这样可以使每个贷款农户家庭每年增加千元的收入。

2. 短时期内，各个省份需要加大发展小额贷款力度。从目前研究人员调研的情况看，解决我国农民收入问题，首先要解决占我国农村人口近20%左右的低收入农户的收入问题。他们当中相当一部分是近十来年脱贫的农户，还处于温饱的边缘，随时可能返贫。但他们中的绝大多数已不属于国家或地方政府的扶贫对象，而且很难得到农村金融机构的扶助，生产难以扩大。特别值得注意的是，在过去几年中他们的收入不但很难增加，收入水平反而有所下降。因此，解决这个群体的收入问题，对缩小农村的收入差距，实现社会的稳定与公平，消除城乡差别，具有重要战略意义。

3. 按照国际惯例，完善我国新农村建设的金融服务体系。从建设国际化现代农业的需要出发，建议考虑在我国推广目前全世界普遍采用的孟加拉乡村银行20世纪70年代发明的小额贷款模式。这一模式通过五至十家农户为一组的相互联保的方式发放小额贷款。小组成员互助互促，一个组员不还款，整个小组都失去再贷款的资格，信用记录好则提高贷款额度。每户贷款额度一般在100—500美元之间，并在一年中分多次还清。目前全世界有上千万人在接受小额贷款，资金投入达数亿美元。国际经验表明，小额贷款额度较小，不需要抵押与担保，这对于往往拿不出抵押品的低收入的农民来说至关重要。其次，小额贷款的坏账率很低，风险小。小额贷款所采用的联保的方式，即通过邻里的压力往往比财产抵押的效果还要好。因贷款的额度小，又分期偿还，每期还款的压力不大，坏账率极低。小额贷款的机制特别适合低收入农户的需要。在目前的情况下，小额贷款机制不失为既能增加低收入农户的收入，又不需要国家太多投入的最佳选择机制。

4. 农民希望在农村应该有多家银行可以开展贷款业务，给农民提供多种贷款选择和服务。为此建议，应该允许多家银行开展农贷业务，引入农贷竞争机制，不仅有利于克服部门和行业垄断，也有利于提高服务质量，满足广大农民对贷款的需求。

四、"试点村"的民生问题

新农村建设的试点村是全面实施新农村建设政策要求的示范村，它的成功与否关系到新农村建设的发展战略和政策的说服力、正确性以及农民积极性的调动等一系列问题。新农村建设试点村的农民肯定希望得到实惠，基层政府希望试点村成为新农村建设的示范村，因此，新农村建设试点村的发展意义十分重大。

从 2006 年开始的新农村建设试点村工作，各个省份都有各自不同的做法，有的实施"百村试点"（如山东省等），有的实施"千村试点，万村推进"（如山西省等）。经过试点和推进后，试点村普遍取得了显著的效果，如公共基础设施进一步完善，村民生活水平明显提高；主导产业不断壮大，人均收入稳步增长；集中整治初见成效，村容村貌焕然一新；村民业余生活开始丰富，经济社会和谐美满等等。总之，新农村建设试点村的农民确实得到了实惠，农村也确实发生了变化。

有些省份的新农村建设试点村工作取得了显著成效。例如 2006 年以来，山西省把新农村建设作为"三农"工作的重中之重来抓，实施了"千村示范、万村推进"工程。当年全省确定了 1098 个新农村建设试点村，重点发展了"一村一品"的特色主导产业。目前试点村 90% 以上完成了规划编制和"四化四改"，即街巷硬化、村庄绿化、环境净化、路灯亮化和改水、改厨、改圈、改厕；90% 以上沼气适宜户完成沼气建设；80% 以上村已经完成"五个一工程"建设任务，即每个村有一个科技文化活动室、一个标准化卫生设计所、一个休闲健身活动场所、一个便民连锁店，每个中心村有一所标准化小学。从 2007 年起，全省每年确定 2000 个重点推进村。试点村把生产发展放在首位，发展主导产业，以生产促发展改变村容村貌，提升农民生产生活水平，为新农村建设走出一条成功之路。①

---

① 《山西省新农村建设试点村显现示范效应》，新华网 – 山西频道，www. sx. xinhuanet. com，2008 年 10 月 13 日。

（一）试点村出现的问题

新农村建设一年多后，研究人员在实证研究的过程中发现，一些地区的农民反映有些新农村建设的"试点村"在取得示范成就的同时，也存在着一些共性问题。

1. 村级债务有增无减。调查中农民反映，新农村建设的很多活动都要求基层政府和村里配套，由于基层村级自治组织目前只有债务（有的村债务高达上百万），没有财政，无法配套，要配套新农村建设的工程就都得掏农民的腰包，农民拒绝掏腰包则形成新的村级债务。例如，根据中央新农村建设文件的相关要求，改善村容村貌，实现"村村通"，修公路，这是有利于民的公益事，但是在实施过程中，由于资金的缺位和试点村资金配套要求，只能要求农民按谁分到地谁出钱等办法，向老百姓筹集部分资金，而大多数村民认为政策没有这么说而拒绝交钱，村委会无奈只好采用赊建的办法，先完成上面压下来的任务，再想办法还欠款，从而出现了新的村级债务问题。研究人员在一个试点村调研时发现，村子里修了3.2公里的村路后，新增的村级债务达12万余元，主要用于有关部门所要求修路的基础工程达标上。国家提出由国家无条件地掏钱进行"村村通"建设，但是落实到基层执行部门却提出条件要求了，达不到这些具体执行部门的要求，就不给修路。这些具体要求包括拓宽路面达到有关部门要求的程度，加固路基要达到要求，支付工料钱等，这给原本就没有来钱渠道的村级财政带来了更大的困难。有些村委会被迫卖掉山林、村部等公共财产还赊欠款，即便这样也只能填补债务的利息部分。根据其他试点村的情况，仅"村村通"一项，各个试点村的新增债务就达到十万余元左右。另外，很多有利于民的公益性项目由于配套和债务的负担而无法实行，甚至造成了"越建设越穷"的状况。恶性循环的债务状况不仅制约了村镇的发展，也影响了党群、干群关系。采用赊建或挂账的方式完成新农村建设试点村的有关任务要求，实际上形成村级债务新的延续。

2. 村级自治组织管理制约职能弱化。农村实行"一事一议"，给农民充分的发言权和自主权，体现了当家做主的地位，但是在实施过程中，却给村委会管理带来了极大的困难。据村干部反映，很多有利于广大农民利益的事情由于个别人的反对而不能执行或延缓执行。此外，"直补款"直接发放给农民有效防止了截留，但同时村委会也无权核销和扣除个别农民的欠款，助长了一些农民偷懒和平均主义的思想。特别是遵纪守法、支持农村公益活动的

79

农民，看到那些整天不关心公益活动的人同他们一样得到政府的"直补款"，感到很不平和愤慨，增加了村级自治组织的工作难度，更使村委会难以发挥应有的管理作用。这些都给村委会管理带来了很大的困难，原有管理制约机制失去了"抓手"，无法限制农民的个别行为，村委会职能作用出现减弱的趋势。

3. 乡村（镇）干部缺乏工作积极性。一方面他们面临职能的转变，村干部由"领导者"变成了"服务者"，对农民以往的管理和约束变成了引导和服务，但他们可控的资金、技术资源很少，建设新农村的许多想法很难得到广大农民的响应；另一方面他们面临着严重的资金缺口，可调配资金为负数，有些人一上任就承担起村里的巨额债务，完成很多上级的任务要求都要像修路等工程那样采用赊建的办法。这些困难在一定程度上影响了村干部的工作积极性。

4. 农民对新农村建设的有关政策了解不够。新闻媒体对新农村建设政策的宣传，使农民认识到新农村建设战略是造福农民的工程，目的是要农民增富，但是，很多新农村政策实施过程中的事实却是农民处处需要掏钱。农民说，通过新闻广播了解到在新农村建设过程中，中央没有要求老百姓自己掏腰包，因此，他们认为这又是村干部在非法敛财，所以不肯出钱出力，对新农村政策的满意度也大大降低。因此，很有必要细致地进行政策和有关地方法规与农民见面的宣传工作。

（二）农民提出的发展对策

上述新农村建设试点村普遍存在的新问题是和谐农村建设中存在的隐患，应该引起有关部门的重视。根据农民的反映，提出以下几点建议：

1. 各级政府应该按国家政策要求，厘清新农村建设成本的支付渠道和份额，避免造成新的村级债务，特别是让农民为新农村建设"买单"。村级债务是制约新农村发展的严重问题，这其中有历史和人为的因素，不过，对于那些由政策失误和政策转变造成的债务，各级政府应该想办法帮助解决，减免或者增加财政支持力度等。否则，农村永远在负增长，很难看到新农村建设的成效。各级政府应该通过各种渠道帮助农村，如建设农村各种公益性基础设施能否取消对农民的各种配套借口，对村级债务可否先从降低利息上体现一下反哺的政策等。消除城乡二元结构的举措，应该贯彻到每一个新农村建设活动中，为农民修路也应该像为城市居民修路一样，不要求农民配套，在新农村建设过程中把"反哺"真正落到实处。

2. 转变农村村干部观念，建立农村基层服务型政府是迫切需要解决的任务。要求农村基层政府职能由"管理型"向"服务型"转变，村级自治组织的村干部观念也要转变，要当好农民的带头人和领路人，加强服务意识，针对新农村建设中出现的新问题要有正确认识和工作耐心；针对农民素质不高的现状，要把管理和服务相结合。为此，首先要抓好新农村建设中的公益性基础设施建设，为新农村建设全面开展做好基础工作，同时要从农民需要的实际出发，为农民解决生活和生产的实际问题。

3. 加大对村级自治组织的财政支持（转移支付）。村干部普遍反映，村级自治组织的工作具有特殊性，工作对象直接是每户农家、每个农民，工作具体，不可预见花费很多，现有的转移支付费用有限，加上很多地方实行"村财乡代管"的制度，乡里都从村里的转移支付中提取很高的代管费用（10%以上），用于代管人员的开支。这种做法使村委会增加了负担，村里可以使用的钱更有限了。因此，只有加大转移支付的支持力度，同时从政府拨款到银行贷款等各项政策措施上给其优惠政策，才能有效发挥村级自治组织的工作职能，否则很多有益于农民的公益型项目将由于缺少资金而无法正常开展。

4. 坚持民主和集中相结合的办事方法。调研中，很多村干部反映，由于大多数农民素质不高，"绝对民主"在村级自治组织中并不能达到预期的效果，村民自治往往演变成"家族自治"，为了防止家族、裙带关系、个别人的私心等因素，村级自治组织在实际操作过程中应该坚持民主和集中相结合的办法，加强对农民心态的引导和道德教育，同时对绝大多数人有利的事情，村级自治组织有权决定通过。

五、新农村新文化

村民自治选举表明，农民的文化素质是影响农民政治民生的一个关键因素。因此，农村文化建设急需加强。文化活动内容丰富了，就会潜移默化地提升农民的素质。中国有九亿多农民，这个社会基础的稳固，离不开先进文化的引导和养育。农村文化由小文化向大文化发展，是人民群众日益增长的精神需求决定的，是经济、社会、文化和谐发展的例证，是社会的进步。过去常说"文化搭台，经济唱戏"，现在文化和经济已经改变了搭台和唱戏的依傍关系，文化的本质内涵充分得到释放，文化成了人们精神思想的"魂"。

随着中国经济的发展，农村文化发展滞后的状况，必须尽快改变。为了落实中央和地方政府有关新农村文化建设的具体要求，研究人员曾从2006年3月中下旬到12月底，深入一些农村基层地区，通过入户走访、问卷调查、不同层面座谈会、重点问题核查等方法发现，新农村文化建设存在的问题很多，农村文化建设问题成为困扰新农村建设的关键问题，广大农民对建设新农村文化呼声十分强烈，迫切希望各级政府重视农村文化建设并解决许多文化发展的具体问题。

（一）农村文化发展面临的主要问题

总体看来，新农村建设中，农村文化发展滞后于农村经济发展。目前，农村文化建设与经济发展水平很不协调，与农民群众日益增长的文化需求很不适应，与全面建设小康社会的目标和建设社会主义新农村的要求相差甚远，特别是村民委员会一级的文化建设可堪忧虑。普通农民基本看不到报纸，村里也没有图书杂志，合适的科技图书很难买到，电脑网络更无法利用。空闲时农民们基本以看电视、打牌、搓麻将消磨时间。这往往造成农村赌博风行，也为地下六合彩泛滥提供了空间。根据我们对农民家庭的调查，我们发现以下这些问题是农民非常关心并迫切希望政府帮助解决的。

1. 农村文化设施普遍落后。在"七五"期间，国家提出建设农村文化服务体系。按国家规定，县乡要有"两馆一站"，县城要有图书馆、文化馆，乡镇要有文化站，这属于公益文化事业，是国家的规定动作。现今农村文化站的基本状况是一个办公室、几张桌椅、几本书而已，财物流失严重。有的地方将文化馆、站出租或拍卖，被挤占关停，成了徒有其名的"空壳文化站"。在调查中有80.5%的村没有文化站，即使有诸如电影院、文化站、图书馆等公益性文化设施也大多年久失修，破烂不堪，藏书多是20世纪六七十年代的旧书，使用率极低。所以，农民的文化活动场所和设施基本上没有。现在不少贫困地区文化设施太差，县城连个图书馆都没有，更不用说乡镇的文化站了。山东省文化厅厅长张长森说，要想打仗得先有阵地，没有阵地怎么打仗？可是硬件建设需要钱，钱从哪里来？

2. 农村文化内容贫乏。中国农村文化的内容至少应由三部分构成：一是农村的原生态文化，即当地自产的文化生活内容，如小剧院、二人转、扭秧歌等，这些文化大都是农民自导自演、自娱自乐的文化，乡土气息很浓厚，地域特点很鲜明；二是贴近农民生活的当代公共文化，如农村题材的电影、电视剧，专为"三农"服务的电视台、电台、网络频道，是政府主导的农村文化；三是农村科技文化，是为培养现代农民服务，改善农村生活而推广的农村科技文化。目前原生态文化难以为继，主要是由于人员老化、新生力量外流、内容缺乏创新、无阵地、无机构、无责任人，因此原生态文化的发展几为空白，生存也面临问题。一些地方只是在年节期间象征性地开展一些地方特点的文体活动，主要是为了完成上级布置的任务。各种媒体少有适合农民收看的农村题材的节目。农村文化阵地的宣传、教育、辅导的功能没有充分发挥，多数农村文化（包括政府主导的农村文化和科技文化）没有农民看得懂、用得上的文化。

3. 农村文化传播途径不畅。农村现代文化传播的途径有电视、广播、报纸、书籍、网络、讲座等。据调查，目前由于实行"村村通"和"户户通"等新农村建设工程，农村看电视很普及。例如在辽宁省的农村，90%的农民家里有电视，电视成为农民家庭接受文化信息的主要接收渠道，辽宁还率先在全国实行了信息共享工程，对改变农村的信息闭塞现状很有帮助。但是，农民反映，农村收看的节目类型主要是娱乐类栏目，电视提供给农民的农业农村方面的节目十分有限。研究人员在某省农村调研发现，被调研的村子有85.5%的人看不到报纸，70.5%的人说在三年内没看过电影，61%的人说没听说或没参加过"三下乡"活动，65.8%的人几乎没有参加过科学种田的讲座，35.7%的农民一年之内看不到书，另外32%的人所能看的书是流行杂志或武侠小说。这表明农村的主流文化传播渠道不畅通。

（二）原因分析

在调查中，农民反映，导致农村文化发展出现诸多问题的原因主要是因为：

1. 农村的基层领导对文化建设重视不够。有些乡镇领导十分重经济发展，忽视农村文化建设。突出表现在对文化基础设施投入不足，缺少长效发展和管理机制，很多农村的文化负责人员都是身兼数职的，文化发展没有配备专门的人事编制及考核办法，文化建设的上下软硬环境需要疏通和理顺，特别是基层缺少支持文化事业发展的对策及具体举措。

2. 农村文化基础设施投入不足。现在村级文化设施建设以村投入为主，市镇两级给予适当补助，而镇财力并不宽裕，往往将有限的财力用于经济和其他社会事业的发展，对文化基础设施及活动经费投入十分有限，处于"随意"状态。

3. 基层政府对文化发展缺乏长效管理机制。目前，我们看到的农村文艺队伍流于形式、人员外流、基础设施效益的短暂性，就是因为缺乏了长效管理机制。文化活动的开展缺乏专人和专门组织负责，缺少了经常性文艺活动的制度，一些文化活动时有时无，很多政府组织的文化活动，忽视农民的文化需求而追求政绩，因而没有任何文化发展生机，文化活动对当地的群众似乎也失去了吸引力。

4. 公共文化资源过于向城市倾斜，农村和普通农民很难享受得到。大众传播媒体关注中心基本上还是城市和城市人的生活，涉及农村人和农村生活的报道和文化艺术内容相对较少。

5. 农村的群众性文化体育活动相对很少，也没有人组织。农村对群众性文化体育活动组织不力，国家对乡土文化团体支持也不够。

（三）解决办法

农民对他们文化生活中存在的这些问题也提出了解决办法。这些办法包括：

1. 领导应该重视农村文化发展问题。应该从农村文化发展的需要出发加强领导，明确领导对文化发展的责任。农村社会教育与文化发展的内容要作为地方各级政府机构与基层政权的业绩考核的重要组成部分。要把农村文化建设纳入各级党委和政府的重要议事日程，纳入经济和社会发展规划，纳入财政支出预算，纳入扶贫攻坚计划，纳入干部晋升考核指标。

2. 加强文化设施管理和运行机制建设。文化站等属于公益性事业单位，不得企业化或变相企业化，不得以拍卖、租赁等任何形式，改变其文化设施的用途；已挪作他用的，要限期收回。县、乡文化机构要面向农村，面向基层，制订年度农村公益性文化项目实施计划，明确服务规范，改进服务方式，开展流动文化服务，加强对农村文化骨干和文化中心户的免费培训辅导。

3. 建设乡村公共文化活动场所。在农村义务教育改革中，这两年正在搞"撤村并乡"，即取消各村原有的小学，统一并入乡里。各村原来的小学校址、校舍、淘汰设备大量闲置。建议省政府与教育部门共同研究规划与实施，将各村原有的小学教育场所与设施统一转为面向全体村民的社会教育与文体活动中心。各乡教育部门与各村政权提供改造方案，通过乡村统一拨款与自愿集资相结合方式保障经费来源。群众共同义务劳动，争取在原有小学校舍场地设施基础上逐步加以改造，保证每村都能有小足球场、篮球场（架）、水泥或木制乒乓球台、单双杠、棋牌活动室等实用设施，以及相应的球、拍、棋等简单用品。进一步还可筹建卡拉OK与音像欣赏室、歌舞戏曲活动室、书报杂志阅览室、简易健身房、科技培训教室、美术书法活动室等，并可适当少量收费以维持运营管理。

4. 支持和鼓励建立农村文化组织开展文娱活动。各村应组织村民成立各种文化体育兴趣与活动团体，选出组织者，鼓励支持大家长年定期开展各种健康有趣的文体娱乐活动，邀请乡中小学相关教师与其他懂行的人加以辅导，让球赛、健身、卡拉OK、棋牌、秧歌、读书、戏曲、乐队、科技培训、摄影美术书法等各种丰富的文体娱乐项目充实男女老少的业余生活。各村各乡还要定期组织村内、村际、乡际的各类比赛、演出、交流展示等，互相学习、带动，促进发展。青少年学生中也要鼓励成立这样的组织开展多样的活动，既辅助素质教育的开展，又为农村文化生活增添新鲜血液。

5. 加强原生态文化建设，支持乡土文化团体。各地农村都有自发形成的文化演出团队，有的是营利性的，也有的是义务性的。也有不少文艺爱好者或本乡本土成长起来的艺术家受到大家欢迎，也愿意为大家服务。对这些个人与团体，各级政府都要大力给予支持，在政策与税收上给予优惠，内容方向上有所引导，场地与时间上给予方便，宣传上多加支持。

6. 加大公共媒体等文化资源向农村的倾斜。对重要的公共文化资源进行合理调整，逐步增加为农村服务的资源总量。省市地方各级党报日报要加大农村和农业报道的分量，创造条件开设新农村建设专版或专栏。农民日报等专门面向农村的报刊要不断提高质量，坚持为"三农"服务的方向。广播电台、电视台增加农村节目、栏目和频率、频道等。尤其以农业为主的市、县、地方的党报和广播电台、电视台要把面向基层、服务"三农"作为主要任务，内容应包括农业科技普及、农村相关新闻与政策信息、农村乡土文化信息与展播等。

7. 努力创作更多更好的农村题材文化产品提供给农民。加强选题规划和内容建设，把农村题材纳入舞台艺术生产、电影和电视剧制作、各类书刊和音像制品出版计划，保证农村题材文艺作品在出品总量中占一定比例。宣传文化领域的有关专项资金要加大对农村题材重点选题的资助力度，每年推出一批反映当代农村生活、农民喜闻乐见的文艺精品。购买适合农村需要的优秀剧本版权，免费供给基层艺术团体使用、改编并为农民群众演出。全国性文艺出版评奖要安排一定数额，用于奖励反映农民生活的优秀文艺作品。报刊、电台、电视台对优秀农村题材文艺作品，在刊发、播出、宣传评介等方面要给予重点支持。

8. 确立农民为农村文化建设的主体。新农村文化建设的本质和目的是以农民为本，不断满足广大农民的精神文化需求。因此，各级政府在新农村文化建设过程中要充分尊重农民的意愿，搞清楚农民所想、所需、所急、所好，组织农民参加新农村文化建设规划和方案的制订，这样，就可以避免主观臆断、闭门造车和搞政绩或形象工程等现象的发生。享受新农村文化建设成果的应该是农民，那么，农民更应该是新农村文化的建设者、创造者，是主体，这是新农村文化建设的另一个基本点。

说起农村文化现状和存在的问题，各地农村普遍反映的都是应加大投入，解决编制问题，尤其是各级领导高度重视的问题。文化部部长孙家正曾说，农村文化工作是一个薄弱环节，要站在"三个代表"的高度认识问题，把农民真正放在心上，我们不能愧对农民兄弟。

经济发展是文化发展的坚实基础，而经济发展也需要文化建设所提供的思想保证、精神动力和智力支持。因为社会的进步、人的全面发展，需要有精神文明相伴随，人的精神问题的解决最终要靠文化。换句话说，经济发展的出发点和归宿是不断提高群众的物质和文化生活水平。这是我国的发展印证了的道理。但是，在基层农村，人人都知道这个道理，可在实际操作中真正能做到却还需要一个相当长的过程。

六、调动农民积极性

新农村建设一定要充分调动农民的积极性，才能成为农民满意的民生工程。2006 年，新农村建设在政府主导下出现了良好开局，各项新农村建设工作逐步有序地开展起来，我国农村的村容村貌有了很大改观，农民也初步得到了实惠。

但是，研究人员在一些地区调研中发现，在新农村建设中，基层政府一直在新农村建设中起主导作用，推进新农村建设的发展，而与此同时，广大农民的积极性还没有被充分调动起来，并且这个问题一直没有得到最终解决。为此，新农村建设在坚持以政府为主导的同时，还应该充分发挥农民的积极性，让农民自己致富，自己想办法过上好日子。

（一）农民积极性存在的问题

调研中发现，在新农村建设中，农民积极性没有得到充分发挥的主要原因在于以下几点：

1. 农民没有机会参与基层政府主导的新农村建设的活动。新农村建设开始到现在，各级政府按照中央新农村战略要求，有步骤地开展新农村建设的各项工作，如政府有关部门负责实施"村村通"、"户户通"、"撤村并乡"的义务教育和实施农村医疗保障救助体系等一系列公益性活动。这些具体工作是新农村建设总体部署的一部分，必须坚持以政府为主导，但却出现了一个现象：农民大多是在看着政府实施这些新农村建设工程，而感觉没有参与这些新农村建设公益性工程的权利。因此，农民感到在新农村建设初期的活动中普遍插不上手，由此形成了误解，认为新农村建设就是政府负责给农民建设农村的活动。这样一来，他们不可能有致富的主动性，更谈不上充分发挥他们的积极性，长此以往还容易使农民形成对政府的依赖。

2. 农民对新农村政策了解有限。新农村建设工作开展以来的情况表明，广大农民，甚至是基层村干部，都很想详细地了解国家有关新农村建设的政策和地方政府的具体配套措施，但是，不知道到哪儿去了解，也没人跟他们细说；新农村建设开展以来，出现了很多新情况、新问题也没有地方反映；他们在生产生活中遇到的问题也没人管；关于新的合作医疗、种粮补贴、农村教育、养老保险等惠农政策也没有人和他们详细宣传和解释；广播报纸电视每天宣传的中央关于新农村建设的各项大政方针，在落实到农民头上时，政策总是不一样。目前，在一些基层农村，农民对建设新农村有关政策和具体配套措施不了解的情况很严重，农民反应很强烈。造成的原因主要是新农村政策和配套措施在基层宣传不到位。这种情况严重影响了农民积极性。

3. 新农村建设的一些具体配套政策，离农民要求还是有一定的距离。很多省份的基层部门，配合新农村建设出台和实施了一些地方配套措施，这些措施很多都与国家的新农村建设宗旨和相关政策相矛盾。例如，新农村的"村村通"、"户户通"、"撤村并乡"的义务教育、医疗保险等工程，都普遍存在向农民收费的问题，这些工程本来是为农民造福的公益性事业，但是，或多或少地都使农民增加了负担，使得农民成为新农村建设的买单者。因此，新农村建设初期的一些地方配套政策，增加了农民的负担，严重挫伤了农民的积极性和对新农村建设的期望值。

4. 新农村建设初期农民的负担大于实惠。2006 年粮价和农副产品的上涨，无形中拉动了城乡经济的发展，农民得到了实惠。但是，农业生产资料（柴油、化肥、种子、电等）价格大幅度上涨，这也是事实，它严重挫伤了农民的种粮积极性，对实现农业增效、农民增收目标产生了消极影响。尽管国家提高了粮食价格，但是，农业信贷的利率也因此提高了，在我省的一些地方贷款的利率达到了九厘六，导致 2006 年我省农民基本上是增产不增收。农民没有从一年的新农村建设中得到实惠。因此，农民的积极性不高。

以上情况说明，农民参与新农村建设的积极性还没有被充分调动起来。新农村建设一年多以来，一直是基层政府在新农村建设中唱主角，把新农村建设当成是各级政府的政治任务和政绩工程，农民基本上还是新农村建设的观众，基本没有参与到新农村建设的活动中。政府主导的新农村建设是以出政绩为目的的，政绩的评定又是由上级政府决定的，不是由农民决定的。所以，农民所希望的通过新农村建设实现增富的目标与政府要实现的政绩目标还存在一定的差距。

（二）解决的办法

农民希望在新农村建设中，发挥他们的积极性、创造性和主动性以及农民的作用。因此，他们建议：

1. 应该把农民对基层政府新农村建设工作成效的评价，纳入政府工作考核，将有利于调动农民进行新农村建设的积极性和参与性。新农村建设既然是造福农民的工程，必须要农民认账，否则就失去了意义。政府在坚持新农村建设的引领主导的前提下，应该把新农村建设的主要工作重点放在帮助解决农民急需解决的问题上。由此出发，制定出的新农村建设的各项计划、各项政策和配套措施要结合农民的实际需要，迎合农民的需要。根据农民需要因地制宜地制定新农村建设规划，是农民参加新农村建设的动因。来自于农民的规划、令农民满意的政策、结合农民急需而开展的新农村建设活动，对于调动广大农民的参与积极性是十分重要的。因此，应该把农民的对基层政府新农村建设的工作成效纳入工作考核，进一步调动农民的积极性。

2. 进一步加强中国特色社会主义新农村建设理论的深入学习，进一步深化对新农村建设战略意义的认识。首先要在新农村建设中，澄清一个错误认识：新农村建设不是在救济农民，而是落实国家科学持续发展，实现城乡统筹的战略举措。帮助农民，是在帮助国家实现城乡协调发展；改变农村，是在改变中国；改变农业，是在富民强国。新农村建设是我国的国计民生，要依靠农民，放手让农民自己建设新农村。为此，要进一步强化宣传工作，提高农民自身的主体意识。建设新农村对广大农民来说是惠民工程，但是，需要在党和政府的领导下，靠广大农民通过努力奋斗才能实现。广大农民是主体性力量、是建设者，是建设社会主义新农村的主人翁。因而，农民在社会主义新农村建设中起着至关重要的作用，是关系到社会主义新农村建设成败的关键。

3. 进一步完善农村金融体系，切实地发挥农村信贷手段对农民致富积极性的调动作用。农民手里没有钱，致富很困难，因为每年农业生产的资金完全依靠农业信用贷款。现行的农业信用贷款利率高、期限短、门槛高，严重影响农民收入，没有完全成为新农村建设和发展的公益性贷款。如果让农民手里有了钱，农民知道做什么和如何致富。因此，要充分发挥农村信用贷款的作用，广泛为农民提供农业信用贷款，降低贷款门槛，降低利率，建立灵活的贷款期限和贷款名目。为此，建议国家在以政府为主导建设新农村的同时，应该通过农业信贷向农民发放体现新农村政策的低息、长期贷款，让农民手里有钱，自己发展和致富，这是调动农民积极性的关键。

4. 配套政策一定要本着让农民得实惠的原则，本着为农民分担困难，帮助农民进行致富生产的原则。一定要取消各种新农村配套政策中向农民要钱的做法。政府应该想办法解决这些新农村建设的成本支付渠道。办法就是调查研究，根据农民和农村的需要，制定农民期望的、优惠的综合扶持政策，这是农民积极参与新农村建设必备的条件。为此，一是要调整我省的国民收入分配结构和财政支出结构，增加对新农村建设的投入，特别是要增加对欠发达地区乡村的投入；二是要围绕新农村建设，整合现有的各种支农资金，按照统一的规划，统筹使用，形成合力；三是要确定国家和地方政府主导性投入的政策。无论是发达地区，还是欠发达地区，都必须要很好地处理农民和政府之间的投入关系。政府不可能包办新农村建设，农民的自主投入不可或缺。政府应筹集相当规模的资金，通过发放实物的方式进行主体性引导投入，同时要发动农民自主性投入。特别是目前我省部分行业产能过剩，政府可以通过调控，积极引导并加大农村基础设施建设，把部分行业的产能过剩与农村基础设施建设不足、滞后很好地结合起来。通过实施以上的优惠扶持政策，农民参与社会主义新农村建设的积极性就会高涨，农村的建设面貌就会焕然一新。

5. 明确新农村建设中的政府和农民的职责。各级政府在新农村建设中的职责一是调动农民积极性，二是搞好新农村建设的基础公益性工作。新农村建设要始终坚持一切从实际出发，因地制宜，量力而行，关键要调动农民的主动性、积极性和创造性，让广大农民各尽所能，各展所长。在建设过程中，要把基础设施建设放在首位，着重解决好农民最关心的路、水、电、气等问题，制定好规划之后，每年集中力量办几件实事；要找准切入点，科学引导，循序渐进，依靠产业发展推动新农村建设；要结合实际情况，认真研究政策，采取切实可行的措施，创造性地开展工作；要加快发展农村社会事业，着重抓好教育、文化、卫生、社会保障等工作，着力解决人民群众最关心、最直接、最现实的利益问题。与此同时，农民在新农村建设中的职责主要就是实现增富，同时，摆脱贫困，提高文化水平。各级政府要充分认识到新农村建设的主体是广大的农民朋友，要千方百计帮助农民实现致富的目的。党和政府的领导是调动和保护新农村建设中农民积极性的中坚力量，调动和保护新农村建设中农民的积极性也是一项长期的工作。

七、土地引发上访

新农村建设中，农村土地征用补偿款引发的上访是一个新情况和新问题。随着城市化和工业化进程的加快，为了公共利益的需要，农村土地的征用现象较广泛地存在。但在土地征用过程中由于执行政策标准不一，引发的纠纷不断，是农村上访的主要原因。土地征用引发的上访问题主要包括：征地拆迁补偿标准低、补偿资金不到位；拆迁户拿到补偿费后买不起房子，补偿金仅够租房；农民不搬迁就强行拆迁，有的地方出现撤电撤水，迫使农民离开自己的家，之后就百事不管，不给生活出路。对此农民意见很大，希望政府有关部门要重视土地引发的农民民生问题。

旧城区改造和城市化是很多省份的民生政绩工程，它带给棚户区的居民和农民极大的实惠，改变了城市市容市貌，也带动了区域经济的增长。因此，总体上看是符合改革发展的大趋势的。但是，个别省份的有些地区的城市化改造工程出现了一些历史遗留问题，例如，长期拖欠群众的补偿款，没有按照当时棚改的要求兑现对人民群众的安置承诺，甚至还有至今没有解决被征地农民的户口归属等问题。这些情况严重侵犯了基层群众的经济利益和政治权益，引发基层群众频繁进京集体上访，并由此甚至形成了基层政府和上访群众之间的上访博弈现象。为此应该引起国家和各个省份有关部门的高度重视，并且要形成一个解决上访问题的工作机制，随时随地地尽快解决不断频繁上访群众的合理合法的利益诉求，否则，不但侵犯人民群众的民生利益，伤害人民群众对党和政府的信任，也损害党和政府的形象，甚至影响党的执政基础建设。某省一个城市某村一小队及类似地区的集体上访事件就充分表明了这样的情况。

（一）频繁上访的原因

1. 土地补偿费和安置补助费被截留或部分去向不明。该村民反映，该村一队170位村民于2006年3月被征收168.2亩土地用于棚户区改造，土地的补偿费和安置补助费（公布在地方市政府的2007年的土地征用的公告中）被截留219.7万元；2008年春天，该市政府又先后两次对该村征收共计99.8亩土地，两次征收的土地补偿款至今未发放到被征地村民手中。这样，总计拖欠村民土地补偿费和安置补助费大约一千三百万元。

2. 地面集体附着物至今没有补偿。该村民反映，该村一队被征地时，在其土地上有一个1300多平方米的大菜窖，三口直径在6米—8米的机井，还有一套管线和水闸灌溉系统。这些集体所有的地面附着物总计价值约三四百万元，而这笔补偿款至今下落不明。

3. 农民身份至今没有着落，被征地农民成为黑户，至今没有公民权。该村民反映：2006年3月征地时，政府答应把该村一队的170位村民全部变成"农转非"，至今过去四年了，不但没有"农转非"，还由于2006年和2008年春的几次征地，该村一小队的土地已被征收殆尽，村子被取消，170人的户籍神秘地消失了，村委与街道办相互推脱责任，极不负责。街道办认为他们的户口在村里，不属于城镇户籍管理；而村里却以《补偿协议书》为挡箭牌，认为既然已经签订了协议就不再具有该村村民资格了。这样一来，一小队170个村民的"农转非"问题一直没有得到解决，导致这些农民成为了黑民黑户，失去了公民权，特别是这些农民各种社会保障四年来一直没有落实，很多人生活拮据甚至交不起采暖费。

到目前为止，该村一队村民进京集体上访已达13次，问题仍然没有解决，而在该市，像该村这样的情况绝非个案，附近的很多地区（大约十余地区）均属于被征地改造地区，也都存在类似问题。

(二）类似问题的解决办法

1. 政府应该尽快向村民公布几次土地征收和征用补偿款的分配方案。《土地管理法》第49条规定："被征地的农村集体经济组织应当将征收土地的补偿费用的收支状况向本集体经济组织的成员公布，接受监督。禁止侵占、挪用被征收土地单位的征地补偿费用和其他有关费用。"该村村民反映，该村的土地补偿款分配方案并没有召开村民会议讨论决定，属于分配程序上不合法；也没有及时公布土地补偿款的使用情况，并且当村民要求公布土地补偿款的明细时，村委会以台账丢失为由一直没有对村民公开，这种做法严重侵犯了村民的知情权和参与决策权。该村一小队村民有权了解土地补偿款的具体去向，有权要求村委会公开《XX村一小队土地补偿分配方案》；村委会也应当公开，以接受监督，以便村民明确各笔征地补偿款项的具体使用状况。因此，为了保护村民的合法利益，维护社会稳定，政府有关部门应该严格执行有关法律法规的规定，要求XX村村委会向村民公布土地补偿款的使用情况，积极落实土地补偿款的分配事宜，给村民一个满意的答复。

2. 有关部门应尽快按照公告和有关文件要求补偿村民，返还截留款和补偿款。该村村民反映，根据国家《土地管理法实施条例》第26条、《最高人民法院关于审理涉及农村土地承包纠纷案件适用法律问题的解释》第24条和《XX省人民政府关于做好征地补偿安置工作切实维护农民合法权益的通知》第五项以及《征收土地公告》和《棚户区改造资金支付令（第XX号）》等法律和文件，该村被征地村民仍属于XX村集体组织的成员，享有该村村民的一切合法权利，不但包括对2007年2月26日市政府征收的168.2亩土地补偿款的受益权，而且也包括2008年春天两次征收的共计99.8亩土地至今尚未发放到被征地村民手中的土地补偿款受益权以及地上附着物补偿费等款项。因此，政府有关部门应尽快落实这几次征地的各类补偿款项，保证将每笔土地补偿款全部、足额发放到被征地村民的手中。

3. 政府有关部门尽快解决失地农民的身份问题和社会保障问题。目前，该村一小队村民们户口所在地没有解决，导致170位村民四年多没有公民权，每年选举权不能合法行使，村民的各种社会保障无法兑现。而根据《最高人民法院关于审理涉及农村土地承包纠纷案件适用法律问题的解释》第24条，只要在安置方案确定时享有村民资格即可，即使在该时间点之后转为城镇户口也不影响分得相应的土地补偿款。为此，在公布土地补偿分配方案和落实补偿款后，要尽快为村民办理农转非手续和落实四年来的各种社会保障，不要给村民的社会保障问题带来隐患和后续遗留问题。建议村委会从留用的土地补偿费中拿出一部分款项为被征地农民购买养老、医疗等商业保险或社会统筹保险，这也符合该省的 XX 号文件的精神。至于村委会该拿出多少款项，相关政府部门应与被征地农民和村委会协商，并尽量采取措施保护被征地农民的利益。

村民建议，由于存在非法截留问题且数额巨大，必要的时候可以提请检察院对相关人员提起刑事诉讼。

（三）高度重视我国出现的上访博弈现象

近些年来，随着我国和各省政府不断实施民生工程，我国的维护社会稳定工作取得了很大成就，同时也要看到维稳案件呈顽固化发展趋势，特别是形成了维稳和上访之间的博弈现象。一方面，一些基层干部认为：群众上访我不过就是挨批评，没有什么大事情，并且上访的成本可以从截留款支配，不过就是群众自己花钱上访，我们花群众的钱截访，就是你上访赢了，也没有钱给你们了，并且我们在不断进京截访过程中，还可以花钱结交很多上级部门。另一方面，群众认为：反正补偿款也被这些基层干部截留了，与其让基层干部吃喝等挥霍了，不如我们通过不断上访把它消耗了，我们拿不到我们的钱，也不会让他们白白挥霍的，万一我们上访成功了，至少还能找回个理儿和公平啊。目前，我国一些省份的很多顽固上访案件都处在这种博弈中，以上提到的 XX 村案例就是一个典型。

群众上访不是单纯为了钱，而是为了公平。目前很多上访案件反映出，绝大多数群众上访已经不是单纯为了经济利益，而是为了求得公平和公正，因此，他们是在通过上访表达自己的政治诉求。在这种博弈中，政府维护稳定投入越大。群众的抵触情绪也越大，维稳工作一定要把解决人民群众的民生利益放在首位，否则，结果是适得其反的。正如调研中村民所说的，我们之所以进京上访，是因为我们对基层政府早已经失去了信任，是因为我们坚信党中央，等我们认识到进京上访都没有意义的时候，那可就真的麻烦了！

因此，要高度重视基层群众通过频繁上访的方式维护自己的政治诉求（已经不是单纯的经济诉求了）的倾向，这表明我国的维护稳定工作已经不是单纯地堵截群众上访问题，而是进入了维护执政党统治基础时期。

以上通过 XX 村这个案例，对土地引发上访问题做了深入剖析，也对全国的维护社会稳定工作新特点做了深入剖析。新农村建设正处在新老涉农政策对接期，在配套、衔接、连续方面以及新政策执行的操作细则方面还不尽完善，尤其执行过程中缺乏监督与问责机制而导致各种矛盾纠纷增加。国家一系列惠农政策使农民从务农种地中得到了大量的实惠，感受到了土地这一赖以生存的生产资料的价值所在，提高了农民种田致富的积极性，增强了农民拥有土地的欲望，一些农民由原来不愿种地转变为积极地要求承包土地，但随着城市化和工业化进程的加快，为了公共利益的需要，农村土地的征用现象较广泛地存在。其遵循的原则是谁使用土地谁补偿的原则，补偿范围和标准包括土地补偿费、安置补偿费、地上附着物和青苗补助费。但在实际操作中土地征用政策不甚严谨，出现问题如为局部利益故意模糊"公共利益"的概念；农村土地征用权的滥用；土地征用补偿金过低，导致失地农民生活毫无保障等。另外征地程序中欠缺有效的监督机制，很多农村干部素质低，优亲厚友，侵害农民利益，法律意识淡薄，工作方式简单粗暴，干群关系紧张，人为地增加了此类问题引发的信访案件。

解决这个新问题首先就是国家有关部门要完善农村土地征用政策，需要确立规范的征地制度标准；要科学界定"公共利益"的范围；要规范政府的征地行为；完善农村土地征用程序；完善农村土地征用的补偿制度；合理安置失地农民等。除此之外，还要引入执行情况的监督机制，根本上提高政策执行效率与透明度，这是当下杜绝农村上访问题的重中之重。可以考虑采用农村政策评估以及政策执行情况的监督机制。

八、农业成本上涨

随着党中央、国务院各种惠农政策、措施的逐渐落实，随着农村经济快速、正常发展，近年来，全国各地农村农民负担过重的问题逐步得到了解决，广大农民的物质生活逐步得到了改善，"三农"开始进入"后农业税时代"。

后农业税时代，农民的核心民生问题就是农业税取消后农业生产资料价格上涨导致农民生产成本和生活成本急剧攀升。各种农业生产资料价格的上涨，抵消甚至超过了党的惠农政策带给农民的实惠。以新农村建设后的第一年的情况看，足以说明农民民生问题的严峻态势。

2006 年，我国农业又是一个丰收年，农业经济快速发展。2006 年粮食总产量达到 9950 亿斤，成为历史上第三个高产年。2006 年棉花总产量达到 675

万吨，比 2002 年增长 37.2%，年均增长 8.2%；油料产量达到 3059 万吨，比 2002 年增长 5.6%；肉类总产量达 8051 万吨，比 2002 年增长 22.2%，年均增长 5.1%；水产品产量已达 5250 万吨，比 2002 年增长 15.9%，年均增长 3.8%。2006 年，谷物、肉类、棉花、花生、油菜籽、水果及茶叶的产量继续保持世界第一，甘蔗产量位居世界第三，大豆产量位居世界第四。这表明，我国农业在以县域经济为重要载体建设社会主义新农村的战略部署中出现了良好开局。

2006 年粮价和农副产品的上涨，无形中拉动了城乡经济的发展，农民得到了实惠。但是，农业生产资料价格大幅度上涨，这也是事实，它严重挫伤了农民的种粮积极性，对实现农业增效、农民增收目标产生了消极影响。2006 年年底辽宁社会科学院的研究人员深入农村调研中发现，取消农业税后，极大地减轻了农民负担，为整体上实现工业反哺农业迈出了一大步。但是这一大步，却也使农民付出了很大的代价！农业生产资料价格的连锁性上涨，加重了农民的生产和生活负担，广大农民对于稳定农业生产资料价格，降低农业成本，减轻农民负担，增加农民收入呼声十分强烈，迫切希望国家和地方政府引起重视并予以解决。

（一）农业生产资料涨价情况

从调查了解的情况看，2006—2007 年我国农业生产资料大幅涨价，特别是大化肥涨价幅度之大是近十几年来未曾有过的。这次涨价的农业生产资料主要包括化肥、农药、种子、农膜、农用柴油和农机具及修建日光节能温室的钢材等六大类，但涨价幅度差异较大，即使是同一类生产资料产品也因运输距离等原因在不同地区的涨幅也不尽相同。国家取消农业税后，农民被减除的显性负担主要是 40—100 元左右/亩的地租，按每户（三口之家）九亩地计算，农民减少的负担为 360—900 元/年左右。但农业生产资料具体涨价情况是：

1. 化肥价格。化肥涨价的总体态势是大化肥涨幅大于小化肥，进口化肥涨幅大于国产化肥。进口二铵零售价为每吨 2720—2900 元，每吨比去年同期涨价 640—740 元，涨幅为 31.1%—35.9%；国产二铵零售价为每吨 2460 元，每吨涨价 560 元，涨幅为 29.4%。说得具体一点，比如尿素税改前为 60—70 元/袋，现为 78 元/袋，农业生产需要 3 袋左右/年/户，所以价格上涨带来的额外负担为 24—54 元左右/年。

2. 种子价格。由于受到粮价上涨的影响，农业区各县的各类作物良种零售价格都有不同程度的上涨，良种涨价的特点是杂交种和脱毒种比常规种（水稻、玉米）涨幅大。常规种零售价为每公斤 1.76—2.2 元，与去年同期相比，每公斤涨价 0.2—0.4 元，涨幅为 12.8%—22.2%；良种零售价为每公斤 2.8—3 元，每公斤涨价 0.4—0.6 元，涨幅为 11.6%—16.7%。

3. 农药价格。农药零售市场比较平稳，大部分农药零售价格与去年同期基本持平，41 克装 48% 氟乐灵等部分农药零售价格比去年同期略有下降，只有个别农药零售价格出现上涨，其中涨幅最大的是 500 克装 40% 燕麦灵，每袋零售价由去年同期的 13.5 元涨到 16 元，涨幅为 18.5%。

4. 农膜价格。农膜因产品型号、规格不同，零售价格差异很大。棚膜零售价格为每吨 11000—16000 元，同比上涨 1000—2500 元，涨幅为 10%—25%；地膜零售价格为每吨 10000—10500 元，同比上涨 700—2400 元，涨幅为 7.1%—31.6%。

5. 农用柴油及农机具。柴油每吨涨价约 300 元，农机具零售价格平均上涨 20% 左右。

6. 农用钢材价格。钢材主要是用于修建日光节能温室（大棚）的不同型号的钢筋、钢丝和钢管，由去年同期的每吨 3080—3800 元涨到目前的每吨 4080—4800 元，涨幅在 26%—32.5% 之间。

（二）农业生产资料涨价对农民收入的影响

以我国主要从事种植业的一些地区来看，大部分农户以种植业为主，农业生产资料涨价将导致种植效益下降，对农民增收会产生不利影响。其主要表现在以下几个方面：

1. 农业生产资料涨价，加大了种植业生产成本。据调查测算，仅以水稻、玉米、大豆三大农作物为例，因生产资料涨价亩均生产成本分别比去年同期增加 15.99 元、27.05 元和 13.98 元，按今年计划播种水稻 38.4 万亩，玉米、高粱、大豆各 100 万亩计算，则分别增加生产成本 614 万元、2705 万元和 1398 万元，亩均增加生产成本 19.8 元。例如，辽宁省铁岭市所辖各县及市郊的水稻、玉米、大豆三大农作物因生产资料涨价亩均增加生产成本 17.94 元。铁岭仅二铵涨价一项增加生产成本 400 万元，加上尿素、农膜、种子等涨价因素，共增加种植业成本 700 万元，亩均 19.4 元。据初步预计，2006 年辽宁省全省的农作物播种面积在 650 万亩左右，以亩均增加生产成本 18.5 元计算，则全省种植业增加生产成本 12025 万元。根据中共中央 1 号文件关于农业税降低一个百分点的精神，辽宁省农民在种植业方面可以减少 1043 万元的农业税，少纳的这部分税金被生产资料涨价因素吃掉后还多支出 10982 万元。

2. 农业生产资料涨价，增加了农民建设日光节能温室（大棚）的自筹资金比例。一些省份对农民建设一栋面积为 0.3 亩的浅山日光节能温室补助 2000 元，建设一栋面积为 0.5 亩的川水日光节能温室补助 1500 元，不足部分由农民自筹解决。今年由于棚膜、钢材涨价，建设一栋菱镁竹木结构的浅山日光节能温室增加钢筋、铁丝成本 135 元，增加棚膜成本 64 元；建设一栋菱镁竹木结构的川水日光节能温室增加钢筋、铁丝成本 225 元，增加棚膜成本 110 元。即每新建一栋浅山日光节能温室需要农民比去年多自筹 199 元建设资金，每新建一栋川水日光节能温室需要农民比去年多自筹 335 元建设资金。依此推算，要完成今年省里下达的 4000 栋浅山日光节能温室、6000 栋川水日光节能温室建设任务，需要农民比去年多自筹 280.6 万元建设资金。如果建设钢架结构的日光节能温室，农民自筹的建设资金比例会更高。

3. 农业生产资料涨价，降低了农民对种植业的投入质量。主要是大化肥使用量减少，小化肥使用量相应增加，而且越是贫困的地区大化肥使用量减少幅度越大。据对辽宁省铁岭市昌图县经济条件较好的七家子镇红旗村和经济相对落后的后窑乡后窑村各随机选择的 10 户农户进行入户问卷调查结果显示：这 20 户农户 2005 年农作物播种面积与 2004 年基本持平，红旗村 10 户农户的大化肥使用量比去年同期减少 16.1%，小化肥使用量同比增长 83.5%；后窑村 10 户农户的大化肥使用量同比减少 47.1%，小化肥使用量增长 132%。据昌图县农业局调查统计，该县 2005 年化肥使用量约 1.9 万吨，比 2004 年减少 1000 吨，减幅为 5%。其中，二铵 3000 吨，同比减少 2000 吨，减幅为 40%；尿素 6000 吨，同比减少 1000 吨，减幅为 14.3%；碳酸铵 5000 吨，同比增加 1000 吨，增幅为 25%；颗粒磷肥 4000 吨，同比增加 1000 吨，增幅为 33.3%；磷钾肥 1000 吨，与去年持平。大化肥使用量大幅度减少，除了价格因素外，还有一个不容忽视的因素是今年农村信用社提高了贷款利率，月息由 5.31% 提高到 6.66%。而且部分农村信用社强迫申请化肥贷款的农户用化肥贷款入股，贷一笔化肥贷款必须入一股，每股股金为 50 元，使部分农户不愿到农村信用社贷款，影响了农民的化肥购买能力。如昌图县三江口镇农村信用社 2005 年同期发放化肥贷款 96 万元，2006 年截至 3 月 18 日只发放了 47 万元，不及去年的一半。据该信用社经办人员介绍，2006 年发放的化肥贷款最多不会超过 60 万元，其根本原因是利率提高并且强迫农户入股。大化肥使用量大幅度减少，必将对农作物长势产生不利影响，进而影响农民从事种植业的预期收益。

4. 农业生产资料涨价，必将减弱农民对养殖业和劳务副业的投入能力。农民无论从事养殖业还是劳务副业，都需要有一定的资金投入做保证。今年由于农业生产资料涨价，农民手中本来就很有限的一点资金被生产资料涨价所吞噬，对农民投资从事养殖业和劳务副业产生了一定的不利影响。调研的地区之一辽宁省铁岭市昌图县农民仅化肥涨价一项，需要每户平均多投入资金 153.5 元，人均 34.52 元。昌图县农民因农业生产资料涨价，购买与去年同等数量的生产资料，户均需增加投入 139.4 元，人均 30.97 元。春播结束后，相当一部分农户既无力投资从事养殖业，也无力筹集路费等费用外出从事劳务副业，增收目标很难实现。

（三）农民提出的应对办法

农业税免除后，我国农民农业生产成本增加，农民收入相对减少，农民负担整体反弹的现象和趋势如不想办法遏止，将会影响到我国新农村建设的良好开端和今后的发展。为此，农民针对农业生产资料资料价格上涨提出了他们的想法建议：

1. 提高粮食收购价格。目前与农业相关的生产资料都涨价，而只有农业生产的产品——粮食不涨价。农民建议，可否提高粮食收购价格，形成水涨船高的结果，通过调整粮价，达到维持或提高现有农民的生活水平。不提高粮食价格，农民每亩地一年一百余元的收入实在是少得可怜，农民生存已经濒临警戒线了。同时，农民进城打工的收入每月至少在五百元，长此下去，就有可能出现弃农打工的趋势。

2. 国家或各省应该进一步提高对农业的补贴。对农业实行补贴，在我国一直力度很大，但是有些省份的补贴一直力度不够。例如，一些工业省份对农业的补贴力度一直需要加强，有些省份对农业实行每亩地 25 元粮种补贴，种植玉米的补贴仅为 10 余元，补贴可谓是微不足道。补贴农业一直是我国的一个普遍性的欠账问题。现在讲的新农村建设，进入"工业反哺农业、城市支持农村"的发展新阶段，就是从过去用农业和农村的积累支持工业和城市的发展，转变为用工业和城市的积累来反哺农业、支持农村。目前工业产品的持续涨价，实际上还是农业和农村支持工业和城市发展的继续，如果工业和城市不拿出实际行动来向农村和农业倾斜，"反哺"就是纸上谈兵。"反哺"不仅体现在政策支持上，更重要的是体现在通过二次分配加大对农业和农村的支持上。初次分配体现效率，二次分配体现公平，这决定了社会主义新农村建设不仅具有重大的经济意义、社会意义，还关系巩固党的执政基础，具有重大的政治意义。

当然，工业和城市对农村的"反哺"问题不可能立竿见影，需要一个过程。但是，新农村建设中，国家应该制定一个对农业实行逐年补贴反哺的时间表，特别是我国的一些工业强省，更应该加大对农业的反哺力度。随着国家经济的发展，近几年来各省的财力（税源）都有很大的增强，有能力实施工业和城市反哺农村和农业。

3. 国家或各省对关系到农业生产发展至关重要的农业生产资料和必需品实行季节性统购统销。通过这种方式设法在农忙时节稳定农业生产资料市场价格，或者通过其他政策渠道发挥政府的宏观调控作用，设法稳定农业生产资料的价格，特别是农业生产资料中关系到国计民生的，应该以政策为主加强调控。

4. 国家应该进一步健全和扶植农产品深加工行业，提高农产品的附加值和综合利用、转化增值水平，增加农民收入。我国的农产品深加工企业多属于劳动密集型、低利润、低附加值企业，存在的困难较多，但在税收方面却存在增值税税收高征低扣现象，长此以往，农产品深加工企业负担会越来越重，不利于农村经济发展。推进我国社会主义新农村建设，农产品加工业是促进我国农业和农村经济结构战略性调整的重要途径，具有十分重要的意义。它可以促进优化农产品区域布局和优势农产品生产基地的建设，提高产品档次和质量，促进农产品出口，延长农业产业链条，提高农产品的综合利用、转化增值水平，有利于提高农业综合效益和增加农民收入；农产品深加工企业发展也有利于消化农村剩余劳动力，提供就业机会，增加农民的收入。

5. 农业生产资料涨价对农民收入的影响显而易见。当务之急，国家和各个省份要尽快采取相应的对策措施，建立监控机制，狠抓落实，随时监控农业生产资料价格变化对农民收入的影响，努力使农业生产资料涨价对农民收入的影响降到最低限度，并千方百计拓宽农民增收渠道，努力增加农民收入。

6. 国家和各个省份应该进一步搞好劳务输出，拓宽增收渠道。做好农村剩余劳动力的转移工作也是新农村建设的一项重要工作。新农村建设以来，这样的工作一直很薄弱。要加强这项工作就必须做好以下几个方面的工作：一是尽快建立健全劳务输出管理机构，明确工作职责，配备工作人员，搞好与省内外用工单位和中介机构的联系和协调，及时为农民提供就业信息；二是制定优惠政策，鼓励和引导农民进城从事二、三产业，通过发展特色农畜产业，努力提高乡镇企业吸纳劳动力的比重；三是取消对进城务工农民的各类限制性规定，坚决取缔对进城务工农民的乱收费；四是加大对用工单位的监管力度，及时兑现务工农民工资，保障务工农民的合法权益。借鉴昌图等地的成功经验，要狠抓对劳务输出的服务工作，积极拓展省际劳务输出渠道。

7. 各个省份加大培训力度，提高农民素质。按照国家和各省政府的统一安排和部署，认真组织实施农民培训工作，重点搞好四个方面的培训。一是职业技能培训。确保1万名农民通过参加职业技能培训取得相应技术等级的职业资格证书。二是实用技术培训。重点是种植和养殖适用技术知识培训，通过采取"手把手"等行之有效的培训方法，提高农民的科学种田水平和科学养畜水平。三是市场经济知识培训。重点是培训农民学习和掌握社会主义市场经济基本知识和经营管理知识，提高市场意识和经营管理水平，增强农民闯市场的能力。四是法律知识培训。重点是培训农民学习有关法律知识，增强法律意识，提高依法维护自身合法权益的能力。

8. 发展农区畜牧业，促进粮食转化增值。要大力发展退耕还林还草后续产业，重点发展有利于农民增收的饲草产业和节粮型畜牧业，从"小群体、大规模"养殖示范村建设和壮大特色养殖业入手，以养殖小区或示范村建设为主，逐步由"西繁东育"向"山繁川育"、"自繁自育"转轨，鼓励发展贩运育肥牛羊业务。关键是突出辐射效益和规模效益，建立猪、牛、羊生产基地，形成规模养殖与千家万户分散养殖相结合的产业化经营格局。当前，要着力解决发展农区畜牧业的投入问题，多方筹集资金，加大对农区畜牧业的投入，解决农民有搞畜牧业的积极性但无钱购买牲畜的问题，努力使畜牧业成为促进粮食转化增值和农民增收的主渠道。

9. 深化农村税费改革，减轻农民负担。一是继续完善农村税费配套改革，巩固和发展税费改革的成果；二是认真落实中央和各地方政府的政策要求，切实减轻农民负担；三是进一步加强农民负担监督管理工作，清理和取缔不合理的涉农收费，防止农民负担反弹。

10. 实行种粮补贴，保护种粮农民利益。国家为保护种粮农民利益，决定建立对种粮农民的直接补贴制度，2004年从粮食风险基金中拿出部分资金用于主产区种粮农民的直接补贴。同时，国家要求非主产区政府也要对本省

（区、市）粮食主产县（市）的种粮农民实行直接补贴。据此，我国的一些省份也应从 2004 年起全面实施对种粮农民的直接补贴，从粮食风险基金中拿出一定比例的资金直接补贴给种粮农民，每年 8 月底前拿出补贴标准和便于操作的具体补贴办法及监督管理办法，10 月底前将种粮补贴发放到农民手中。鼓励和引导取得经营资格的企业随行就市敞开收购粮食。建议及早制定粮食最低收购价格，在粮食价格低于最低收购价时，指定国有及国有控股粮食购销企业按最低收购价格敞开收购。

11. 强化农产品营销，力争实现增产增收。一是搞好信息服务。利用各类媒体向农民提供国际国内农产品市场供求信息和价格信息，用准确可靠的信息引导农民调整农业结构，生产价高利大的农产品，有效解决农产品销售难问题，提高种养业经济效益。二是鼓励和引导各类农产品营销主体参与农业结构调整和产业化经营，与农民签订更多的种植和养殖购销合同，提高订单农业比重，减少市场风险。力争全省种植业订单面积达到 100 万亩，牛羊购销订单达到 40 万头，玉米加工能力达到 20 万吨，带动 20 万农户。三是鼓励发展各类农产品专业合作组织、购销大户和农民经纪人等农产品营销主体，为农民提供良好的市场营销服务，引导和带领更多的农民进入市场。力争年内建设 2—3 个省、地（市）级农畜产品批发市场，重点培育 10 家专业协会和行业协会，采取贷款贴息扶持等办法扶持农民运销大户。四是主动出击找市场。要及早组织人员到省内外大中城市跑市场，签订单，找销路。通过强化以上措施，利用农产品涨价的有利时机，千方百计扩大农产品销路，力争年内有更多的农产品走向市场，努力弥补因生产资料涨价而造成的经济损失，让农民在流通领域获取更多的收入。

12. 进一步规范农业生产资料市场。一是进一步加强农业生产资料市场监管，加大农资打假力度，防止和减少假冒伪劣农资害农坑农现象的发生。二是建立健全化肥储备制度。主要是充分发挥省供销社农牧生产资料总公司仓储能力大、销售网络健全、资金比较雄厚、信息比较灵通、信誉度高等优势，扶持其及早采购储备足够的化肥。三是建立农业生产资料招标采购制度，尽量减少农业生产资料流通环节进销差率。四是加强对农业生产资料的批零差率的监督管理，严格控制流通环节的加价幅度，降低农业生产资料最终零售价格，真正让利给农民。

农民认为，抑制农业生产资料价格上涨问题，是一个很复杂的综合平衡问题，需要政府多个部门协同作战，共同解决这个问题，绝不是某个部门可以单独解决的问题。关键是政府要通过制度形成一个良好的控制农业生产资料上涨的机制，这样就可以减少人为控制因素，实现制度化甚至科学化管理。

九、林改与民生

农业生产力的第二次解放主要体现的林权改革上。在新农村建设过程中，我国的林权改革也是一个成功领域。经过多年的林权改革，目前，全国已经完成林改确权任务12.7亿亩，占集体林地的50%。福建、江西、辽宁、浙江、云南5个省份基本完成主体改革任务，河北、吉林、安徽、湖南、四川等14个省份的改革全面铺开，其余省份都在积极试点。林改后，我国林业发展取得了森林资源明显增长、局部生态明显改善、防沙治沙明显突破、物种保护明显加强、供给能力明显提高的辉煌成就，为国民经济和社会发展做出了重大贡献。特别是近年来开展的农村集体林权制度改革，是农村改革发展诸多成果中的突出成果，也是我国经济体制改革的突出亮点。例如，辽宁2005年启动集体林改试点以来，全省林权改革工作取得了很大进展，集体林业建设取得了较大成效，目前，全省主体改革基本完成，截至2008年12月31日，辽宁省林改确权到户面积达7767万亩，占全省应改面积的98.2%，超过400万户、1300余万农民从林改中受益。林改也对全省经济社会发展和生态建设作出了重要贡献。并且，由于"山定权，树定根，人定心"，林改也带来了全省农村生产力的又一次大解放。

林权改革以及退耕还林的初期，确实给广大林农和农民带来了极大的实惠，但是随着国家不断出台的惠农补贴政策以及这些政策引发的社会效应，导致林农负担加重、利益受损、收入减少。因此，我国的林权改革在不同的地区也引发了一定程度的民生问题，解决这个问题时没有权变地处理好政策和民生利益的关系，导致出现了一些政策性民生问题。

林改后，国家有关部门提出，今后林改要重点解决的问题主要包括：切实减轻林农的负担；完善林业的公共财政政策；落实金融服务林业发展政策；建立政策性森林保险制度；加强林地林木流转管理；抓好森林采伐管理改革试点工作，建立健全林木采伐管理制度；积极推进林业社会化服务体系建设；全面落实林业的各种税收优惠政策，等等。这表明我国的林权改革是一项长期的艰巨任务。

我国的林权改革除了上述一些问题外，在调研中研究人员发现，从地方各个省份的情况看，在我国开展林权改革较早的省份和林权改革试点县，也普遍存在一些林改民生问题，如生态公益林的经营限度和生态补偿问题、采伐限额的制定和分配问题、经营主体与现代林业经营的适应问题等政策层面的新问题。这些问题事关集体林改的方向和改革程度。此外，林权改革中也出现了一些涉及农民和林农的民生问题，林农反映比较强烈，处理不好，容易形成矛盾和社会不稳定因素。及早关注和解决这些问题，将会避免激发基层矛盾和群体性上访事件，这将对确保民生和实现社会稳定具有未雨绸缪的重要意义。出现的新问题，也是提高我国林农收益、实现林农生活保障、维护我国生态安全和可持续发展必须解决并处理好的一些理论和实践问题。为此，我们把这些新问题作了归纳梳理，供学界和政府有关部门参考并予以重视。

（一）林权改革出现的新问题

一些地区的农民反映，新农村建设以来，我国的林权改革也出现了一些新问题。

1. 我国部分省份的部分山林地区存在国家公益林盗卖现象。国家公益林多在生态区位极为重要或生态状况极为脆弱之处，对国土生态安全、生物多样性保护和经济社会可持续发展具有重要作用，也是国家有计划保护生态环境和持续发展木材供应的重大举措。国家公益林大部分是属于生态公益林，肩负着维护国家生态安全的重任，因此公益林一般是禁止砍伐的。但是，在调研中我们发现，一些地区存在着国有公益林盗卖的现象，且较为严重，农民对此反映十分强烈。据林农反映，有的地区公益林盗卖现象已经存在三、五年了，有的是盗卖树栽子，有的是砍伐林木，盗卖木材。公益林内树种较多，一般都较为珍贵，有的树木长了几十年了，也被砍伐掉当木材给卖了。据林农说，部分基层林业部门挖树，然后往城里卖，甚至都卖往北京奥运会了。一年有时能挖走上百车珍稀树苗，一棵树至少700多元。如果按一年少说挖1万棵计算，卖树所得非法收入就达700多万元，而一年挖走的树木绝对不止万棵。有些村民对几年来的盗卖情况甚至都有详细的记载。据村民说，他们一般都是雇村民们挖树，挖一棵树每人一天给酬劳100元钱，甚至140元不等。林农讲："他们随意挖树，而我们捡点柴火都不让。"有的地方的村民为此多次上访过，但都基本没有什么结果，或者有关部门对相关人员象征性罚款三四千元，还不抵一棵树的价钱。对此林农们意见很大。如果此类现象不从源头上制止，长此以往必将使国家的生态安全难以保障，也使国家和人民的利益受到损失，有很多村民也表示，这个问题不彻底解决他们是不会罢休的。

2. 集体林在林权改革前部分被售引发群众不满。在实际调研过程中一些地区的村民们反映，他们的地区存在部分集体林在国家林权改革前被偷偷卖掉的现象。集体林分为天然林和人工林，属于全村人民集体所有。在林权制度改革以前，按照规定，村里有权售卖集体林，所得收益归村里人集体所有。但是，有的地区的一些村干部为了谋取私利，私自将集体林卖出，有的还是低价卖出，所得收益也没有归集体所有，因为村民们都没有享受到卖林所得收益，对此村民们反映也是十分强烈。等到实行林权制度改革以后，到了给农民分林地的时候，发现林子没了（或者是一部分没了），林地不够分了。比如，按照村里原有集体林的数量和分地原则，一户村民本应该分50亩林地，但等到分地的时候，一户村民可能就只能分到20亩或更少，于是就引发了村干部和村民之间的矛盾。为此，老百姓便开始不断地上访，村干部为此而纷纷落马的事也是时有发生，但是由于受巨额利润吸引，尽管不少地区频繁出事，可村干部仍是前赴后继，不惜以身犯险。这些都给林权制度改革的顺利实施带来了一定麻烦，据村民反映，为此一些省份个别地方的林权改革不得不叫停。

3. 国家公益林补偿标准低且资金落实不到位。近年来，随着我国林业政策的不断调整，激活了林业产业和林业生产力，促使我国林业经济的快速发展，特别是集体林权制度改革的深入，生态公益林补偿收益与商品林生产经营收益的差距进一步扩大。据一些地区的林农反映，目前，国家对商品林每亩年收益的补偿在60元左右，而对公益林的补偿只有每亩4.5—5元，差距太大。尤其是生态林区内的人工林，因纳入生态林保护而限制了采伐，无法收回森林资源培育成本，林地林木所有者对此反映强烈。此外，林农反映，在有些地区，公益林补偿金还没有落实到位，农民们还没有收到国家公益林的补偿款。这些不仅极大了影响了林农种林的积极性，也给公益林长期维护造成一定的困难和压力。

4. 基层林业管护人员收入过低影响护林质量和积极性。一些林区的林农反映，目前，很多地区国家公益林的基层管护人员——护林员的收入过低，只有500元/月左右。按目前农村生活水平衡量，特别是林区的生活水平来算，500元一个月要养活一家人困难较大，因此，护林员在做护林工作的同时，一般也会做些副业来维持生计，这必然会影响到护林的质量。在普通的林区，一般护林员只在易发生火灾的时期，多注意看护一下，其余时期或农忙时期就会忙着搞副业、赚外快了。一旦在此期间，山林发生火灾，那后果不堪设想。因此，这个情况需要国家有关部门引起高度重视。

（二）解决的办法

农民呼吁，为了更好地解决基层林改中出现的民生问题，建议国家和各级政府有关部门应该做好以下一些工作：

1. 尽快梳理和排查林权改革试点地区存在的民生问题和社会稳定问题。建议国家和各省有关部门，从保民生和保稳定的高度，在林权改革后，对实行林权制度改革地区，尽快进行一次民生问题和稳定问题排查，并且要深入基层进行走访，给老百姓说话的机会，把涉及的问题都调查上来。如果是国家政策问题可以代民向国家申请政策，不是政策问题，要责成各级相关单位处理好。要做到发现问题及时解决，发现矛盾及时化解，以更好的保障林农的民生利益和维护林区的社会稳定。

2. 加强公益林的监管力度，形成农民参与监管的新的监督机制。据农民反映，公益林盗卖现象较为严重和具有一定普遍性，主要是由于缺乏有效的监管机制造成的。有的地区，监管人员本身就监守自盗；有的地区，盗卖者在强大的社会关系网的庇护下，有恃无恐，护林员根本管不了，这些都给公益林管护工作带来很大困难。因此，建议国家和各省有关部门成立专门的公益林监管机构，切实加强和改进林业管理、行政执法和监督，同时，必须要让老百姓也参与监督管理。要严格推行林业综合行政执法，严厉打击破坏森林资源的违法行为。要定期走访检查，发现问题及时反馈，经查明属实后，一定要给予盗卖者以严厉惩罚，构成犯罪的移交法办。同时要给反映问题的老百姓以适当保护和奖励，以鼓励其监管积极性，从而使公益林的监管工作真正收到实效。

3. 对涉及重大民生问题的林权腐败问题要予以严肃处理，以平民愤民怨。一些地区的林农反映，近年来，因林权、林地而引发的林业试点县区基层干部腐败案件频发，农民对此反映极为强烈，上访事件也时常发生，由此而引发的社会矛盾不断激化。因此，建议要对涉及重大民生问题的林权腐败问题予以严重处理，以平民愤。同时，林权试点乡村不时发生的基层干部因山林倒卖问题纷纷落马却前赴后继的现象反映出一个问题，就是倒卖山林所得的利益与所受的惩罚没有成正比。很多人在巨大的利益诱惑下不惜以身犯险，这极大地损害了国家和人民尤其是当地村民的利益。因此，建议对盗卖公益林和倒卖集体林的违法和违规分子要加大处罚力度，以警示后人。各级党委、政府要把集体林权制度改革作为一件大事来抓，要加强对领导干部、林改工作人员包括农村基层干部的培训，强化调度、统计、检查、督导和档案管理工作。要严肃工作纪律，党员干部特别是各级领导干部，要以身作则，决不允许借改革之机，为本人和亲友谋取私利。要健全纠纷调处工作机制，妥善解决林权纠纷，及时化解矛盾，维护农村稳定。

4. 提高公益林补偿标准，落实好公益林补偿金。公益林和商品林经营收入差距拉大，公益林补偿不到位、补偿标准低，不仅使林农的实际收入减少，而且也直接影响到林农营林、护林的积极性。因此，建议有关部门应该考虑将现行补偿标准提高到每亩20元，并明确规定森林生态效益补偿资金大部分用于公益林区内群众的损失性补偿。同时责成相关部门尽快将公益林补偿金发放到农民手中，使林农的利益得到切实保障和维护。

5. 帮助公益林区林农开展林下多种经营，增加林农收入，保障民生。据了解，林区一旦被圈定为公益林，除了进行抚育性质的采伐外，林农将不再有任何收入。研究人员通过调研发现，国家公益林的补助真正到农民手中的不足5元。但是，如果不是公益林，林农只要砍75公斤薪柴就能盈利12元。若将现有的公益林按商品林经营，在实现永续利用的前提下，每年每亩经济收入将达30元或更多。有些省份在积极探索解决这个问题。例如，辽宁已在林权改革过程中探索出了一条"国家补偿与农民自我投入相结合"的公益林投入和管理机制。作为一种补偿措施，鼓励林农在保持公益林性质不变的情况下，进行适度开发。承包人在继续享受国家生态补偿之外，个人投资经营林地的收入也很可观，如种人参、养林蛙，每年每亩所得至少五六百元。因此，农民建议国家有关部门，制定灵活多变的政策，特别是从创新林业管理工作的角度，想办法将这种做法合情、合理、合法地向各个公益林区推广，在保障国家公益林利益的同时，协助农民开展林下经济，并给予林农以技术和政策、资金等方面的支持，帮助林农改善民生，增加收益。

6. 提高基层护林人员管护工资。国家应该尽快解决基层护林员工资过低的问题。工资低，待遇不到位，必然导致护林员不能全身心工作，因此建议提高基层护林人员的工资，让他们的生活有保障，从而使他们全身心和安心地投入护林工作。据护林员们反映，如果将现有的工资水平由500元提高到

1000 元—1200 元，那么他们的生计就不成问题了。

十、健康保护伞

新农村建设以来，农民把"新农合"誉为是农民健康的"保护伞"。"新农合"是新型农村合作医疗的简称，是指由政府组织、引导、支持，农民自愿参加，个人、集体和政府多方筹资，以大病统筹为主的农民医疗互助共济制度，采取个人缴费、集体扶持和政府资助的方式筹集资金。我国在 2002 年 10 月，《中共中央国务院关于进一步加强农村卫生工作的决定》明确指出：要"逐步建立以大病统筹为主的新型农村合作医疗制度"。首先在浙江、吉林、云南、湖北四省作为试点，首先实行了农村合作医疗制度。按照"十一五"规划的要求，新型农村合作医疗到 2010 年的覆盖面达到农村的 80% 以上，从 2003 年至今已经推广实行了 7 年时间。

"新农合"制度从 2003 年开始试点，2008 年已全面覆盖农村地区，2009 年第一季度参合人数已达到 8.3 亿。这一制度的建立，使农村居民医疗负担得到减轻，卫生服务利用率得到提高，农民因病致贫、因病返贫的状况得到缓解，为我国的广大农民带来了极大的实惠。

可见，国家实施的"新农合"医疗政策深受农民的需要和欢迎，因为"新农合"为农民提供了健康保障。我国的广大农民因此而参保热情高涨，特别是对于患大病和重病的农民，"新农合"确实保障了他们不至于因病致贫。但是，从"新农合"实施以来，农民也反映了一些"新农合"的管理问题，这些监管问题造成了农民的切身利益受损。对此，参保农民对"新农合"监管中存在和出现的一些问题反映十分强烈，希望国家和地方政府予以关注和解决。并且，针对消除这些监管问题，农民也提出了他们的解决办法。

"新农合"制度建设从 2003 年开始在我国实施，经过了试点和全面推进阶段，目前我国已经在全国全面铺开"新农合"工作，一些省份已经全部启动这项工作。例如，辽宁从 2003 年实施"新农合"以来，目前在全省 97 个县（市、涉农区、涉农开发区）全部启动了"新农合"制度，实现了县、乡、村全覆盖，已覆盖农业人口至少 2156 万人（占辽宁省农村人口的 90% 左右），而且参合农民至少达到 1900 万人，参合率为 91.4%，2008 年从"新农合"中得到实惠的农民增至 1954 万人，占全省农业人口的 98.7%。农村医疗保障制度实行以来给农民确实带来了不少实惠，农民的医疗负担有所减轻，因病致贫、因病返贫的情况有所缓解。但是，2009年研究人员在一些省份的县乡调研中农民也反映了一些新农合管理过程中存在的问题，特别是一些地区农村合作医疗制度在基层操作管理层面上出现的一些新的民生问题，直接影响甚至损害了农民的切身利益，农民强烈呼吁有关部门尽快完善监督管理制度。

（一）新农合出现的新问题

1. "参加医保看病花钱反倒多，不参加医保看病却花钱少"。调研中农民反映了一种奇怪的现象：有些农民在看病时发现，参加"新农合"的看病反倒贵，不参加"新农合"的看病却很便宜。加入"新农合"有了医保和没有医保看病就是不一样，到指定的农村医院看病，如果说自己有医保是一个价钱，如果说自己没有医保又是一个价钱。有医保的话，"往往给你往死里开药和收钱"，没有医保的农民看病却花钱很少。研究人员在一个地方调研遇到这样一个情况，两个农民看的是同样的一种病，没有医保看病时，连看病拿药带打滴流，4天198元；而有医保看病时，则需要390元。乡卫生所只给参加医保的农民报销20%的医疗费，即70多元，这样，看同样的病，有医疗保障时就花320元，没有时只花198元。看同一种病，有医保的农民比没有医保的多花至少120元。根据当地的农民讲，这里的差别主要是参加医保的药贵，不参加医保的药便宜，并且参加医保是国家拿钱看病，就多收钱；不参加医保是农民个人自己拿钱看病，就少收。对此，农民反映极为强烈，他们说，加入医保不得实惠反而多花钱，这样的医保对农民有什么意义？

2. "看不看病都要领药"。个别省份的部分地区存在套取医保基金的现象。研究人员在基层调研中农民反映，有些农村基层医疗部门利用"新农合"套取国家医保基金的现象非常严重。按照国家政策规定，农民自愿参加新型农村合作医疗保险，每人每年缴纳20元保险费，其中4元作为合作医疗基金，纳入农村医疗合作保障体系统筹，另外16元归农民支配；如果本年度没有看病，则退还给农民，第二年参加保险不必重复缴费。但是，在研究人员调研的一些地区，农民反映，不论看没看病，到年底，乡医院都通知参加新型农村合作医疗保险的农民去医院去取药。农民说，我没有病，一年中也从来没有看过病，为什么要我取药啊？但是，医院说不取不行。很多农民家里因此而积存了很多药。可见，一些农村医院存在着套取医疗保险基金的情况，即农民在没有看病的情况下，剩余的16元必须买药，不买药也不能退还给农民，这就使农民的利益受到了侵害和损害。据了解，农民对这种行为非常反感，经过这种途径"购买"的药品往往比药房贵很多。这种套取医疗保障基金、非法牟利的行为，严重损害了农民的权益和利益，也挫伤了农民参加"新农合"的信心，对"新农合"的实施和推广非常不利。

3. "看病可以，转院不行"。研究人员在一些地区调研中农民反映，农村合作医疗规定农民要到指定医院看病，农民认为这个规定不太符合农村的实际。它不仅无形中形成了对医院利益的政策维护，这个要求本身也给农民带来很大的不方便。因为它要求农村各村的农民都到乡里的中心医院看病，有的农民离得近还可以，而有的村屯离乡三十多里路，到指定医院看病很不符合百姓看病的实际需要。而且农民反映，从 2009 年开始，到指定医院看病，由于医院的利益问题，很多医院不给转院。转给别的医院就等于把钱给了别的医院，所以绝大多数中心医院都不给农民转院，除非农民患者面临生命危险了。农民对此反映极为强烈。

4. "管病不管伤"。农村医疗是解决农民的民生问题的，为此，"新农合"被称为是农民健康的"保护伞"。"新农合"成为农民的需要，是因为医疗服务能够覆盖他们的生活生产中出现的一些问题，特别是通过救死扶伤来保障农民生活和生存。但是实际上，我们的医疗保险远远没有达到对农民的人本化照顾程度。农民反映，医院是救死扶伤的地方，在农村，农民有病受伤唯一能求助的地方就是农村的医院。加入了新型农村合作医疗后，农民认为，这下伤病都有保障了。但是，实际情况却不像农民所期望的那样。农民发现，在农业生产中受伤到了医院后，医院讲你参加医保是看病，处理伤则不管，农民需要自己另外再买意外保险。农民讲，我们农民种地也都是为国家，工人上班是工作，我们种地也是社会职业分工的需要啊；工人上班从事生产时受伤了算工伤，我们在从事农业生产时受伤为什么就要自己花钱？这种差别怎么体现城乡统筹啊！

5. "新农合"的老问题，报销手续过于烦琐。农民反映，"新农合"在报销的时候太烦琐，门诊患者需提交医疗证、门诊收据、门诊处方；区内住院患者需提交医疗证、户口簿和身份证、村委会住院患者证明信、诊断书、住院结算收据、住院费用清单或处方、病历复印件。手续过于烦琐，浪费时间和精力，所以，很多农民害怕浪费时间就根本不去报销，特别是农忙季节，农民根本抽不出时间去指定的地点报销医疗费。

以上农民反映的"新农合"的新情况、新问题说明我国农村一些定点医疗机构存在不合理用药、管理不规范、分解收费项目和标准的现象，变相地增加了参合农民医疗负担，个别地方甚至出现套取参合基金的违法乱纪现象表明"新农合"还存在很多管理和监管问题。这些情况不仅不能实现"新农合"减轻农民的疾病经济负担、缓解"因病致贫、因病返贫"的宗旨，反而有导致农民"因保致贫"的不良发展态势。

（二）农民提出的解决办法

2003 年以来，我国经过了试点和全面推进阶段，"新农合"参加人数和筹资总额已达一定规模，政策逐步完善，制度运行平稳，农民切实受益，很多省份提前几年实现了中央提出的"新农合制度基本覆盖农村居民"的目标。但是，这项制度在我国实施和落实的过程中仍面临一些困难和问题："新农合"筹资水平还有待进一步提高，特别是急需建立起稳定、长效的筹资机制，我国的城镇差距有待进一步缩小，农民的医疗费用负担仍较重，监管任务艰巨，管理能力薄弱，农村医疗卫生机构的服务水平需进一步提高。这些问题也是当前我国"新农合"要重点解决的一些问题，上述农民反映的这些情况也都是这些问题的具体表现。为此，农民建议政府监管部门今后应该加强以下几个方面的工作：

1. 国家和地方政府有关部门要从民生的高度强化就医与监督管理。在"新农合"实施过程中，政府有关部门的监督管理的好坏是"新农合"能否取信于民，保障基金公平、安全的关键。目前的合作医疗管理模式多为管理机构挂靠在当地卫生局，各乡镇管理机构多设立在卫生院，管理部门既是裁判员又是运动员，"黑哨"现象难以避免；参合家庭身份核定难度大，如何有效杜绝冒名住院仍待探索；医疗机构过度医疗、过度检查以及保护性医疗的问题突出，监督不完善，致使一些参合患者的医疗费用比不参合者的费用高，影响到合作医疗资金的使用效率；不同级别的医院使用一个药品目录，不便于急危重病人的治疗；不同级别的医院之间转诊手续麻烦，参合患者自主选择高一级医院的随意性较大，未形成良好的双向转诊鼓励和制约机制。为此，一定要大力加强"新农合"的监督管理。既要督促各地严格执行"新农合"基金管理的各项制度，加强对"新农合"基金的监管，防止挤占、挪用、虚报、冒领等损害农民利益的问题，保障"新农合"基金安全，又要加强医疗机构监管，规范医疗服务行为，坚决控制医疗费用。为此，监管要制度化和条例化，并且必须要有参保农民参加监管，要考虑将"新农合"制度纳入规范化、法制化发展的轨道，同时结合经济社会发展情况和"新农合"的发展方向，深入总结全省各地的好做法，力争及早地以法律形式将行之有效的做法固定下来，全面保障并推进"新农合"制度建设。

2. 实施"新农合"，按照市场化运作规律，引入竞争机制，提高农村医疗服务水平。农民建议，把私营的乡村诊所纳入"新农合"定点医疗机构，"这样才能保证一个公平竞争的环境"。农村私营诊所都无法取得"新农合"定点医疗机构的资格，参合农民就只能到集体所办的村卫生室就诊，然而目前这一部分村卫生室已经很少了，大部分乡村诊所都是由个人来经营的。如此一来，就会造成实质相同的诊所有不同的待遇，甚至出现新的垄断局面，给农民就医带来困难。乡村诊所只要符合要求，都可以申请"新农合"定点医疗机构，就可以形成竞争，有利于整体医疗水平的提高，也有利于降低医药费用，减轻农民负担。目前，不少地区采取将乡村诊所纳入"新农合"定点医疗机构的做法，主要是为了"新农合"筹资的需要。因为乡村医生跟老百姓接触比较多，可以把筹资的任务分解到日常工作中，能收到比较好的效果。这种想法是好的，但如此一来，乡村医生在完成日常的诊疗工作外，不得不额外承受"新农合"筹资指标的压力，也因此造成一部分村医不愿意申请"新农合"定点的情况。

3. 各级政府要不断加大财政支持力度，提高和落实筹资标准。国家和各个省份应该进一步加大财政支持力度，不断提高和落实筹资标准。全国有些省份确实是这样实施的。例如，辽宁省2008年"新农合"再次取得突破，全省人均筹资标准从2007年的50元提高到100元，2009年要争取确保全省人均筹资标准落实达到100元，并逐步建立起随着经济发展和农民收入增长逐步提高的"新农合"筹资机制。同时，确保各级财政补助资金及时足额到位，加快资金使用，减少基金结余，确保当年统筹基金结余不超过筹资总额的15%，累计结余不超过筹资总额的25%，使农民最大受益。

4. 国家和各省以及各地方政府有关部门，一定要控制医院的药品价格，杜绝在药品价格上搞双轨制。参保就医收费问题直接涉及农民的切身利益。调研中研究人员发现，农民强烈要求政府有关部门解决药品价格双轨制问题，不能参保开药一个价钱，不参加医保一个价钱；特别是参加医保开药贵，不参加医保开药就便宜。"新农合"作为我国重点民生工程之一，事关我国九亿多农民的健康保障，也是各省委省政府及各地各级党委、政府最为关注的首要工作，不要因为在药品价格问题上搞双轨制，毁坏这个民生工程的形象和质量。

5. 按照农民的要求，简化医疗报销手续。医疗报销最终是兑现"新农合"政策的关键，它直接影响到农民对新型农村合作医疗制度的认同和参与程度。试点运行初期，补助审核程序多、周期长、手续繁琐等问题比较明显，农民要获得补偿金，通常要经过向乡（镇）、县合作医疗管理部门申报、审核等数道"工序"，既费时又费力，农民觉得繁琐。一些农民反映说："报销的程序很麻烦，要院长签字，还要到处填表，让人感觉不方便。"所以，必须按照农民的要求，为农民提供方便，简化报销方式和程序。参照国外的做法，我国可以学习他们最简捷的办法，就是参合农民都发一个医疗卡，看病凭卡，按照报销百分比收钱，农民支付他应该支付的部分，国家按照比例支付给医院，这样就可以取消报销程序。

6. 国家有关部门以及各省要尽快确立农村合作医疗服务质量评价指标体系和定期评估制度。农民建议，对农村医疗服务水平和质量应该有个评价标准。为此，建立我国和各个省份的评价指标体系和定期评估制度是新型农村合作医疗能否真正落到实处和提高农村医疗服务水平的重要保障。设定指标体系包括：一是农村合作医疗实施情况评价，包括政府责任、群众参与、资金筹措、乡村卫生组织、实施方案及制度、管理和监督等；二是效果评价，在新型合作医疗运转一段期间，通过当地农民和政府管理部门进行双重考核其效果程度和量化指标，包括受益面与抗大病风险、服务数量和质量、医疗费用、乡村卫生资源使用效率、新型合作医疗的群众满意度等。对合作医疗进行综合评价，特别是评估农村医院的服务质量，农民必须是评估的权威。这样可以坚强监督提高服务质量，促进农村合作医疗持续、稳定、健康发展。

十一、退耕还林还是退林还耕

实施退耕还林工程有力推动了我国生态环境改善和农村经济发展。但是，研究人员在深入一些省份的部分农村地区调研发现，随着退耕还林工程的推进，在新农村建设中，出现了一些涉及退耕还林农户切身利益的新矛盾、新问题，影响了农村社会的和谐稳定，亟待妥善解决。国家有关部门应该引起高度重视，并尽快抓紧解决退耕还林农户的利益问题。

（一）存在的主要问题

我国退耕还林工程实施以来，到 2007 年底全国累计完成退耕还林任务

3.64亿亩，其中退耕地造林1.39亿亩、荒山荒地造林2.05亿亩、封山育林0.2亿亩，使工程区森林覆盖率平均提高了2个多百分点。近几年退耕还林工程造林占全国造林总面积的60%以上，西部许多地方占到90%以上，退耕还林计划任务完成率为98.9%。退耕地造林的年度面积核实率和核实面积合格率以及历年面积核实率和核实面积合格率，连续4年保持在90%以上。退耕还林发放的粮食和生活费补助已成为退耕农户收入的重要组成部分。据统计，退耕还林补助占退耕农民人均纯收入近10%，工程区563个县高于20%。许多农户依靠国家补助吃上了细粮，生活普遍得到改善，① 退耕还林工作取得了很大的成效。很多省份是全国第一阶段验收省份。其中辽宁省2009年度退耕还林工程阶段验收共涉及25个县（市、区），核查退耕地还生态林和经济林保存面积12.64万亩，林权证发放面积7.13万亩，2009年辽宁省的退耕还林验收工作全部结束，是全国第一个完成阶段验收省份。

但是，在一些省份调研中不少退耕农户反映，他们还有一些生产生活问题没有彻底解决。

1. 退耕还林的惠农政策措施不平衡，退耕农户积极性受挫。退耕农户反映，最初实施退耕还林政策时，国家给退耕农户160元/亩的补贴，实施5年后即按90元/亩进行补贴，这样一来每亩地就少收入了70元。而国家近年来加大对种粮农户的补贴力度，退耕农户没有新的优惠措施，造成种粮农户和退耕农户新的不平衡。一些退耕农户反映，种粮农户因为享受免税和粮食直补政策，再加上种地收入，收益比较可观，每亩地收入大体在300元左右；而退耕农户有许多种的是生态林，如杨树成长需要5—8年，周期长、收益小，还享受不到粮食直补，造成了种树尤其是种生态林还不如种粮收益多。"这样持续下去，我们就要重新砍树种地了。"如果真的出现毁林现象，国家维护生态安全的退耕还林成果将毁于一旦。

2. 退耕还林的优惠政策兑现不及时，退耕农户翘首企盼。作为国家经济利益补偿和保护调动农民积极性的优惠政策，在我国有些省份的地区不落实，存在不能按时足额兑现等问题。这主要是由于地方政府管理不规范，补助兑现环节出现了违法违纪现象，导致了农民对政府信任度降低，基层干群矛盾加剧，退耕还林工程进展出现新隐患。

3. 退耕还林的后续产业发展政策不完善，退耕农户对此忧心忡忡。调研

---

① 丁杰：《我国累计完成退耕还林3.64亿亩 将继续补助农户》，新华网，2007年8月25日。

中研究人员发现，有些地区没有处理好退耕还林与调整农村经济结构的关系，不注重帮助退耕农户发展后续产业，解决长远生计问题，难以实现可持续发展。许多退耕农户只保留少量菜园地，而还林的经济林品种极少有几年就见效益的，生态林又禁伐，所以对补助期满后"吃什么"普遍心存惶惑。

4. 退耕还林农户收入下滑趋势明显。研究人员在某省一些退耕还林地区调研发现，该省退耕还林工程区 65 个县（市、区），共涉及 63 万多户农户，占全省总农户 11% 左右。初步调查分析，退耕还林政策补助到期后，全省只有 20% 的退耕农户收入不低于现有生活水平，而 30% 农户收入会有所下降，50% 农户的生计将出现问题，收入下降和出现生计问题的农民将集中在贫困和偏远地区。这势必影响农民持续增收目标的实现，影响城乡区域协调发展。

（二）解决涉及退耕农户利益问题的建议

最近，全国巩固退耕还林成果现场会议提出，从 2008 年至 2015 年将落实基本口粮田建设、农村能源建设、生态移民、后续产业发展和补植补造等五大任务，认真研究落实这五大任务是当务之急。

1. 加大对退耕农户的补贴力度。加大对退耕还林农户的补贴力度是阻止退林还耕的有效办法。调研中，退耕农户纷纷提出，政府在加大对种粮农户补贴的同时，也应加大对退耕农户的补贴，退耕农户也应享受国家粮食直补政策。即使不给予粮食直补政策，也应适当提高退耕农户的补贴数额，绝不能让退耕农户与种粮农户之间的收入差距逐渐拉大。这种呼声，很有道理，应该落实。

2. 严格管理退耕还林的补助兑现环节。退耕还林工作从争取指标、规划设计、农户实施、检查验收、抚育管理直到兑现补助，程序多、任务重，涉及千家万户。工作人员队伍人手不足，经费有限，容易出现疏漏。同时，退耕农户往往只图首次检查验收兑现补助，之后就疏于管理，导致还林效果不好。因此，建议各省林业、发展改革、财政、监察、审计等部门联合加强管理，确保退耕还林补贴足额发放到广大退耕农户手中，一旦发现挤占、挪用和贪污行为，对违纪违规违法人员要严肃处理。同时，还要加大人力、物力、财力投入，积极落实各项配套措施，要教育农民严格遵循退耕还林政策，既要保障自己的合法权益，又要履行应尽义务。

3. 加快退耕还林后续产业发展。退耕还林地区要结合自身区域特点，迅速落实本年度的退耕还林后续产业项目。如建立农林牧复合生态系统和生产体系、建设基本农田发展旱地生态农业、培育和壮大特色产业等。同时要继续加大对退耕农户的基础教育和技术培训，使其更加科学的管理和发展林地生态经济。还要将生态目标与农村经济发展相结合，加强造林后的抚育管理。造林后的头三年，鼓励适当间作低秆作物等，在增加退耕农户收入的同时，促进对林木的抚育管理。树木到收益期后，应及时隔行采伐与补种更新，确保退耕农户增加收入。

4. 建立巩固退耕还林成果专项资金。为集中力量解决影响退耕农户长远生计的突出问题，省林业等有关部门要争取国家多安排退耕还林后续产业发展专项基金作为启动资金或贷款的保证基金，建议省财政安排一定规模资金作为我省的巩固退耕还林成果专项资金，积极支持辽宁西部地区、风沙源治理区和退耕农户的基本口粮田建设、农村能源建设、生态移民以及补植补造，并向特殊困难地区倾斜。特别要多渠道增加扶持资金发展后续产业，或者通过提供财政贴息贷款支持农林产品加工企业进行技术改造，扩大规模，培育壮大龙头企业，带动退耕农户和农业产业化发展。

5. 加大基本口粮田建设力度。全国很多省份已经开始实施这项工作。宁夏于2009年3月在中央资金尚未到位前，就筹措资金7100万元用于重点退耕还林地区基本口粮田建设等项目。陕西省早在2006年就提出用5年时间实现退耕农户人均1亩口粮田的目标，个别贫困地区甚至要求达到人均2—3亩的目标。我省要参照这些做法，加大投入力度，力争在"十二五"期间使退耕农户人均拥有一定亩数的高产、稳产的基本口粮田。

第六章　民生保障途径与新农村建设的支撑体系

　　解决农民民生问题的关键就是要解决农民的生存和发展问题，核心就是农民增富问题。保障增富就是保障民生。为此，在新农村建设中，要专门研究确保农民不断增富的机制支撑体系，依靠这个支撑体系，农民就可以持续性和长效性地实现增富，也就长久地保障了农民的民生。

　　从新农村建设初期阶段发展现状和存在的问题看，由于政府起着主导和协调作用，因此各级政府一定要明确政府在新农村建设中的作用就是要建立一个体现国家惠农政策、反映农民实际需要、以农为本的生产服务体系，从政策实施、生产资金保障、社会保障、基础设施配套、发展环境营造和管理水平上，为广大农民提供一个全方位的完善服务体系。在政府营造的这个服务体系中，还要让农民充分地自主自由地发展。农民民生保障体系的建设是确保农村民生实现的途径。

一、普及惠农政策

　　新农村建设首先要让农民了解党和政府的惠农政策，特别是我党关于新农村建设的有关政策，保障农民的知情权。让农民了解政策，这是个常识性问题。各级政府常讲要政策达人，但是，真正在实际操作上做到让农民对政策知情却很难。一些研究人员在实际调研中发现，在新农村建设的实际中，一些地区的农民确实对党和国家以及各级政府关于新农村建设的一些政策和配套规定不了解。农民不了解政策，导致新农村建设的主客体之间出现信息不对称现象，这就无法实现配合。不让农民了解政策，也剥夺了农民对政策的知情权，引发的是政治民生问题。因此，普及惠农政策，保障农民对政策的知情权，加强基层新农村政策宣传和解释工作，这是新农村建设应该尽快并且必须做好的一项基础性工作。

　　中央文件强调，农民要有知情权，在一些涉及农民利益的重大决策方面，农民更应该知情并表达自己的意愿和想法。应该说，对国家政策方面，农民还是有知情权的，因为国家关于新农村建设的政策都是通过媒体发布公开的，农民耳濡目染地都会知道一些。但是，实际调研中研究人员发现，农民的知情权虽然得到了承认，但并未完全得到了保障，在新农村建设的很多问题上，农民还是不知情的，政策达"农"没有问题，政策达"人"方面还存在着传播死角，急需国家有关方面引起关注和尽快解决。

新农村建设以来，研究人员在对一些省份新农村建设工作开展以来的新情况、新问题的调研中发现：一些地区的农民普遍反映他们很想详细地了解国家有关新农村建设的政策和地方政府的具体配套措施，但是不知道到哪儿去了解，也没人跟他们细说；新农村建设开展以来，出现了很多新情况、新问题也没有地方反映；他们在生产生活中遇到的问题也没人管；关于新的合作医疗、种粮补贴、农村教育、养老保险等惠农政策也没有人和他们详细宣传和解释；广播报纸电视每天宣传的中央关于新农村建设的各项大政方针在落实到农民头上时，政策总是不一样，他们希望有个地方或者找个什么人问一下，究竟这些政策和具体规定是咋回事儿！

目前，在我国一些基层农村，农民对建设新农村有关政策和具体配套措施不了解的情况很严重，对此农民反应很强烈。造成的原因主要是新农村政策和配套措施在基层宣传不到位。希望国家和各省有关部门对此要引起足够的重视。

（一）政策达人存在的问题

在调研中，研究人员发现，当前农民对新农村政策的了解主要通过以下几个途径：

1. 通过新闻媒体了解政府政策。辽宁社会科学院哲学所研究人员的问卷调查结果显示，80%以上的农民对新农村建设政策的了解主要是通过电视、广播和报纸等新闻媒体，其中通过电视了解新农村政策的占70%以上。可见，电视是我国农民了解国家新农村建设政策的主要渠道。但是，农民也反映，电视了解的都是国家的大政方针，很少能看到一些地方政府的配套措施和具体规定，并且他们反映"电视实现村村通，电视节目不姓农"。可见，电视、报纸和广播在农村宣传新农村建设政策方面还是有局限性，主要表现为宣传国家政策多，宣传地方政策少；宣传的是一回事，落实的是另一回事；农民只能单向接受，不能就政策答疑。

2. 通过利益冲突了解和认识新农村建设政策。研究人员在调研中了解到，关于新农村建设的一些政策，很多农民知之不多，往往是当农民的切身利益与政策发生直接冲突时，才从教训中详细地了解了有关政策。如对医疗政策的了解，很多农民是在大病痊愈后需要报销医疗费时才知道医疗保险是有指定医院的规定，不到指定医院就医不给报销。但是，为时已晚，事前并没有人详细告诉他们。新农村医疗保险政策是给农民制定的，且不论其是否充分考虑到农民生活环境的特殊性，至少应该让农民详细知道这些政策规定。诸如此类的情况很多。所以，很多农民因为不了解政策而付出了很多不必要的代价，通过付出代价而了解了惠农政策。

3. 通过村干部了解政策。在调研中研究人员也发现，也有农民通过村干部和村委会了解新农村政策，但是只是很少一部分人，所占比例很小。因为农业税取消后，特别是农村费改税后，农民不依靠村干部也可以自己开展生产和致富赚钱，村干部和农民之间来往实际很少，村党支部、村委会的职能作用已经很有限了。

（二）原因分析

农民既然有以上几个知晓政策的途径，为什么他们对新农村建社的有关政策还不十分了解呢？在研究人员实际调研中发现，造成基层新农村政策宣传工作不到位的根本原因如下：

1. 乡（镇）政府和村委会宣传工作不到位。一些地区的农民反映，农民以往对国家农村政策的了解主要是通过乡（镇）和村里开大会，但是现在很少开会了，因为现在农村的实际情况同以前大不一样了。取消农业税之前，农村基层政府和村民自治组织随时随地就可以把农民召集到一起开会，现在这样做已经不太可能了，特别是把全村的农民都集中到一起宣传农村政策，更是不可能了，因为农村每家每户现在都是各自忙各自的。要想了解建设新农村的有关政策，只能通过新闻媒体的宣传。这些情况说明，在建设新农村过程中，乡（镇）村级组织宣传作用没有充分发挥，导致新农村建设的政策宣传工作不到位，基层政府和村民自治组织没有发挥出应有的政策宣传作用，也表明基层政府的政策宣传职能相对弱化了。

2. 村干部的宣传作用没有充分发挥。村干部是政府在农村最基层的代表，应该是政府政策和有关配套措施的主要宣传者和解释者，但是，据接受访谈的所有村干部讲，从行政宣传上看，文件传达到村干部为止，村干部也不过是按上面的要求，凭记忆和记录再尽力向农民宣传。另外，村委会毕竟是村民自治组织，很多政策和法规只下发到乡（镇）里，村里没有有关新农村建设的文件。具体政策法规如何，他们也看不到，有问题和纠纷时，他们也拿不出文件，就只好把矛盾上交往乡（镇）里推。就是说，村干部也不是建设新农村有关政策和配套措施的详细知情者，也没有办法向农民进行详细的政策宣传和解释工作。这在客观上导致政策传达和宣传渠道不畅通。

从目前看，基层政府和村民自治组织向农民宣传和解释新农村建设政策的工作是基本缺位的，主要表现就是在基层没有专门的机构和人员做政策宣传。农民基本上是被动了解政策，他们对新农村建设政策较普遍的看法是，报纸广播电视中说的新农村政策和乡（镇）里村里执行的不一样。这种看法是极不利于新农村建设工作开展的。

建设社会主义新农村是一项惠及广大农民的重大战略举措，农民应享有知情权，并且，新农村建设的各项政策和具体措施是否正确和合理，完全取决于农民的满意度。现在，在政策知情问题上，各级地方政府和农民之间存在严重的信息不畅的现象，导致了农民对党的新农村政策的误解，参与新农村建设积极性不高，影响了干群关系；甚至出现了对新农村建设的一些公益性活动不配合和抵触等情绪，以至于由此引发了一些新问题。如有的农民反映，在村级公路"村村通"工程建设中，新闻媒体的宣传使农民认识到这是造福农民的工程，并且国家的新农村政策并没有要求农民拿钱修路，但是在实施过程中的事实却是农民处处需要掏钱配套。农民说，通过新闻广播了解到在新农村建设过程中，中央没有要求老百姓自己掏腰包。因此，他们认为这又是村干部在非法敛财，所以不肯出钱出力修路，对新农村政策的满意度也大大降低，进而使"村村通"修路工程形成新的村级债务。其原因就是农民和村干部都不十分了解地方政府有关部门关于新农村建设"村村通"的配套措施。显而易见，这种情况极不利于新农村建设的开展。

（三）农民提出的解决办法

向农民宣传和解释新农村政策是一项复杂的工作，需要各级政府的许多部门共同推进。根据调查中农民的反映，他们十分希望政府在宣传新农村建设有关政策时，能做好以下几个方面的工作：

1. 设置建设新农村政策服务咨询机构。尽管新农村建设有关政策的宣传和解释工作不是基层政府绩效考核的主要内容，但是这项工作还是不要成为政府基层工作职能的盲区。为此，乡（镇）政府和村委会设置建设新农村政策服务咨询机构或者专人负责这项政策答疑工作，负责推动新农村建设有关政策的宣传、解释和答疑工作，这样才能使新农村建设政策家喻户晓。在宣传新农村政策时，要处理好政策的下发和传达界限要求与让广大农民知情之间的关系，特别是不能借口不向农民传达惠农的文件精神。

2. 恢复和建立村广播站。把普及农村广播事业作为农村公益事业的一部分，为每户农民家庭安装广播，通过广播每天定时（早饭、午饭和晚饭期间）向农民宣传新农村政策和有关配套措施，使新农村政策宣传工作由入村变为入户到人，宣传、解释和答疑新农村政策。

3. 建立村级网络系统。通过一定途径（如转移支付的方式），适当增加村委会的宣传设备投入，为每个村委会配备电脑，形成村级网络系统（或综合利用其他网络），与现有的乡（镇）级网络连接。这样，既可以宣传各项农村政策，又可以使农民随时了解网络发布的新农村建设的信息、政策以及农业市场信息，也可以为实现农村网络化奠定基础。

4. 定期免费组织村干部培训班。在一些地区调研中，研究人员经常听村干部说，如果能免费集中培训学习一下，就可以系统地了解建设新农村的有关政策。现有的新农村政策培训，大多收费，少则 2000 余元（进城班），多则 5000 余元（进京班）。村里没有财政，转移支付的钱很有限，很多干部轮上后不得不自己掏腰包，形成了额外负担。建议有关部门考虑对基层农村干部进行定期的免费新农村政策培训活动，提高他们对政策的理解和执行水平，这样就可以通过他们更好地开展新农村政策的宣传工作。

解决目前农民了解新农村有关政策难的问题，关键在于解放思想，相信群众，把基层农村的政策宣传工作做到位，解释工作做细致和配套措施做透明。

二、保障支农资金

新农村建设开展几年多了，农民确实得到了很大的实惠，生活得到了改善，但是，农民普遍反映，唯一感觉遗憾的就是农民手里没有钱。2009 年两会期间，代表们探讨的"三农"最关键问题就是农民手里没有钱的问题。农民没有钱，就是没有发展生产的资金，因此，保障农民的生产和生活资金就是保障了农民的民生。新农村建设以来，我国的农村信用社在支持社会主义新农村建设中发挥着重要的资金支持作用，担负着政策性金融机构的作用，像及时雨一样为农民的生产和生活提供了发展资金和生产保障。

我国现在的农村信用合作社（以下称农信社），是 20 世纪 50 年代初建立的三个农村合作社（农业合作社、供销合作社、信用合作社）中仍在正常经营的一个。1955 年的第一次全国农村金融工作会议决定大力发展农信社，由村民自愿入股组建。1956 年农信社在全国全面推广，并逐渐成为农村主要金融工具。几十年来，农信社风雨兼程，摸索前进，虽然不断加大支农贷款投放力度，但效果不大。截至 2003 年 6 月末，全国信用社法人机构 34909 个（其中信用社 32397 个，县级联社 2441 个，市地联社 65 个，省级联社 6 个），职工 62.8 万人，各项存款余额 22330 亿元。

就个别省份来说，省级联社也在新农村建设中发挥着主力军的作用。例如，辽宁省联社自 2005 年 7 月成立后，就担负起支持社会主义新农村建设主力军的作用。2007 年末辽宁省农信社共发放贷款 928.7 亿元，各项贷款余额为 839.5 亿元，比年初增加 129.3 亿元，增幅为 18.2%。其中，农业贷款余额为 605.1 亿元，占各项贷款余额的 72%；比年初增加 96.2 亿元，占各项贷款总增量的 74.4% 元；发放农户贷款 339.4 亿元，农户贷款余额为 310.3 亿元，比年初增加 68.6 亿元，增幅 27.8%；农户贷款户数达 354.4 万户，占全省农户总数的 55.6%。辽宁省联社成立后三年各项贷款平均增长 107.1 亿元，平均增幅为 17%，农业贷款平均增长 75 亿元，增幅 17.2%，农户贷款平均增长 56.7 亿元，平均增幅为 28.5%。

（一）新农村建设中我国农信社发挥的作用

在调研中发现，广大农民和基层政府对农村信用社工作给予了充分肯定。我国农信社在社会主义新农村建设中发挥着如下的作用：

1. 农信社起到了维持农村社会稳定的作用。各省的农信社能够适时发放农业贷款，涉及保障农民基本生活、生产发展、子女教育、农业发展等一系列问题，这些都是关系到民生的基本保障问题。调研中，很多农户反映，没有农信社的贷款支持，就不能维持农业生产和正常生活。正如辽宁省阜新蒙古族自治县他本扎兰镇白玉都村一组的村民刘哲所说："没有农信社的贷款支持，连地都种不上，更别说扣大棚了。"可见，农信社不仅为农民发展生产提供资金保障，也为农民开展多种经营提供资金支持。每年农信社的春耕备耕资金如果不能为农民及时提供，就会影响农民一年的生产，引起农民的恐慌，进而引发社会的不安定，而这些资金主要依靠农信社来提供。

2. 农信社担负着完善我国农村金融服务体系建设的重任。新农村建设任务之一就是完善农村金融服务体系，而在我国农村，农信社一直是支持社会主义新农村建设的金融主力军，并在实践中探索出了适合"三农"的服务方式，制定了一整套服务"三农"管理制度。各省联社制订了《农户小额信用贷款管理暂行办法》、《农户联保贷款管理暂行办法》、《优质法人客户暂行办法》、《关于支持设施农业发展的指导意见》、《省农村信用社林权抵押贷款管理暂行办法》等制度。这些政策制度对解决农民贷款难、促进农民增加收入和改革农村信贷管理发挥了重要作用。同时，各省联社还为广大农户提供了多种贷款品种，如农户小额信用贷款、农户联保贷款、农户多户担保贷款、助学贷款、林权抵押贷款、滩涂使用权抵押贷款、劳务输出贷款、个人消费贷款等，这些贷款品种的推出，很大程度上解决了农民抵押担保难问题，较好地满足了农民的融资需求，为"三农"提供了优质的金融服务。

3. 农信社对农业生产和发展起到资金支撑的作用。随着农业银行等国有商业银行战略结构的调整，逐步退出农村信贷市场，农村资金严重回流城市。到目前为止，在我国新农村建设中，主要由农信社承担为"三农"提供金融服务的职能。例如，辽宁省的农信社2007年农业贷款余额为605.1亿元，占全省农业贷款总量的89.4%，农信社农业贷款增量96.2亿元，占全省农业贷款增量的98.3%；从国家粮食生产基地铁岭市的情况看，2007年全市支农资金的89%来自农信社。可见，农信社信贷对我国农业生产和发展，特别是新农村建设起到资金支撑的作用。

4. 农信社为农民生产和生活提供了资金保障。从新农村建设的情况看，多年来，我国各省的农信社为农民生产和生活提供了资金保障。例如，辽宁省的农信社2007年发放农户小额信用贷款70.5亿元，发放农户联保贷款69.9亿元，而这两个品种的贷款主要用于农户购买生产资料和生活用品。2007年农信社农户贷款户数达354.4万户，占全省农户总数的55.6%，比2004年末提高16个百分点，农户贷款近三年平均增长56.7亿元，平均增幅为28.5%。可见，短时间内，我国的绝大部分农户的生活和发展是离不开农信社的贷款支持，并且农民对农信社贷款的依赖性呈逐年增强趋势。

5. 农信社起到了农村信用环境的净化作用。为了改善农村信用环境，我国农信社开展了农村信用工程活动，进行农户信用等级评定，信用乡（镇）、信用村评选，确保了农村信用环境净化。例如，辽宁省的农信社到2007年末，全省评定信用村2258个，比年初增加18个；信用乡（镇）91个，比年初增加1个；对317万户农户进行信用等级评定，占全省农户49.8%，为246万户农户发放《贷款证》，持证农户授信额度内的贷款满足率达到100%。农信社评定了信用乡（镇）、信用村、信用户后，到期贷款回收率明显有所提高。以辽宁省铁岭市昌图县为例，该县的农信社在评定前，到期贷款的回收率为60%，评定后到期贷款的回收率达到96%。农信社的信用工程的实施评定增强了农户的信用观念，净化了农村信用环境。

6. 农信社对我国农业产业结构调整和升级起到了推动作用。新农村建设进入第二年，设施农业为主导的农业产业升级趋势空前高涨。2007年我国各省份的农信社都加大了对设施农业贷款投放力度，对我国农业产业结构调整和产业升级起到了推动作用。例如，辽宁省的农信社全年累计发放设施农业贷款404亿元，贷款余额52.3亿元，比年初增加8.7亿元，其中为38.8万个大棚、4623个设施小区发放支持蔬菜生产贷款197.4亿元，贷款余额31.3亿元，比年初增加9.1亿元。这表明农信社在建设我国现代农业、实现农业产业结构调整和产业升级方面，发挥了相当大的推动作用。

7. 农信社发挥着政策性和公益性金融机构的作用。各省的省农信社除在支农资金给予"三农"大量投入外，还积极发放农业贴息和救灾等政策性公益性贷款，积极配合政府应对农业突发自然灾害，如禽流感、雪灾、旱灾、生猪蓝耳病等，在解决社会问题方面起到了积极的作用。例如，辽宁省的农信社2007年度，全省农信社为平抑生猪价格，保证市场供给，共发放了19.7亿元的贷款，用于支持生猪生产。2007年，农信社共为遭受雪灾的11.8万户农户发放了雪灾贷款11.7亿元，由此减少利息收入3000万元，其中支持大棚受灾户10.3万户，修复大棚12万栋。此外，农信社还对下岗再就业人员给予了一定的资金扶持。以辽宁省铁岭市昌图县农信社为例，2007年度为84名下岗再就业人员投放财政贴息贷款156万元，扶持他们进行创业活动。

（二）自身发展问题

新农村建设以来，我国的农信社作为一个以服务股东、服务客户、服务县域经济、服务全民创业的合作金融组织，在超常发挥上述作用的同时，其在支农资金来源、组织、提供和管理等方面也面临着很多自身发展的困难。主要表现在以下几个方面：

1. 资金严重不足。资金不足问题是各个省农信社更好地服务我国新农村建设面临的一个发展瓶颈问题。随着我国社会主义新农村建设的深入开展，农业产业化和规模化经营初现端倪，农民扩大再生产的需求也不断增加，额度也在不断加大，农信社完全依靠自有资金已不能全额满足原有农户的资金需求，资金市场的需求远远超过了基层农信部门的资金拥有数量。部分省市县农信社存贷比例出现了超过银监部门规定的75%的存贷比例，在支农资金实际投放过程中，存贷比失调已经是一个很普遍的运营现象。例如，在研究人员选样调研的辽宁省的部分地区，就存在这样的情况。辽宁省阜新市农信社2007年末存贷比为88.39%，该市2008年春耕备耕资金需信用社贷款解决4亿元，信用社可投放的信贷资金是1亿元，缺口3亿元。辽宁省铁岭市农信社2007年末存贷比为89.45%，该市2008年春耕备耕资金需信用社贷款解决15.9亿元，信用社可投放的信贷资金是7亿元，缺口8.9亿元。

支农资金实际投放运营过程中普遍出现的存贷比失调现象，总体上看，表明了我国农村金融市场需求很大，农民贷款需求和额度日益增加，也不排除个别部门违规运作，但是无论如何，这都表明了基层农信部门的资金投放能力有限，资金明显不足，为满足农民的发展生活和生产的资金需求，不得不进入存贷比失调的运营状态。

2. 经营成本较高。目前我国的农信社与其他国有商业银行相比，由于覆盖面大，农信社经营网点多（几乎覆盖每个乡镇），贷款户数多（每年我国大约有2/3的农民成为农信社的贷款户），单户贷款额度低（大体都在几千元到万元之间），导致信用社筹资、经营成本高。现在我国农村信用社在很多地方都是"唯一留守者"，而担当"唯一留守者"则需要成本。比如中部某省信用社一个网点，编制需要5个人，存款才200万元。若要达到盈亏平衡，存款就需要2000万元左右。其直接结果一是导致农信社的贷款利率也相应高于国有其他的商业银行，达到一分左右；二是导致农民贷款户贷款负担沉重。因为我国农信社系统的高成本运转的最终成本承担者是农民。为此，很多省份地区农民强烈反映农信社的贷款利率太高，贷一万元到手里也只有九千元左右。

3. 承担的社会责任较多。我国的农信社目前发挥着部分国家政策性和公益性的作用，承担较多的农村社会责任工作。例如，代表国家发放粮食直拨款等诸如此类的工作。在执行这些工作的过程中，管理和运营成本基本上都是农信社自己承担。例如，2007年辽宁省农信社发放国家对农民的粮食直拨款而增加800多万元的经营成本，没有向农民收取一分钱。其他像雪灾、旱灾、禽流感等灾害，各省的省农信社更是承担起对农户的提供政策性金融服务的职能。

4．历史包袱沉重。随着金融体制改革的进行，国家对农信社历年来形成的不良资产和亏损给予了一定的资金扶持，特别是对 2004 年以前的一些历史形成的不良信贷，国家直接买单了，这极大地减轻了农信社的支农负担。截至 2008 年，2176 个机构已经兑付了 1530 亿元，占应兑付金额的 91%。农村合作金融机构资产质量已经有所改善，股本总额 2482 亿元，比年初增加 258 亿元，资本净额首次按五级分类口径由负转正，达到 1421 亿元，贷款拨备覆盖率 24.4%。不过，1530 亿元的票据兑付之后，截至 2008 年，在五级分类的情况下，全国农村信用社的不良资产仍然有 5435 亿元之巨。① 截至 2008 年年底，农信社不良贷款在 300 亿元以上的就包括河北、河南、山东、广东、山西、湖南 7 个省。可见农信社的历史包袱仍然还很沉重。

研究人员在一些地区通过调研发现，农信社的历史包袱还是很重，不能像国有商业银行那样轻装上阵。这主要是由于开展新农村建设前后，农信社历年来按照地方政府的要求为各地区农户的农业生产和生活给予信贷资金扶持，特别是计划经济时期的乡镇企业形成了大量不良贷款。有些省份的历史包袱超过百亿。例如，工业大省辽宁，目前全省农信社已有不良贷款余额 73 亿元，历年亏损 89 亿元，这直接影响到农信社的正常经营，减弱了农信社的支农能力。

（三）老问题新表现

在新农村建设的初期，曾经出现过农民呼吁解决支农贷款期限短、利率高、手续繁琐、贷款难等问题，因为这些问题严重制约农民增富的幅度和进程，引发农民的生产生活的民生问题。有些省份对这些问题给予了足够的重视，采取了有效的办法，经过几年的新农村建设后，这些问题确实有所缓解，但是仍然是制约农民增富和妨碍农民民生的关键问题。我国支农贷款存在的老问题和原因主要表现为：

1．贷款期限影响农民收入问题。农业贷款期限影响农民增收的幅度和程度问题，在新农村建设初期，很多地区的农民就反映过，但是一直没有得到彻底解决。在新农村建设的过程中，很多农民再次呼吁解决这个问题，因为贷款期限不合理，已经严重制约农民增收致富。对于农信贷款期限的不合理方面，农民做了深入的总结，概括起来就是四个不合理：一是农业贷款周期

---

① 张友、郑智：《再造农信社》，南方报业传媒集团《21 世纪经济报道》，2009 年 3 月 1 日。

与作物生长周期不吻合，如短期小额贷款期限是三个月，而大棚香瓜的生长周期则是五个月左右，香瓜还没有熟，催贷的已经上门了；二是农业贷款周期与农民生产周期不吻合，如小额农业贷款周期是"春贷秋还"，农民的生产周期则要比这个周期长两个月左右；三是农业贷款周期与农民的生活周期不吻合，农民的生活周期是一年，但是贷款周期往往只有八个月左右；四是农业贷款周期与农产品市场供求行情不吻合，小额农业贷款还款的期限往往是粮食价格最低的时期，导致农民卖粮还贷款收入损失严重。目前，农信社的贷款期限是根据农户经营与发展项目的生产与经营周期约定的，部分农户感觉贷款期限短，是由于国家取消粮食统购政策后，我国农村各地粮食出售期限不固定，导致个别地区还款出现约期不准情况，故出现上述问题。针对这个问题，各省的省联社都不同程度地明确规定对种植业、养殖业等农业贷款可以发放三年期以内的中期贷款，基层农信社也采取了很多办法，如"贷款展期"、"贷新收旧"等方法，在一定程度上有效地解决了贷款期限影响农民收入的问题。但是，贷款期限引发农民的民生问题还是没有得到彻底地解决。从根本上解决这个问题，必须要从国家制度层面建立灵活权变的农信系统的核算和还贷制度。

2. 贷款难的问题。贷款难的问题是农民反映强烈的老问题。从新农村建设以来，国家不断加大支农资金的投放力度，但是，仍然没有解决农民贷款难的问题，并且对这个问题农民有农民的看法，农信社有农信社的理由，不是能说清楚的问题。研究人员在调研中发现，基层农信部门对此的解释主要是，农民贷款难的原因主要有以几点：一是农信社信贷资金不足，难以全额全数满足农民的贷款需求；二是部分农民感觉贷款难是因为他们自身的贷款条件不具备，如借款人不会经营、不懂管理、经营项目风险大、效益低、信誉程度差或有不良记录等，此部分贷款需求为无效需求；三是基层农信社确实存在保守放贷情况，宁可不放也不能形成死贷等情况是存在的。

从农民角度看，农民认为贷款难的原因很多，其中最为关键的原因据农民反映主要是农信社的信用等级评定实际上是一个贷款准入门槛，客观上把很多贫困的农户拒之门外，导致很多所谓贷款条件不具备的农民群体和贫困农民群体永远贷不到款，能贷到款的农民总能贷到款，形成了"救富不救贫"的结果。对于绝大多数农民来说，农信社的这种做法不仅让农民感觉贷款难，还加剧了农村的两极分化现象。并且，农信社的政策性和公益性贷款职能没有得到充分地体现。很多扶持性的贷款也都是有条件的，基本上是扶持专业大户，扶持贫困户的太少。总之，贷款难是农信社系统追求经济和管理效益所形成的社会问题。

3. 手续烦琐问题。研究人员在部分省份的一些地区调研发现，总体上看，贷款手续烦琐是存在的。对于没有参加农信社的信用等级评定的农民，贷款手续十分繁杂，需要出具的证明和文件很多，一般需要十几个佐证材料，多则需要准备近二十个佐证材料。对于参加了信用等级评定的农户，小额信用贷款不存在贷款手续复杂问题，因为在参加信用等级评定的过程中，已经提交了相当烦琐的材料和证明文件了。我国农信社开展了农户信用体系建设，甚至有些省的信用等级评定体系与全国同系统比还要更规范、更超前。信用等级评定也极大简便了贷款手续，缩短了农户贷款时间，农户只要经过信用评级领取贷款证后，就可以很快办理贷款，每笔业务办理时间约在 10—20 分钟左右。超出农户评信核定额度的贷款，须按照国家的有关规定办理相应的手续，以控制风险，确保及时还贷，同时也保护股东（广大农户）的利益不受损失。如农户抵押贷款需办理资产评估、抵押登记，而这些中间环节需要评估所、房产局等部门参与，由此造成时间长，但一般 5 个工作日内可以完成。

4. 利率高的问题。农信社的贷款利率比其他国有商业银行相对高些，原因在于：第一，我国农信社贷款利率的制定是严格遵守人民银行有关规定，按照收益覆盖风险的原则，全国的农信社利率平均浮动的区间在 1—1.7 倍；第二，农信社筹资成本、经营成本高，也导致贷款利率高。现行农信社的农户生产和生活贷款利率低于工商业贷款利率，更是远低于民间借贷利率。

（四）农民提出的解决办法

我国的农贷机构在新农村建设中发挥了不可替代的作用，但自身发展也存在以上的一些问题，导致农民贷款困难。研究人员在不同地区调研发现，大约三分之一以上农民发展生产的资金是依靠自己通过民间方式调节解决的。因此，我国的支农资金很难满足农民开展新农村建设的需求。如何解决这种现状，农民也有其改善建议。农民主张，要解决贷款难问题，国家有关部门和各级政府应该重点着手从以下几个方面解决支农资金存在的问题：

1. 国家和各省政府应该要求政府涉农部门在农信社建立基本账户，保障农信社自有资金充足。国家有关部门和各省政府应协调各相关部门帮助支农金融部门解决资金不足问题。各级政府应通过沟通和协调，把涉农部门（农业局、林业局、水利局、畜牧局、移民局等）的财政资金全部存入农信社，对于资金少的地区，国家可以考虑把县域部分的社保资金存放到农信社，在农信社建立基本结算账户。这样可以增加农信社的自有资金，缓解其资金来源不足的问题。

2. 国家和各级政府要为农信社解决历史包袱问题。农信社历史包袱沉重，严重影响其支农力度。目前，随着新农村建设工作的推进，各省各市的政府都要求农信部门扶持政府的项目和企业，并且大都是政府担保的贷款，而这种扶持很多最终形成了不良贷款。这样一来，就形成了农信社新的不良信贷债务，严重影响其支农力度。因此，中央和各省应该尽快清理这些与政府相关联的不良贷款和形成的历史包袱，尽快帮助农信社解决历史遗留问题，清收与政府关联类不良贷款。全国各省的农信社的政府关联类不良贷款很大，严重困扰着信用社的经营，应由政府帮助协调解决。

3. 落实农村信用社改革试点文件要求。国家有关部门要敦促各省政府，督促相关市县政府和相关职能部门落实各省的深化农村信用社改革试点工作的相关文件要求。一是解决市县政府对亏损农村信用社股金分红补贴不到位问题。研究人员在调研中发现，有些地区的基层联社几年内股金分红补贴至今不到位，严重影响其经营运转。二是解决相关职能部门在农村信用社处置抵债资产税费减免政策落实不到位问题。

4. 给予适当的税费减免政策。研究人员在一些基层农信社调研时，基层农信社建议，国家和地方政府应该对农信社实行一定的税费减免政策。一是减免农信社的营业税。目前我国农信社的营业税是3%，这个成本实际上最终都将转嫁到农民身上了，现在国家农业税已经全部减免，对于信用社的营业税也应减免，体现反哺政策，这实际上也是减轻农民负担。二是减免信用社的所得税。

5. 各省政府应对农户小额信用贷款给予利息补贴。为减轻农民负担，解决好农民生活和生产上的经济负担，给予农民利息补贴。

农民和基层农信社提出的这些上述措施，很有操作性，但是由于这些措施付诸实施还需要一个过程，这样就导致新农村建设一年后（2007年），新农村建设在支农资金支持方面老问题和新问题交错出现，严重影响了农民的增富进程，特别是影响了农民的生产和生活。

三、健全医疗保障

"看病难"、"看病贵"是当今社会的一个普遍问题，也是我国社会发展的一个瓶颈，这个问题到目前为止有一定的缓解，但是还没有得到彻底解决。城市人感觉"看病难"、"看病贵"，那农民看病的感受就更不是滋味了。研究人员在实证研究过程中曾发现过一个特殊农民看病的心酸案例：一位农民承担不起药费而不得不求助兽医看病。

我们知道，兽医对农民来说至关重要。因为兽医是农民牲畜的守护神。谁曾想在社会不断进步、生活水平不断提高的今天，兽医的职责范围竟然扩大到了人类。2006年在进行新农村建设调研中，几位研究人员听完一位农民给他们讲完一个兽医医人的故事后，他们感慨地说，农民是最苦和最伟大的。

某省贫困地区某村的春季，一位六十多岁的老大爷起早赶着马车进城卖菜，在回来的乡间公路上哼着小曲，怀揣着挣到的几十元钱，满心欢喜。适逢急转弯路，迎面过来一辆疾驶的小轿车，老汉急忙收笑勒马，可是由于事先没有充分准备，加上轿车速度过快，马受惊了，车翻倒在路边的低洼地里，老汉全身多处严重骨折，躺在路沟里。轿车早已不见了踪影。忍受了许久的疼痛，大爷才被路过的农民兄弟送到了城里的大医院急救，路上他还在惦记着他那受了惊的马。医院的急诊大夫看过老人的伤情后，果断做出处理意见：马上住院手术，先预交一万块押金。高额的医疗费是老汉无论如何承受不起的，无奈的老汉只好求老乡将他送回家。回家后几天几夜的剧痛使他无法忍受，本能的挣扎中他想到了乡里的兽医站。兽医老弟按照他的强烈要求，把给马治疗骨折的药，按照他和马的体重的不同比例做了药量调整，调配了一个疗程的兽药，总共花了老汉18元钱。当这位老人面对研究人员平静地讲述依靠自己的睿智拯救了自己生命的故事时，大家知道他已经康复了。他的异常平静使研究人员感到他仿佛是在讲述别人的故事。大家听得都很沉默，心里却有一种说不出的滋味！

农民是那样的淳朴和善良，虽然人身没有得到有效的医疗保障，他们还能怀有一颗平静的心，还在默默的生活、耕作、奉献着他们的一切，甚至还在讲述着他们的平凡生命的波折故事，没有抱怨，没有愤怒、没有祈求……这就是养育我们的农民！农民的天职就是为共和国耕耘土地，他们依靠自己的双手和那点田地，既肩负着共和国的使命，也养育着自己和自己的家庭。土地孕育着他们所有的希望：完成国家的公粮任务；供子女上学读书；为儿子建一座新房，娶个媳妇……生老病死都要依靠土地，他们早出晚归，整天脸朝黄土背朝天，辛辛苦苦干着城里人不愿做的脏活、累活、苦活。同城里人一样，他们也是共和国的公民，为什么他们生病了就这么医治？并不是他们不珍惜自己的生命，而是贫困使他们无法承受高额的医疗费用——看一次病就意味着要花掉他们几年甚至几十年辛辛苦苦积攒下来的血汗钱。我们不禁要问，生活在同样的蓝天下，同为炎黄子孙，为什么农民的生活状态竟会如此？

实施新型农村合作医疗是建设新农村的一项惠民政策，得到广大农民的广泛拥护，农民把它称作是农民健康的"保护伞"，由于新型农村合作医疗的普及，大多数农民都能看得起病了。但是，研究人员在一些地区调研中发现，农民反映，"新农村"建设以来，农村合作医疗的有些规定与农村的实际情况不相符合，给农民参加合作医疗带来很多不方便和损失。一些农民对此意见较大，希望政府有关部门从农村的实际情况出发，进一步完善农村合作医疗的有关政策和规定。

（一）农民反映的问题

根据农民的反映，农村合作医疗实施以来，存在如下几点需要完善之处：

1. 指定定点医院看病规定不合理。在一些地区调研时，农民普遍反映，"新农合"实行定点医院看病制度，这个制度没有考虑到我国农村的实际情况，给广大农民看病带来了很多不便和困难。我国农村地广人稀，农民居住分散，交通条件落后，很多情况下，农民有病是没有办法跑到指定的医院看病和进行及时抢救的。农民的理解是：乡镇以上中心医院都是国有的，为什么还要指定定点医院呢？因此，农民认为这个规定不符合农村实际。定点医院看病规定是机械照搬城市医疗保险类似规定的结果，没有充分考虑农民居住环境的特殊性，城市人口居住相对集中，交通便利，而农村情况截然相反。同时，这种做法也是部门利益垄断的体现。

2. "村医"队伍未被纳入农村合作医疗制度中。村医是"一村一医"的赤脚医生，是我国农村医疗保障体制的"三大法宝"（县乡村三级公共卫生和医疗服务网络、"赤脚医生"队伍和以村为单位统筹医疗经费的合作医疗制度）之一，是整个农民医疗保障体系中最基层的保障实施者，但是，从报销规定看，这个最基层的医疗保障实施者并未被纳入农村医疗保障体系中。从理论设计上讲，每个村有一名医生，完全是为了方便农民就医，体现了合作医疗的以人为本的设计宗旨，但是，农民到村医处看病就医的费用，合作医疗保险一律不给报销，这让农民非常不理解。这个规定完全没有考虑农民看病方便的需要。

3. 严格管理从医队伍。在我国农村，乡镇医生和村医队伍既然是农村医疗保障体系不可或缺的部分，就应该规范化要求和管理。现在村医队伍从业人员很混乱，水平参差不齐，医疗素质普遍偏低，研究人员在一些地区调研中发现，一些农村的村医大学本科毕业的几乎没有。因此，有关部门应该有统一的行业基本素质要求，否则村医队伍就是走形式，并且是在拿农民的健康当儿戏。

4. 农村医疗系统的从医人员职业道德急需加强。根据一些地区的农民反映，有些乡镇定点医院的医生为了赚钱，故意给农民开医疗保险以外的药，这类药品往往都很贵，很多情况下农民都不知道这种情况，报销时才知道。这实际上是在变相掏农民的腰包。这种不正之风若不及时纠正，就会加剧农民看病贵的问题，甚至影响农村合作医疗政策。

5. 看病难，报销更难。以往农民一致反映看病难，这个问题在新农村建设以来得到了一定的缓解，但是随之而来的是，农民强烈反映看病难，报销更难。这个问题目前还没有彻底解决，农民又增加了看病报销难的问题。据农民反映，农民看完病后得收集报销单据统一向上级政府部门报送，再到保险公司审核，然后保险公司才能在每月固定的时间里统一发放报销金。一个流程下来，有的农民甚至要几个月后才能拿到钱。如此烦琐医疗报销程序，给农民带来极大的不方便，把农民看病的事情复杂化了，额外给农民生活增加了很多麻烦，耗费了他们很多时间和精力。有些省份（如福建）就对此做了报销不得超过一个月的规定。

（二）农民提出的解决办法

目前，农村合作医疗保障体系正在推广试行时期，参加医疗保险的农民并不多，很多农民持观望态度。试行期间出现的这些问题，应该及早调整和完善，以防挫伤农民的参保积极性，同时也有利于切实贯彻落实国务院关于加快建立新型农村合作医疗制度的部署和要求，积极推进新型农村合作医疗制度健康发展，更好地推进新农村建设工作。为此提出以下几点建议：

1. 地方政府在落实农村合作医疗保险政策和规定时，要解放思想。城乡一体化也应该体现在医疗保险制度上，在新农村建设过程中，不应该再人为地设计一些医疗保障规定，形成在医疗保障体制上的城乡二元结构，给城里人设计一种保障规定，同时给农村人设计另一种保障方式，这是人为制造政策不平等和人为制造不和谐因素。建议有关部门要彻底改变这种设计理念，从以人为本出发，按照科学发展观的精神要求，合理地设计和实施农村医疗保险规定，彻底消除在医疗问题上的城乡二元结构。为此，建议政策和有关规定制定者要转变观念，调查研究，切实地制定符合农民心愿、带给农民实惠的医疗保障政策和规定。

2. 农民建议，要从报销制度上肯定村医。村医看病的药费不能报销，实际上合作医疗就失去了对农民的保障意义。如果觉得村医不可靠，就不要设置村医，考虑在乡中心医院之下，临近几个村联合设立一个卫生所，到卫生所看病是符合医疗保险报销制度要求的。无论怎样，这个问题直接涉及农民的切身利益问题。在加强农村三级医疗服务网络建设，改善服务条件，提高服务水平的同时，也要切实维护农民就医利益和新型农村合作医疗制度的公平合理性。

3. 加强农村药品供应和监管网络建设，确保农民用药安全、有效、经济。农村医疗用药应该实行医药统购统销。农村各种医药销售很混乱，各乡医院有自己的进药渠道，各村的村医也有自己的买药渠道，难免形成利益保护，甚至为假药泛滥提供可乘之机。隐患很大，后果不堪设想，必须加以重视，把住医药质量关。

4. 构建医疗援助机制，提高农村医疗保障水平。实施农村医疗系统从业人员规范化。目前村医或者农村从医人员应该最起码是医学专科或本科毕业才行，不能什么人都当村医，这关系到人的生命保障问题。发达国家在解决这个问题的做法很值得借鉴：医学专业的人员要想成为正式医生，必须到农村诊所工作至少三年，然后才能取得在城市医院和乡村大医院独立行医和诊断的资格。这种规定既有利于提高偏远农村医疗保障水平，也有利于培养和锻炼医学专业人才。

5. 确立农村合作医疗服务质量评价指标体系和定期评估制度。建立评价指标体系和定期评估制度是新型农村合作医疗能否真正落到实处和提高农村医疗服务水平的重要保障。设定指标体系包括：一是农村合作医疗实施情况评价，包括政府责任、群众参与、资金筹措、乡村卫生组织、实施方案及制度、管理和监督等；二是效果评价，在新型合作医疗运转一段期间，通过当地农民和政府管理部门进行双重考核其效果程度和量化指标，包括受益面与抗大病风险、服务数量和质量、医疗费用、乡村卫生资源使用效率、新型合作医疗的群众满意度等。对合作医疗进行综合评价，特别是要评估农村医院的服务质量。农民必须是评估的权威。这样可以坚强监督提高服务质量，促进农村合作医疗持续、稳定、健康发展。

6. 实行农民看病刷卡制度。实行看病刷卡制度，农民也应该像城里人一样拿着一张 IC 卡到镇、区甚至市级医院看病，而不用直接与保险公司打交道了。这样既可以看病不用付大量现金，解决农民现金短缺问题，又可以免除农民报销难的问题。福建省已经实行这个方法，为参加新型农村合作医疗保险的农民带来极大的方便。

四、社会保障问题

农村医疗保险重点应该解决失地农民的社会保障问题。近年来，随着农村税费改革政策的推进和城市化、工业化的迅猛发展，由农民负担问题引发的社会矛盾得到了有效缓解。然而，农村最尖锐的矛盾和问题主要集中在国家强行征地造成了大量的农民失去土地。对于我国失地农民的规模究竟有多大，目前国家有关部门以及各省市都还没有进行过专门的普查。各个省由于失地农民的规模比较小，根据新农村建设前后历年非农建设占用耕地数量和人均耕地面积对全省失地农民规模进行了估算，结果显示（以辽宁省为例），1985—2005 年，辽宁省失地农民累计达到 155.4 万人。随着辽宁中部城市群战略和"五点一线"战略的实施，全省失地农民规模将以更快的速度递增。预计到 2010 年，全省失地农民规模将达到 212.6 万人，2012 年达到 237.8 万人。

农民失去土地后，既有别于农民，又不同于城市居民，成为一个边缘群体。在我国长期城乡分治的背景下，失地农民缺少独立的专项医疗保险制度设计，他们既不享有土地的保障，也不享有城市居民的医疗保障。虽然辽宁省新型农村合作医疗制度达到了全覆盖，使失地农民医疗保险问题得到了一定程度的缓解，但失地农民在失去土地后，要承担更大的生活和精神压力，健康风险升高，而新型农村合作医疗保大病、低水平的现状不能满足失地农民医疗卫生需求。同时，农民失去土地也就失去了主要的收入来源，再加上现行土地征用补偿标准偏低，同时又要承担更多的生活开支和人力资本投资，缴费能力大大降低，影响了失地农民医疗保险制度的建立。

为此，我们针对失地农民医疗保险存在的上述问题，进行了调研，并结合辽宁省实际，提出大力发展经济，提高政府和失地农民自身的缴费能力，从根本上解决失地农民医疗保险问题；逐步提高土地征用补偿费标准，并努力实现征地完全补偿；建立医疗救助、新型农村合作医疗、基本医疗保险、商业保险共同发展的多样化的医疗保险制度；加大财政对失地农民医疗保险的支持力度；加强失地农民医疗保险立法等对策建议，以化解失地农民的健康风险，保障其基本医疗保险权益，并以此推动城乡统筹社会保障制度的进程和辽宁老工业基地的全面振兴，构建和谐社会。

（一）失地农民医疗保险问题分析

1. 失地农民规模与发展趋势

（1）失地农民规模

全国究竟有多少失地农民，目前很难得到准确数字。这里只能以个别省份失地农民的规模为例，说明失地农民存在的医疗保险问题。因此，这里选择辽宁省为例。对于辽宁省失地农民的规模，还没有进行过专门的普查，只能根据历年非农建设占用耕地数量和人均耕地面积进行估算。（见表1和图1）

表1　失地农民规模

年份	失地农民（万人）	失地农民累计（万人）
1985	11.42	11.4
1990	3.8	48.0
1995	5.6	89.2
2000	2.8	112.9
2005	9.0	155.4

资料来源：根据《辽宁统计年鉴》（1998—2006年卷）相关数据计算得出。

（2）失地农民规模的发展趋势

通过对失地农民规模与城市化率的回归分析，对辽宁省失地农民规模的发展趋势进行预测。（见表2和图1）。

表2　失地农民规模预测结果

年份	失地农民规模（万人）
2005	155.4
2010	212.6
2012	237.8

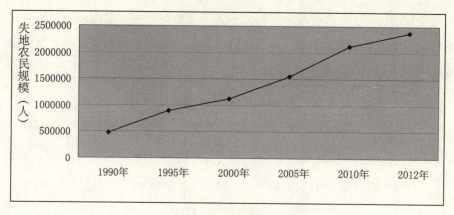

图1　失地农民规模发展趋势

资料来源：根据《辽宁统计年鉴》（1998—2006 年卷）相关数据。

值得注意的是，2010—2012 年，两年内将有可能增加 25.2 万人，平均每年增长 12.6 万人，略高于 2005—2010 年增长幅度。

2. 失地农民医疗保险问题

（1）缺少独立的专项医疗保险制度设计

新中国成立以来，国家先后颁布和修订了《城市郊区土地改革条例》、《中央人民政府政务院关于国家建设征用土地办法》、《国家建设征用土地条例》、《中华人民共和国土地管理法》、《劳动和社会保障部关于做好被征地农民就业培训和社会保障工作指导意见的通知》、《关于切实做好被征地农民社会保障工作有关问题的通知》、《劳动和社会保障部 民政部 审计署关于做好农村社会养老保险和被征地农民社会保障工作问题的通知》等。这些都是从宏观的层面上，对失地农民社会保障工作提出的要求，没有对失地农民医疗保险问题做出专门要求和设计，失地农民医疗保险缺少制度设计和法律保障。

（2）新型农村合作医疗不能满足失地农民的医疗卫生需求

截至 2007 年底，"辽宁省新型农村合作医疗实现了全覆盖，参合农民达到 1900 万人"。① 也就是说失地农民在失地前可以参加新型农村合作医疗，化解医疗风险。然而，失地农民因为赖以生存的土地被征用，在心理上和精神上承受着巨大的压力，健康风险要明显高于农民。而新型农村合作医疗保大病、低水平的现状很难适应失地农民的医疗卫生需求。

---

① 陈政高：《辽宁省政府工作报告》，2008 年 1 月 21 日。

（3）失地农民缴费能力降低

农民的收入主要以农业经营收入为主，尽管随着改革开放的开展，农民的收入来源也呈现出多元化，但农业收入仍是农民收入的重要来源。具体数据以2003年为例，见表3和图2。

表3　2003年辽宁省农村家庭总收入构成

	总收入	第一产业经营收入	第二产业经营收入	第三产业经营收入	工资收入	财产性收入	转移性收入
收入（元）	4458.5	2793.8	83	280.2	1056.6	66.3	178.7
比重（%）	100.00	62.66	1.86	6.28	23.70	1.49	4.01

资料来源：《中国农村住户调查统计年鉴（2004）》，国家统计局农村社会经济调查总队编，中国统计出版社出版，第278—279、284—286页。

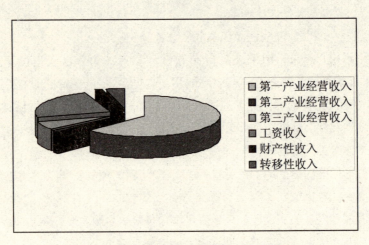

图2　2003年辽宁省农村家庭总收入构成

可以看出，第一产业经营收入占农民收入的主体。因此，农民在失去土地后，失去了其主要收入来源，同时又要承担更多的日常生活支出，缴费能力明显降低。

（二）建立失地农民医疗保险体系的对策建议

1. 发展经济

医疗保险基金主要来自于政府、失地农民及就业单位。在目前全国失地农民就业状况普遍严峻的情况下，主要的筹资渠道就只有地方政府和失地农民。地方政府的缴费水平取决于当地的税收收入，而税收又取决于当地经济发展状况；失地农民的缴费水平取决于自身的收入水平，而他们的收入水平又取决于他们就业的状况，就业状况一方面取决于宏观经济的景气程度，另一方面取决于政府在促进失地农民就业方面所做的努力。因此，为失地农民建立医疗保险，归根结底还是要发展经济，促进失地农民在城市实现顺利就业。

2. 提高补偿标准

首先，逐步提高土地征用补偿费标准。充分考虑农村经济发展和农民收入增长的实际，应该以农民征地补偿费全部进入社保测算能享受同城镇居民同等的基本医疗服务为参照，在此基础上将现行标准进行适当提高。

其次，努力实现征地完全补偿。土地是农民维持生计的重要保障，土地对于农民来讲，最重要的是一种财产权利，是农民融入城市化、现代化进程的最重要的资本。在土地征用过程中，国家征用土地进行经济建设，无疑会增进社会福利，但只有在失地农民利益不受任何损失的前提下，这种增加的福利才是有意义的、积极的。当前，新农村建设正在迅速展开，无论是"多予、少取、搞活"的方针，还是"以人为本"执政理念；无论是"工业反哺农业、城市支持农村"的举措，还是"构建社会主义和谐社会"的发展目标以及"覆盖城乡居民"的社会保障体系建设目标，无不要求在土地补偿中要还农民所失的，给农民应得的。

3. 建立多层次的失地农民医疗保险体系

（1）失地农民的医疗救助制度

实施该制度，可以借助失地农民最低生活保障标准，确定实施医疗救助的对象范围。这样既可以使贫困者得到救助，又方便可行，减少组织成本。失地农民医疗救助基金的筹集可以通过政府与民间相结合的渠道，除政府承担相当的责任并直接主导外，引导企业、慈善机构等方面的捐助。

（2）新型农村合作医疗制度

对那些尚未就业的失地农民，引导他们增强风险意识和共济意识，积极参加新型农村合作医疗制度。

（3）失地农民基本医疗保险制度

有条件的地方，对已经就业的失地农民，可以借鉴城镇职工医疗保险模式，建立失地农民基本医疗保险制度。以家庭为单位建立个人账户，以家庭筹集的医疗基金主要或全部进入该账户，用于本家庭的基本医疗开支；以乡镇为单位建立集体账户，这部分主要用于解决大病医疗问题。个人账户的年人均筹集标准，可以根据当地平均医疗服务标准确定；集体账户余额，可以结转下一年度，鼓励尽可能多的失地农民参加保险。

（4）商业保险

建立商业的失地农民医疗保险，即通过政府土地出让金、用地单位补偿、农民个人出资作为保障基金的来源，建立由商业保险部门参与的失地农民商业保险体系。商业保险是自愿性的保险，无财政包袱且具有较高的资金运作能力，能最大限度地使保险资金保值增值。所以将医疗保险交由商业保险机构来经办，能够发挥其优势，更好地为失地农民服务。

4．加大财政对失地农民医疗保险的支持力度

在征地过程中，至少一半以上甚至绝大部分的土地出让收益被政府以低买高卖的方式拿走，造成了农民失去土地的同时又没有得到足够的补偿以购买医疗保险。与此同时，财政收入正以前所未有的速度增长。2007年，辽宁省地方财政收入突破千亿，达到1082亿元，是1996年的5.1倍，是1987年的10倍。

党的十七大提出今后的工作重点要突出民生，而财政收入的增加无疑给失地农民医疗保险建设提供了前提条件。因此，建议加大财政对失地农民医疗保险制度建立的扶持力度，主要用于对失地农民医疗保险费的补贴，减少失地农民的缴费负担。

5．加强失地农民医疗保险立法

失地农民医疗保险制度的立法要充分在失地农民中进行调查，要做到使失地农民医疗保障制的立法与医疗保障制度相统一。同时，建立相应的法律援助机制，使失地农民医疗保障权利得不到保障时，有能力进行法律维权。现存的法律援助多为一些法律机构的义务贡献制度，不具备法律的强制性，对于享受法律援助对象的规定也不尽相同，有必要进行统一的法律援助立法，确保法律实施的有效性。

五、完善物流设施

新农村建设中，发展我国农村的物流基础设施建设对农村经济和贸易的发展至关重要。国家实施"村村通"油路工程，就是农村物流基础设施建设的民心工程，这个工程加快了新农村建设的进程，并且尽快使我国的高速公路、干线公路、县乡公路和村村通形成公路网络，有力地拉动了我国农村经济的快速发展，也再次印证了"要想富，先修路"的真理。村路建设为农民的生产生活提供了极大的方便。保障农民不断增富，就要保持农村农产品的运输渠道畅通，为此，要保障农村物流基础设施的优先性和长效性。

"村村通"修路工程就是国家出钱给农村修柏油马路，实现村与村之间通公路，这是国家新农村建设的重要惠民工程。实施"村村通"的惠民工程，大大改善了农民出行条件，活跃了农村经济，促进了城乡文化交流，对于实现城乡统筹、构建和谐社会都发挥了积极作用。通畅的农村公路，使长期以来困扰农民的出行难、上学难、就医难等问题在很大程度上得到缓解。这确实是一项深得广大农民赞誉的民生工程。

（一）村村通出现的问题

但是，在新农村建设以来的情况调研中，研究人员也发现，农民由以前急切盼望什么时候修路，现在开始关注如何养路和护路的问题。因为，"村村通"公路建设好后出现了一些新情况，使"村村通"管理和维护面临新问题，这些问题解决不好，不仅影响村村通的惠民效果，还给农民带来很多出行麻烦。为此，需要有关部门辩证地解决好"村村通"工程的利弊问题，处理好以下一些民生问题。

1. 违法超载大型运输车运输成为乡村公路"杀手"。由于国家和地方政府有关部门严查超载和各种违法运输，使很多大型货车开始不走高速公路，而选择走农村乡间公路，致使乡村级公路路况受到严重破坏，特别是夜行超载运输车很难查处和控制。由于乡村"村村通"路面的实际承受压力也就30吨左右，大型运输车载重能力都在30吨以上，有很多刚刚建完不久的"村村通"公路，一有超过30吨甚至百吨的运输车多次经过，均会被重创甚至压坏。这使运输主干道（特别是高速公路）附近的乡村的公路损坏严重。因此，非法运输情况加大了"村村通"管理和养护的难度。

2. 大型项目建设运输车辆对乡村公路破坏严重。现在由于各地都在大规模开展基础建设和发展县域工业，各地区均有很多大型建设项目上马，如建工厂、修高速公路、建电站等。许多大型运输车在运送钢材、水泥等建筑材料时，为求近均走乡间公路，导致许多乡村公路被破坏，甚至穿村而过的国道也遭到破坏。如京沈公路（101 国道）穿过法库县秀水河子乡榛子街村一段约一公里多的村路（属于国道段），就因此曾经路面凹凸不平，翻浆痕迹到处都是，几乎没有油路面，很难看出是国道段，与其相邻的几个村子的村路也不同程度存在这种情况。可见，大型运输车正常运输对"村村通"公路管理和维护也造成了很大的难度。

3. 乡村道路建设标准低。据村民反映，由于资金和农村条件的限制，"村村通"道路的建设因投入不足，道路建设质量大打折扣，道路建设标准低、质量差，道路使用不久就出现路基变形、路面破损、桥梁塌陷等现象，给交通安全埋下了隐患。过村的路基本上都是如此，沥青面和石基面厚度都不达标，再加上大型运输车经常经过，用不了多久就完蛋了。

4. "村村通"道路失控漏管问题突出。由于道路发展迅速，交通管理任务繁重，人车路矛盾瞬间突出，警力严重不足，职能部门缺乏协调，"村村通"道路失控漏管现象开始出现。例如，"村村通"道路上无证开车、无牌上路、城市倾销的报废车上路、农用车违法载人、摩托车高速竞驶、拖拉机横冲直撞等交通违法现象严重。特别是部分违法车辆为逃避管理，避开主干道路抄小路行驶，不仅严重危及"村村通"路面的交通安全，也增加了农村道路的车流量，使"村村通"车辆管理问题得不到及时、有效的解决，造成了车辆管理问题的日趋加重。

5. 村村通公路目前养护资金来源成问题。根据《公路法》和有关政策法规规定，乡村公路由乡村自建自养。由于农村公路并不在公路部门的养护范围之内，养护资金没有来源，一旦大量的乡村公路失养，辛辛苦苦得来的"村村通"公路建设成果将荡然无存，这不仅导致村级公路维修费用大量增加，增加国家和农民的养路负担，也破坏了新农村建设"村村通"惠民工程形象。

以上几个新情况表明，城乡的基础建设工程运输、各种违法运输、道路建设质量和农村道路管理失控导致车辆增加等原因是直接导致乡间公路路面、路基等路况严重破坏的主要原因。不引起重视的话，"村村通"有可能变成"村村不通"，很现实的问题就是"村村通"公路面临使用寿命缩短的问题。

因此，建议有关部门引起重视，加强乡村公路使用和养护管理工作。

（二）农民的主要解决办法

在调研的一些地区，90%以上的村解决这个问题的办法是在村头公路入口处堆个土堆，或者修个水泥墩，或者拦个铁管子等等，堵截这些大型运输车，总之设置了形形色色的障碍物。如果我们行驶在乡间公路上，这样的情况随处可见。这就使"村村通"变成了"村村堵"了。这种情况不仅给农民出行带来麻烦，也使农村环境变得不和谐、不雅观，而且也引发很多交通事故和连带村民以及当地政府的事故赔偿官司。因此，农民建议，可否让有关部门做个统一规定，允许村委会或乡政府对村级公路进行合法管理，或者统一制定一个管理办法。根据农民的一些建议，研究人员结合城市有关路段的限行办法，提出了如下一个建议。

根据这些乡级公路使用出现的新情况和新问题，为了强化维护管理，建议地方政府有关部门能否统一在各个乡村公路出入口处修两个墩子或者限高限宽的钢管门，使农用车可以自由出入，载重车由于尺寸大、高度高，无法随意通行；在每个墩上架设一个可移动的大铁链或钢管，以便正常运输车通行。交通障碍墩或钢管门可漆刷反光设置，以防夜间出交通事故。这样就可以避免超载车或大型运输车走乡村公路。不仅保护了乡村公路和运输安全，也在一定程度上杜绝运输税收流失问题。

修建保护公路墩或者钢管门的成本不高，可用水泥柱也可以用粗钢管，成本很低，一般不超过3000元。农民也建议，这个费用可以自筹一部分，只要上级主管部门下个文件允许合法修建就可以。这个公路墩或者钢管门设置后可以有效保护村级公路，节省的乡村公路的维护费，甚至重建费用是极为可观的。公路建好后，一般在三年内不应出现维修问题，但现在由于新情况而使乡村公路寿命缩短，需要随时维护，维护费用也大大增加。有些省份的农村公路每公里的养护费用是3000元，由省里、市里、县里各拿出每公里1000元的资金，其余部分乡村自筹，并将控制权放到县一级公路部门，用以购置沥青、砂石材料、拌和机等等，实际发生的费用远远不够。现在的路况如果不及时控制或维修，特别是年久失修重建的话，按2007年的标准不会低于40万元/公里，建一个水泥墩或钢管门的成本肯定要低于每公里的养护费和建设费，而每个村的路也都在10公里以上，由此进行成本计算，农民的这项建议还是很有价值的。因此，建议有关部门考虑采纳这项"村村通"管理措施。

第七章 科技民生与新农村建设的特色

目前，保障农民民生的最好办法就是确保农民持续增富，持续增富就要年年增收，唯有因地制宜地发展科技含量较高的特色农业，才能确保农民持续增富。因此，基层政府的作用就是因地制宜地帮助农民发展特色农业，并且提高农业的科技含量，形成不同地区不同特色的农业产业，这是农民增收和增富的关键所在，也是持续长效解决农民民生问题的关键所在。

如何帮助农民选择科技含量高的产业和特色行业，开展致富活动，这是新农村建设需要深入探索的问题，也是建立科学发展的现代农业的必由之路。根据我国的资源情况和目前农业产品市场供求情况看，应该尽快帮助和扶植农民开展一些区域性的特色农业，特别是从政策上扶植他们因地制宜地探索我国现代农业的实践，为建设新农村和保障民生提供服务支撑体系。

一、特色农业（一）

养殖业是比种植业收入更高的农牧业产业，它不仅具有较好的经济效益，而且具有消化农业副产品，改善农民甚至城市居民饮食结构的作用。为此，国家应该加大配套政策和资金扶持力度，在不同的地区形成不同的农牧业产业结构配置，推动我国养牛专业合作社发展。

自 2007 年 7 月 1 日我国《农民专业合作社法》实施以来，全国的各类农业专业合作社如雨后春笋涌现出来。到目前为止，我国各个省份已经成立的很多农业专业合作社，如养鸡专业合作社、蔬菜专业合作社、养猪专业合作社等等。凡是属于多种经营领域里的农业产业，只要有条件差不多都成立了专业合作社或者由以前的专业协会转成专业合作社。

但是，在这些合作社中，根据研究人员 2007 年 11 月的调查结果显示，很多省份的养牛专业合作社却是凤毛麟角，在调研的地区差不多一个县也就仅有一两个，而且规模都不是很大（在 1000—3000 头不等），合作社的注册资金多者为 500 万元，少则几万元，有些县甚至目前还没有类似的合作社。从目前的情况看，很难看出我国各个省份养牛专业化基地和特色农业区域的雏形所在。为了了解其中的原因，研究人员于 2008 年 1 月两次对一些省份的养牛专业合作社进行了调研，在辽宁省从比较典型的 5 个养牛专业合作社（如凌源市众鑫畜牧专业合作社、昌图县毛家店镇新兴养殖专业合作社等）的资料和调研情况看，由农户以入股形式，自发组织起来进行产业经营的养牛专业合作社是辽宁省农村新涌现出的一种经济发展形式，从成立至今，为农民致富带来很多好处；同时养牛专业合作社都普遍存在一些发展困难、需要政府帮助解决，农民对解决这些困难也提出了一些建议。

（一）养牛专业合作社给农民致富带来的益处

发展养牛专业合作社对于农民致富有很多的益处。在一些养牛专业合作社调研中农民反映，从养牛专业合作社成立以来，养牛带给了农户很多甜头。具体在养牛致富方面有以下一些好处：

1. 合作社为社员提供统一采购服务。从对一些省调研过的几个养牛合作社的情况看，合作社成立后都是由中心带动户或者合作社组织有丰富经验的社员集中采购牛源，供应成员养殖肉牛、奶牛所需的牲畜饲料，并低于市场价格同大饲料厂联系优质饲料。统一采购在合作社内部实现了养牛专业化分工，不仅降低了社员养牛成本，而且使社员将更多的精力放在养牛上。

2. 合作社为社员提供免费技术服务。成立合作社后，在社内对社员实现了技术共享。例如，辽宁省朝阳市朝阳县宝元养牛专业合作社的做法就是：合作社配备专职技术人员，负责引进养牛的新技术、新品种；开展与养牛经营有关的技术培训、技术交流、信息咨询；服务，指导社员科学养殖、防疫灭病，并定期举办社员养牛技术培训班，甚至播放科技光盘、发放科技图书。这样不仅减少了农民养牛摸索经验的过程，也实现了科技普及。

3. 合作社实行订单销售服务。成立合作社后，有专人负责组织收购和跑市场营销，多方联系牛肉的销售渠道，与肉牛加工企业建立稳定的购销关系，产销直接见面，减少销售中间环节，社员坐在家中肉牛就能卖个好价钱。辽宁省铁岭地区仅集中送往昌图县的肉牛屠宰加工厂的肉牛，就能满足上海汉德食品有限公司的需要，每年加工肉牛能力为 4 万头左右。辽宁省朝阳市凌源市众鑫畜牧专业合作社每年要集中为北京、天津的客户提供肉牛近 2 万头。有组织地销售，消除了个体农民养殖的后顾之忧，保障了销售渠道的畅通。

4. 合作社的示范影响作用和带动面大。农业专业合作社通过对行业从业农民的引领和带动作用，使它在社会主义新农村建设上发挥着不可估量的重要作用。目前，每一个养牛专业合作社，都能带动很多农民养牛致富。辽宁省凌源市众鑫畜牧专业合作社带动 300 余户，辽宁省铁岭市昌图县毛家店镇新兴养殖专业合作社带动 400 家，辽宁省庄河市长岭镇益民养牛专业合作社带动农户 200 户，并且这些合作社都发展很迅猛。例如，辽宁省铁岭市昌图县十八家子乡双堆子村双利养牛专业合作社，于 2007 年 8 月 26 日正式成立，开始合作社由 5 人发起成立，现有已经有会员 68 户，注册资金已经达到 468 万元。按现在的发展趋势，不出半年，这些养牛专业合作社的规模都会扩大到一倍以上。

（二）养牛专业合作社发展中的困难

在对一些地区的养牛专业合作社调研中，农民反映，合作社自成立以来感觉遇到的困难很多，也特别需要国家和地方政府尽快帮助解决，概括起来主要有以下一些困难需要有关部门协助解决：

1. 资金短缺。随着合作社规模的壮大，发展资金短缺问题日益突出，特别是需要周转资金，而专业合作社的规模远达不到上市融资的程度，也无法进行商业抵押贷款，从农村信用合作社获得的联合担保贷款的额度（3 万元/联保户）数额太小，难以满足合作社正常的扩大再生产的需要。

辽宁省铁岭市昌图县的新兴养殖专业合作社法人张兴伟理事长认为，现在关于养牛的技术方面遇到的问题，我们可以通过农户互助合作共同解决，但是想进行规模化发展和扩大生产规模，就遇到了资金短缺问题，目前我们急需资金，需要大额优惠和低息贷款。

但是，现在农信社对这类的专业合作社的贷款基本是空白。新兴养殖专业合作社，每户 300 多头牛，每年卖两茬，流动资金缺口在 170—180 万，该专业合作社共有 1500 多头牛，每年资金需总量在 500 万—600 万左右。由于贷款规定不允许以"活物"抵押，也不允许用农村房产（土地权属于国家）及流动资金作抵押，这样导致这家专业合作社发展初期感觉举步维艰，合作社的发展资金来源很困难。目前，农民针对资金短缺的解决办法就是通过民间抬钱和社员以及农户之间拆借资金的方式解决。但是，这些做法增加成本不说，还无法形成稳定的发展资金来源。

2. 成本加大。随着农业生产资料价格的上涨，养殖业相关资料价格也大幅度上涨。辽宁朝阳市凌源市（县级市）众鑫畜牧专业合作社理事长李长奎和铁岭市昌图县新兴养牛专业合作社理事长张兴伟都介绍说，现在涉及养牛的饲料也在不断上涨，原来喂牛的玉米饲料 0.20 元/斤就可以买到，现在最少要 0.40 元/斤；以前喂牛的酒糟 50—60 元/锅，现在得 150—160 元/锅；原来买肉牛牛犊 3000 元/个，现在则需要 5000—8000 元/个。雇工开支也上涨，原来一个雇工 300 元/月（不包餐），现在一个雇工需 800 元/月（包餐）。目前这些涨价还能承受，但是，如果将来再持续不断地涨价，可就不能承受了。诸如此类的涨价，使养牛的成本加大了。

3. 没有补贴。目前我国农村的中小规模的养牛专业合作社基本上都没有补贴。类似辽宁省铁岭市的新兴养牛专业合作社，饲养规模在 1000—2000 头左右的，目前还没有任何的国家和地方政府的政策补贴，而类似的其他专业合作社则不然。以研究人员调研的辽宁省铁岭市昌图县为例，2007 年下半年昌图县成立了养猪、养鸡、养牛、养菌等多家专业经济合作社，养鸡专业合作社因为是龙头企业得到每年 100 万的补贴；昌图农机合作社（5 户）得到 100 万配套贷款（自己出 40 万），其余款额政府以农机形式支付；养菌专业合作社（20 多户）也得到 20 万贷款，并且地方政府还无偿提供征地和厂房。养牛专业合作社与农机合作社、养菌专业合作社同时成立，但没有得到任何的政策扶持和优惠，原因就是规模小，不能全部作为行业龙头企业获得政府财政补贴。很多养牛合作社像铁岭昌图县毛家甸镇的新兴养牛专业合作社一样，还没达到行业龙头企业的程度而获得财政补贴或贴息贷款，但目前这些合作社发展势头甚好，急需政策扶持，特别是金融资金的扶持发展。

（三）扶持养牛专业合作社发展的建议

在实际调研中发现，农民针对这个问题有他们自己的想法，农民也提出了一些发展我国养牛专业合作社的建议，归纳总结如下：

1. 根据农村专业合作社发展的实际需要，改革信贷等级评估体系，解决养牛专业合作社发展资金困难。农业合作社是农村经济发展的新形式，目前还没有针对合作社或者以合作社为法人而发放贷款的政策，大都是针对个体农民的单户贷款政策。信贷管理条例规定暂时以联保户方式给农业合作社发放贷款，以 5—6 户为一个联保户，每年每个联保户允许贷 3 万—5 万的贷款，仅够养八九头牛，远不能满足专业合作社发展需要。合作社这种新经济形式无论在发展规模上还是投入上，都是单户个体农民发展所无法比拟的，因此，当前急需解决的一个问题就是，适应农村专业合作组织发展的需要，尽快开展对合作社的信用等级评估工作，根据农业专业合作社经营时间长短、经营效益好坏进行风险评估，确定其贷款额度标准，对技术水平高的合作社要扶持，可多贷款。可以借鉴商业银行抵押贷款模式，以信用抵押贷款或以"不固定资产"作抵押贷款。专业合作社的农户也提出，能否以合作社作抵押进行低息大额贷款，或按与合作社存在经营关系的客户的诚信度，确定贷款额度。例如，新兴养殖专业合作社已经与沈阳"绿园"、长春"皓月"（今年国家投资22亿的亚洲最大的屠宰加工企业）、开原"洪福"肉食加工厂等屠宰和加工企业有稳定的业务联系，可否根据这些长期稳固的业务合同为依据，适当增加贷款额度。另外，农信社在内部信贷管理条例无法涉及的条件下，可否建立支农绿色通道，遵循特事特办的原则，由基层反映和提供实际贷款需求，由上级部门研究决定，适当提高贷款额度。这样可以缓解农村专业合作社的发展资金不足，遏止非法的民间借贷。

2. 调整有关政策规定，加大扶持力度，尽快打造专业龙头企业。在对一些养牛专业合作社进行调研中研究人员发现，从发展过程看，这些养牛专业合作社大都是在政府有关部门的扶持下发展起来的。例如，辽宁省铁岭市昌图县毛家店镇大泉眼村"新兴养殖专业合作社"，在合作社发展前期，地方信用社领导和当地政府管理人员为促进专业大户发展，曾用自己的工资作担保为其养牛贷款，曾先后两次贷款15万、30万元给这个专业大户，把这个专业户由最初养七八头牛培养到现在三百多头牛，使新兴养牛专业合作社的经营规模两年翻了一倍，达到了注册合作社后的最好水平。

随着新农村建设的不断推进，农民生活水平的提高，农业和饲养业发展规模的不断扩大，农民的贷款需求也加大了，已有的小额农贷的贷款数额已经不能适应农民扩大发展的需要了。同时，国家的贷款政策发生了变化，贷款额小了，甚至有人担保也不能多贷。这种新变化极不利于肉牛养殖业的发展。一位地方农信社负责同志说，专业合作社发展已经形成规模了，必须要扶持，但是现行的农信信贷政策在支持农业合作社的发展上还存在空白，这不仅影响了农村专业合作社的发展规模，也影响农村信用社的支农力度和支农作用的发挥。所以，我国各个省份应该根据农业专业合作社的实际需要，从政策上提供扶持，并不加大扶持力度。

3. 加大政策扶持力度，促进养牛专业合作社的迅速发展，扩大致富面。养牛业，成本高、风险大，利润也高。现在牛肉市场较好，牛肉大量出口，特殊的牛肉加工后可买到800元/公斤，每头牛能赚400—1000元。因此，养牛对农民家庭迅速致富，短时期内完成家庭资本积累十分有效。目前，国家对于肉牛养殖业扶持相对少，管理控制较多，严重影响养牛户积极性。如果持续下去，国家在政策上还是不加大扶持力度，养牛户有可能会减少，市场牛肉价格也会持续上涨。

现行的很多肉牛养殖业补贴政策都是针对行业龙头企业的，大多数中小合作社得不到这些补贴政策，这十分不利于养牛专业合作社的发展。养牛是十分有利于农民增收的节约型生态农业，它促进了农业秸秆等副产品和农村社会生活废弃物的资源化利用，提高了农业循环生产的效益。

发展养牛可以消化玉米秆，300头牛每年可以消化100亩玉米秆，一个规模在两千头的合作社，每年可以消化上千亩地的玉米秆，这极为有利于循环处理农业副产品和净化农村社会环境。同时，养牛的牛粪可以作肥料，一般一亩地需要7—8车牛粪，用牛粪代替化肥，不仅改良了耕地土壤质量，也生产了绿色农业产品。辽宁铁岭的新兴养殖专业合作社一年饲养千余头肉牛，可以为近万亩耕地提供绿色有机肥料。

另外，牛身上全是宝，牛皮一张700—800元，肉、骨、尾、粪、血都是"宝"，都有专门的深加工和形成产业链的用途，进行这些方面深加工的行业和专业户，利润远远高于养牛专业户。发展养牛专业合作社也解决了本地农民就业问题。养牛专业合作社在带动农户增收的同时，也适应了发展特色农村、发展节约型农业和绿色农业的方向。因此，国家有关部门应该实行补贴政策，推广发展，特别是在我国一些适合发展养牛的地区，应该大力发展养牛行业，形成种粮（玉米和秸秆）—养牛（有机肥）—种地的循环农业发展模式。

二、特色农业（二）

新农村建设的经验表明，一些具有良好发展态势的特色农业一定要有政策扶持才能发展壮大。研究人员在调研中发现，奶牛养殖也是我国一个潜在的特色农牧业产业。养殖奶牛的优势主要是收入高，技术要求不复杂；利润周期短，增富见效快捷，是一个值得推广和普及的农牧业的新兴产业。因地制宜地发展奶牛养殖业对于农民尽快增富、改变我国的饮食结构和使新农村建设尽快见成效，都有战略性的意义。

国内很多省份的乡镇已经在新农村建设开始前进行了十多年的实践。但是，对这个方兴未艾的养殖产业，有关部门还没有专门的政策和地方配套措施确保对其规划、管理和保护，使其发展和壮大。2008 年的"三聚氰胺奶粉事件"给我国的奶牛养殖业带来了很大的打击。奶牛养殖肯定是个很好的产业，是管理跟不上才出的问题。那么，究竟应该如何管理才能保障我国奶牛养殖业的发展和奶农的持续致富？为此，研究人员做了专门的典型调查和研究，接受调研的奶农对我国地域化奶牛养殖业发展也提出了很多建议。

2008 年 11 月，为了了解"三聚氰胺奶粉事件"对我国奶农和奶牛养殖业今后发展的影响，辽宁社会科学院的研究人员深入被誉为"奶牛第一乡"的辽宁省铁岭县镇西堡镇的永安堡村养牛专业合作社进行了实地调研和访谈。这是一个新兴的典型依靠奶牛养殖致富的村子，奶农们就"三聚氰胺奶粉事件"后我国和辽宁省奶牛养殖业如何应对当前困境，保持发展势头，提出了一些有意义的建议。

（一）自然情况

辽宁省铁岭县镇西堡镇的永安堡村是一个典型规模化的养牛专业村。1999 年，在当时的村支部书记刘英超的带领下该村开始发展奶牛养殖业，2000 年，该村开创性地建立了第一个奶牛小区（类似后来所说的"托牛所"），开始了小规模集中化饲养奶牛。最初全村奶牛数只有 50—60 头，此后奶牛队伍逐渐发展壮大，目前有 1200 余头。该村的养牛协会（2007 年 7 月后改为永安堡养牛专业合作社）也于 2006 年被铁岭市科学技术协会授予"先进农民技术协会"。

发展奶牛业近十年来，永安堡村成为了养殖奶牛的辐射带动村，周边的东营盘村、河夹心村等十余个村也大规模出现奶牛养殖散户，这些散户奶牛总数也有千余头，所产散奶也都送往该村的几个奶站。永安堡村有 3 个收奶站和 1 个奶牛养殖专业合作社，全村的养牛户达 100 多户（周边十余个村的奶牛养殖户没有计入），每天产奶约 14—15 吨，为蒙牛、伊利、辉山、大牛（辽宁省铁岭市当地的一家民营企业）四家企业提供奶源。目前在我国各省中，像永安堡村这样集中规模饲养奶牛的地方是不多见的。因此，镇西堡镇被政府有关部门授予了"奶牛第一乡"的称号。

（二）应急措施出台后的成效

根据接受访谈的当地养牛专业合作社的奶农讲，"三聚氰胺奶粉事件"

后，国家和省政府及时出台了一些保护奶农和奶牛养殖业的措施，这些措施很及时、很奏效地保护了奶农的利益和奶市的发展态势。其中有两点做法让奶农备受鼓舞：

一是国家和地方政府迅速稳定了牛奶的收购价格。当地的奶农认为，在奶牛养殖业发展的如此困境下，牛奶的收购价格仍然保持在1.30元/斤，这是很不容易的，这不仅极大地减少了奶农的损失，也在一定程度上消除了奶农的担心和忧虑。这些措施体现对奶农的关怀和对奶牛养殖业发展的扶持，更重要的是在奶业发展陷入困境的情况下，有力地稳定了牛奶收购市场。

二是国家和地方政府关于收购牛奶的各种奖励规定保持不变。当地的奶农认为，在这样不景气的情况下，国家和地方政府有关部门不但没有取消牛奶收购，甚至还调整提高了牛奶收购的各种奖励规定，例如，每个送奶户送奶达到40吨奖励500元等类似规定都保持不变，这是出乎意料的，也是很难得的。这有力地保护了奶农的积极性和奶牛养殖业的发展态势。

（三）奶牛养殖业的困境

国家和各省政府的一些有力举措的出台在一定程度上稳定了牛奶收购市场，保障了奶农的利益，但是该合作社的奶农认为，目前奶牛养殖业的业态发展表明，中央政府急需出台一些政策，从长远角度保障奶牛养殖行业的发展。这主要是由于"三聚氰胺奶粉事件"后，奶牛养殖业确实出现了一些不利于产业发展的势头。

1. "奶牛队伍"开始出现萎缩。这主要表现在当地的奶农已经开始卖牛了。辽宁省铁岭市平安堡养牛合作社的董事长常文吉介绍说，奶牛养殖业黄金时期是2004年，当时全村百余户有近1500余头奶牛，2004年后牛奶业就开始走下坡路，每斤牛奶才赚0.10元，奶农已经开始感到养奶牛不太赚钱了，开始卖牛做其他行业。到"三聚氰胺奶粉事件"之前，全村还有1200多头奶牛，四年内奶牛减少200头左右，每年平均递减约3.3%。"三聚氰胺奶粉事件"后全村的奶牛数量出现急剧减少。村奶牛防疫员张波介绍说，奶牛数量从2008年9月初的1200头下降到了9月底的870头（以参加防疫的奶牛数为准），一个月内奶牛数量减少了约330头，月递减27.5%，每天以5头牛的递减速度下降，减少的奶牛绝大部分被奶农卖掉了。据该村奶牛合作社相关负责人反映："估计再过一个月，本社的奶牛就剩600多头了。"被卖掉的奶牛多属于奶牛群体中的"弱势群体"，病牛、残疾牛、产奶少的牛、体弱牛等，也有部分奶农下决心利用这个机会卖牛转产从事其他行业。"奶牛队伍"的数量萎缩带有一定的优胜劣汰的性质，但是奶农讲，如果再持续一个月情况没有好转，奶农就要开始卖好牛了。根据村里奶农的观点，卖奶牛基本上等于杀牛。因此，从奶牛养殖业和乳业产业安全角度看，奶牛养殖地区出现的卖牛倾向要引起政府有关部门的关注、监控和必要的保护。

2. 奶户减少。"三聚氰胺奶粉事件"导致了全村的奶户明显减少。"三聚氰胺奶粉事件"后，奶点加强管理，牛奶收购开始严格把关，收奶点实行了固定奶户制度，把常年送奶的奶户确定为固定奶户，而随时来送奶（卖奶户）的"散户"则被拒收。牛每天产奶，奶点不收奶，奶农只好倒奶卖牛。因此，这种不依据质量检测而依据常年业务关系收奶的做法，带给非固定养牛户特别是"散户"的影响很大，直接导致奶农数量开始减少。永安堡村 2008 年 9 月初散户奶农约有 60 余户，9 月底只剩 30 余户了，奶户减少了一半。其他村由于没有奶牛专业合作社，绝大多数奶牛户都是散户，目前都面临着倒奶卖牛的问题。

3. 赔钱养牛。"三聚氰胺奶粉事件"未发生前，牛奶的收购价格为 1.40 元/斤。"三聚氰胺奶粉事件"发生后，政府把牛奶收购价格控制在 1.30 元/斤左右，基本稳定了价格，奶农一斤奶仅损失 0.10 元，一头牛每天损失约 5—6 元，一年也就损失近 2000 元左右。但是，散养户奶农损失较为严重。以前，散奶的正常收购价格为 1.30 元/斤，"三聚氰胺奶粉事件"后，奶站已拒收、限收散奶了，这些奶农只得将牛奶倒掉或少量以低价出售（1.00 元/斤）。饲养一头奶牛每天至少需要 30—40 元的成本，奶卖不出去，成本回不来，导致奶农一头牛至少损失 20 余元/天的利润，月损失在 600 元左右，一年就可能损失 7000 余元/头（这还没有计算养牛成本的损失）。这个乡几个村的奶农平均大都有 7—10 余头牛，每天的成本可想而知。"三聚氰胺奶粉事件"后，奶农开始抓紧卖牛，如果抓紧卖牛，一头牛至少可以按照牛肉价格卖四千余元。所以，在部分奶农倒奶的同时，都在想办法尽快卖牛或杀牛。

（四）奶农希望政府尽快解决的问题

1. 落实国家补贴。据该村奶农反映，2006 年时温总理曾说过给养牛户一年 500 元补贴，他们还听说省里已经给部分市的养牛户补贴了，而补贴政策在这个养牛专业村还没有实行，奶农到目前还没有得到什么补贴。奶牛养殖户大部分都是靠贷款养的牛，"三聚氰胺奶粉事件"后，奶农的收益下降了，养牛户反映，杀牛卖肉，一头牛约卖 4000 元左右，而买一头奶牛则需花费 12000—13000 元，甚至两万元。可见，"三聚氰胺奶粉事件"给奶农带来的损失是比较严重的。奶农们希望国家和省市政府能够尽快落实给奶农的补贴，以减少奶农损失。适时实行补贴不仅保障奶牛养殖户的利益，也能通过保障奶牛数量而保障我国奶牛养殖业规模化发展。

2. 减少中间环节，建立奶农自己的奶站。"三聚氰胺奶粉事件"祸起收奶站，殃及广大奶农。奶农认为，奶农养奶牛，奶不能直接送厂家，而是送奶站，由奶站送厂家，但奶站多是奶贩子开设的，他们建奶站是为了从奶农身上挣取中间利润（0.10 元/每斤牛奶）。为此，奶农建议，从牛奶安全角度考虑，应该取消中间商经营奶站，发挥奶农专业合作社的作用，扶植奶农自己办奶站。作为奶牛合作社的一个业务组成部分，奶农的专业合作社可以与奶制品厂家签订合同，直接供货，减少中间环节，奶农还可以多挣 0.10 元/斤。而且，合作社的奶农们提供的奶是纯奶、绿色奶。所以，由养牛合作社自己经营奶站，不仅可以保障奶的质量，还可以增加奶农收入，也把奶的利益和责任紧密联系起来。这对于科学管理奶业来说是个很值得考虑的管理办法。

3. 集中饲养。据奶农反映，目前我国奶牛养殖业最大的问题就是分散饲养，成本大且不成规模，奶农们十分希望能够将大家手中的散牛集中起来，归合作社统一饲养和管理，扩大养殖规模。因此，国家和各个省份的有关部门应该积极帮助奶农发展集中饲养的奶牛养殖业，这样比较便于管理，也能够实现科学饲养。据合作社相关人员反映，受土地和资金限制目前单纯依靠奶农实现集中饲养困难很大。集中饲养需要土地，每使用一亩地大约能多养15—20 头奶牛，因此，要想集中饲养，扩大养殖规模，就得占用大量土地，而土地承包归个人所有，集体用地很有限，所以发展规模化集中养牛，土地是个制约因素。同时，受贷款抵押条件限制，奶农们贷款比较困难，贷款利率高且额度有限（放贷仅为 3 千—2 万元/户），小额贷款仅够买一头奶牛的，而这里平均每家都有十头牛，奶农发展奶牛养殖业的资金绝大部分是民间拆借的。从合作社发展奶牛养殖业问题上看，政府的支农资金还没有有效地发挥扶持和支撑的作用。因此，奶农希望政府能够帮助协调解决发展资金和土地使用问题。

（五）农民的建议

根据该社奶农的需要和想法，他们提出如下三点应对当前我国奶牛养殖业困境的建议措施：

1. 继续稳定牛奶收购价格。奶农特别希望政府能够继续稳定牛奶收购价格。如果价格下调，将影响奶农收益，打击奶农养牛积极性，不利于奶牛业和奶业发展。为此，政府有关部门一定要千方百计稳定住牛奶的收购价格，帮助奶农度过困难时期，帮助奶农确立发展奶牛养殖业的信心。

2. 有关部门应该尽快放开牛奶收购"壁垒"，解决散养户"卖奶难"问题。尽快改变奶站现行的牛奶收购方法，不论是固定户还是散养户，奶站都要依据牛奶质量检验结果收购牛奶，不要把散养户的牛奶拒之门外。这样可以阻止散养户倒奶卖牛现象持续发生，保持奶牛队伍不萎缩，奶户不减少，保障每一个奶户的民生利益。

3. 落实补贴，适时补贴，保障我国奶牛养殖业持续健康发展。落实补贴，就是落实国家有关补贴政策。据了解，2006 年中央财政设立奶牛良种补贴专项资金，随后奶牛良种补贴范围扩大，补贴项目对象是奶牛养殖者，包括散养户、养殖小区以及农户兴办的养殖场，补贴品种以荷斯坦奶牛为主。补贴标准为荷斯坦奶牛冻精每支 15 元，每头奶牛按使用 2 支冻精的标准进行补贴。类似的补贴政策，这个养牛乡还没有得到，有关部门应该尽快落实国家补贴政策。

适时补贴，就是在"三聚氰胺奶粉事件"等突发事件带给我国奶农困难的时刻，给奶牛养殖业发展必要的基本补贴。具体做法就是按牛头补贴奶农，保障奶牛每天基本生活费。据该社奶农反映，喂养一头成牛每天需花费 30—40 元，以前，奶农们喂一头牛花费 35 元，产奶后卖 55 元，一头牛一天净挣 20 元。"三聚氰胺奶粉事件"后，现在很多奶农都在赔钱养牛。因此，建议政府可否按牛头给予奶农补贴，一头牛按照基本生活费的要求每天补助至少 20—30 元（牛的数量按照农村防疫站登记数量为准），直到市场和行业稳定为止。2008 年河北省政府从财政中拿出 3.16 亿元补贴奶农，按照每头奶牛 200 元的标准给奶农发放饲料补贴。河南省政府 2008 年 9 月继续实施对奶牛饲养户的补贴政策，每头奶牛省财政将给予 500 元的饲养补贴，并要求各有关省辖市要加强资金管理，确保专款专用，尽快将补贴资金发放到奶牛饲养户手中，帮助奶农应对困难。天津市政府 2008 年 4 月开始给每头奶牛补贴 30 元。此外，安徽省、江苏省等省份也不同程度地给奶农适当补贴，帮助他们渡过难关。

其次，根据该专业合作社奶农的长远发展想法，研究人员也提出如下四点确保我国奶牛养殖业长期科学发展和管理的建议措施：

1. 推广建立"托牛所"的养殖方式。为了保障奶牛养殖业的科学发展，建议政府有关部门帮助养牛专业合作社建立"托牛所"，将奶农的户养奶牛进行集中饲养，实现集中养、规模养、科学养。通过建立奶牛"托牛所"实现集中饲养，是现代奶牛养殖业集约化发展的一个步骤。为此，需要从政策上解决土地和资金支持问题，然后帮助合作社或者奶农盖一些奶牛小区。集中饲养、集中管理和托管饲养，不仅降低成本，节省人力，还可以集中防疫检测管理等，这不仅可能扩大养殖规模，也会增加奶农收益。2006 年研究人员调研发现，辽宁省肉牛饲养使用了这种方法，铁岭市昌图县毛家甸子镇的新兴养牛合作社采用"托牛所"式集中饲养肉牛方法，五户饲养规模达到六百余头牛。这个经验和方法很有参考价值。

2. 国家应该鼓励奶牛合作社建立自己的奶站，减少中间环节，形成饲养—收购—销售一体化，确保牛奶安全卫生。从行业发展需要看，各级政府应该充分发挥奶牛合作社的作用，让厂家与合作社直接联系，减少中间环节，保障奶源安全性，提高奶农的收入，从而充分调动广大奶农的积极性。一个合作社建立奶站，政府要提供的帮助就是协调贷款，例如永安堡合作社要建一个大规模的 16 位的奶站大约需要 50 万元，而奶农们的资金明显不足，向农信社贷款又困难重重，奶农们呼吁政府能够给予一定的扶持政策，协助奶农解决合作社发展的资金问题。如果奶农建立属于自己合作社的奶站，减少中间差价，奶农每斤还可以多挣 0.10 元，按一天产奶 15 吨来计算，一天就多挣 3000 多元，一年则多挣 100 多万元，建奶站所需的 50 万元资金，奶牛合作社的奶站建成运转后是还得起的。目前靠小额农贷获得这些贷款是不可能的，现行的农贷政策已经远远满足不了农村合作社的发展需要，这就需要有关部门根据党的十七大提出的"新阶段、新情况、新问题和人民的新期待"来调整和修改农贷规定，出台新的支农政策，促进农村生产力的发展。

3. 国家要设立专门研究投入，改良奶牛品种，提供优质奶牛牛源。从产业安全角度讲，我国发展奶牛养殖业必须解决奶牛品种退化问题。据合作社奶农反映，目前辽宁铁岭地区的奶牛基本上没有优质纯正的奶牛品种，现在的品种奶农都叫"黑白花奶牛"，可能是北京的黑白花奶牛。以前还能见到美国的黑星奶牛，现在经过多年的杂交后，品种杂多、混血现象普遍，"后备无牛"现象较为严重，纯种奶牛已经见不到了。这个问题直接影响到我国奶牛产业的发展后劲甚至产业安全的问题。目前奶农饲养的奶牛质量不行。据奶农介绍，一类奶牛是纯种的好奶牛，日产奶量为70—80斤/天；其次稍好一点的奶牛日产奶量在60—70斤/天；第三类属于质量不好的奶牛，日产奶量仅为30—40斤/天，差距比较明显。可见，奶牛的质量、品种好坏直接影响了产奶量，进而也将影响奶农收益和产业优势问题。根据奶农的说法，我国大部分地区的奶牛目前普遍属于第三类。国家和很多省份都启动了优质后备牛饲养补贴制度。例如，2006年10月起，山西省启动奶牛良种补贴工程，每头良种奶牛将被补贴冻精款30元。2007年12月山东省确定建立优质后备母牛饲养补贴制度，对享受国家和省级奶牛良种补贴项目改良后出生的优质后备母牛，按每头500元的标准给予一次性补贴。补贴资金由地方各级财政共同承担，补贴对象为享受国家和省级奶牛良种补贴项目49个县（市、区）的养殖户，计划对15万多头优质奶牛补贴7674.2万元。江西省实行这种补贴后，该省种公牛站曾跃入国家种公牛的头数和遗传素质（GPI和TPPI排名）中上水平。因此，有关部门应该加大研究和推广力度，尽快为奶农提供优良种牛。

4. 地方政府一定要解决好农村专业化发展的基础设施问题。如果交通等基础设施问题解决不好，那会造成人和牛出行都不方便，不利于行走和运输，不仅全村的牛去奶站挤奶不方便，而且养牛产生大量的粪便也无法运出去。牛粪引发的污染很严重，会直接导致水污染。基础设施不完备会严重影响养牛专业村的发展。有关部门应该尽快落实解决现代农业发展需要具备的基础设施建设问题。

三、循环农业

在新农村建设中，我国应该加大政府对食用菌产业扶持，发展我国的特色农业主导产业。发展我国的现代农业就要因地制宜地根据我国的农业现状，发展特色高效循环农业。根据一些学者（如辽宁社会科学院助理研究员张春昕和车流畅）的研究表明，新农村建设以来，我国农村很多地区兴起的蘑菇种植业，具有充分利用地方自然条件、科技含量高、增收快、绿色环保的鲜明特点，开辟了不单纯依靠传统农业来增加农民收入的新途径。为此，国家和各省有关部门应该从我国农业和农村长远发展战略规划高度，同种植业和养殖业一样，有计划地把食用菌产业扶植成为我国农业的特色主导产业之一，因为食用菌业是现阶段我国农业经过实践验证的、取得很好绿色农业效果的循环农业的形式之一。

（一）发展食用菌产业的益处

1. 产业发展空间巨大。食用菌营养丰富，是高蛋白、低脂肪、低热量、具有营养价值和保健功能的绿色食品，含丰富的菌物蛋白质和氨基酸，还具有增强免疫力、调节血脂、保肝解毒及降血糖等多种保健和防治功能。而且许多食用菌包含上百种医用菌，能提高人体自身免疫力，具有一定防癌和抗肿瘤作用。同时，食用菌是食品和医药工业的重要资源，是提炼血清等的理想原料，具有很高的研发价值。因此，目前国际和国内市场需求极大，尤其双孢菌等食用菌目前国际、国内市场均供不应求。

2. 低成本高利润产业。食用菌养殖属于低成本、高收入的产业，其生产原料廉价，成本较低，投入产出比在 1∶3 至 1∶9 之间，并且生产周期短、见效快，适宜在农村庭院生产，是农民增收的好途径。以灵芝菇为例，一般扶植农民搞一个大棚，一年可赚 6 万元；而民营企业自己种植，一个大棚一年可赚 15 万元左右，利润极为客观，可实现农民迅速致富。其原材料为秸秆、玉米等农业产品的废弃物，在大部分地区基本可免费获得，而且菌种本身价格并不高。以虫草为例，农民初期获得菌种如投入 1.8 万元的押金，企业 2 个月后回购时，在返还押金的同时，会按比例支付 3600 元的人工费用，即农民可获得月均 1800 元的收入。

3. 生产条件简单。除了投资少、生产周期短，食用菌生产的技术简单、易操作，只要将秸秆等原料（不与人争粮）进行简易的堆积发酵，经播种发菌后，即可栽培出菇，并且可根据农时灵活安排生产，尽量避开农忙（不与农争时）。食用菌生产受栽培场所及气温的影响较小，菇农无需占用基本农田，可利用房前屋后空闲地、蔬菜棚、蚕棚、拱棚、房舍、防空洞、废弃厂房、荒山、背阴山坡等非农业用地进行栽培，也可在居民闲置房间内种植，对房屋无任何损害，从而避免了耕地资源的浪费。不占用好地（不与粮争地），菇棚可大可小，可简可繁，不拘一格。食用菌菌丝体能耐零下十几度的低温，气温恢复后又能正常生长，不像一些作物、蔬菜遇到低温就受冻害，导致绝产。产菇后的菌糠施入大田、菜地或果园后，完全可以代替有机肥或复合肥的作用（不与地争肥），又节省了一笔不菲的投入。如此一来，农民就很容易接受这个产业。

4. 消化农村剩余劳动力。在我国农村发展食用菌产业，可以增加农村就业机会，不仅可充分吸纳农村剩余劳动力，同时还可以解决城市的下岗失业人员的就业问题。以辽宁省阜新华农食用菌科技发展有限公司为例，一般一个蘑菇大棚需要雇佣 12—15 个劳动力，推广普及种植蘑菇后，单就在阜新市碱巴拉荒一个村的企业，该公司就安排农村劳动力就业 6000 人，每个雇工的收入每月在 800 元。

5. 食用菌是循环农业。食用菌栽培大多利用秸秆类和农业废物，包括稻草、麦秆、玉米秆、油菜秆、花生壳以及动物粪便等作主料和肥料，以上述原料可大量生产多种食用菌，如草菇、鸡腿菇、平菇、凤尾菇、榆黄菇、双孢蘑菇等。此技术已达到全新的配方和管理工艺，使出菇达到甚至超过单纯用棉籽壳的标准。

食用菌从原材料到生产过程再到生产废弃物均无污染，是典型的循环农业，实现了从农业废弃料变废为宝、化害为利。一般一个蘑菇温室大棚一年需要消化 10 吨秸秆和 10 吨动物粪便。辽宁省阜新华农食用菌科技发展有限公司目前在一个村就有 16 个大棚，每年消耗秸秆和动物粪便均在 160 吨以上。若每年发展双孢菇棚 1 万个（每棚实用面积为 200 平方米），就能使 1 万个家庭脱贫致富，可消耗废弃秸秆 1 亿多公斤，解决 2 万余人的劳动就业问题，总产值可达 7 千万元人民币。培育蘑菇所形成的废弃物可作为肥料返回土地，这种肥料质地疏松、营养成分多、透气性好，非常适合种植蔬菜、水果。废料还田后可节省复合肥 1500 余吨，使每公斤秸秆增值 10 倍以上。其社会效益显著，还为多年来国家关注的秸秆利用问题提供了有效途径。因此，整个适用菌种植过程均实现了无污染，完全是一种循环农业。

（二）发展食用菌产业的有利条件

我国北方省份很多都适合发展食用菌产业，主要原因是因为：

1. 气候和土壤优势。食用菌栽培的自然环境适宜。食用菌对气候和土壤要求很高。我省大部分地区冬季寒冷，空气清新，杂菌少；夏季高温期短，非常适合食用菌的栽培。同时，我国的北方一些省份的土壤条件有独特优势。例如，目前国际市场供不应求的双孢菇（平均每亩纯收入达 8000 元），培育需求的最佳土壤是草积土，在我国只有辽宁省和吉林省拥有这样的土壤，这是发展食用菌得天独厚的条件。东北的辽宁和吉林省气候四季分明，有独特的冷资源优势。夏季南方高温，鲜菇难觅，这两个省可反季节大量生产。冬季塑料大棚适合菌丝生长，可全年连续生产，而且污染小，成功率高，菇质优良。因此，从气候和土壤条件看，我国的北方一些省份具备发展食用菌的先天条件。

2. 产业转移机遇。我国85%以上食用菌盛产于南方省份。近年来，由于全球气候变暖，导致我国传统食用菌产业区（例如福建等地）气温上升，食用菌菌包容易腐烂，保持低温则加大了成本。同时，由于南菇迅猛发展，产能过剩，遇到的木材资源匮乏、栽培方式限制等问题制约了南方食用菌产业的发展，使得南方已不再适合发展食用菌产业。目前，南方的食用菌产业开始逐步向资源丰富、劳力富余、气温条件适宜的北方进行梯度转移，我国已呈现出"南菇北移"的发展趋势。因此，很多南方食用菌行业大户纷纷来我国北方的省份选择发展食用菌培育户，这是我国北方的一些省份发展食用菌产业的有利时机。我国北方的一些省份有条件的地方，应该抓住"南菇北移"的商机，及时发展食用菌产业，开拓农民增收的新渠道。

3. 原材料充足。培育食用菌需要大量的秸秆、玉米芯等原材料，我国北方的一些省份有丰富的食用菌栽培材料，这包括稻麦秸秆、木材加工的废料、鸡鸭等动物粪便等。用秸秆生产食用菌，不仅有利于减少焚烧秸秆造成的空气污染，而且比秸秆还田作肥料效益要高得多。南方一些城市在种植食用菌时，不得不从东北地区购买现价约为600元/吨的秸秆，无形中增加了成本。而我省拥有大量的秸秆、玉米芯等农业废弃产物和副产品，号召农民搞食用菌种植可以废物利用，并在种植食用菌过程中充分实现循环。

4. 劳动力资源优势。我省劳动力资源丰富，成本较低，具有发展食用菌生产这类劳动密集型产业的比较优势，同时，农业人口和下岗失业人员占据比重较大。以食用菌业蓬勃兴起的阜新市为例，188万人口中下岗待业劳动力和农村富余劳动力达30余万人。

5. 具备产业基础。根据中国食用菌协会统计的数字，从出口数量看，2004年全国食用菌出口量为791018吨，辽宁出口86312吨，占全国出口量的10.91%，仅次于福建和广东两省，居第三位。最近几年，由于"南菇北移"的产业转移趋势，南方对我国东北地区的资金和技术的大量注入，使得辽宁省目前已初步形成了阜新、抚顺、锦州、丹东、朝阳等地的不同种类的食用菌产区。特别是食用菌产业已经作为辽宁省东部山区（丹东、鞍山、抚顺等）农业结构调整三大替代产业之一，成为优势产业、新兴产业和朝阳产业，发展很迅速。全省到2005年，食用菌面积、产量都大幅度攀升。全省食用菌种植面积为2.1千公顷，比上年扩大7.1%，产量达到15.1万吨，比上年增长7.9%。其中，香菇产量为1.3万吨，比上年增长68.4%；蘑菇产量达到12万吨，比上年增长3.1%。最近几年产业发展很迅猛，目前急需从农业发展战略高度，加大政府推进力度，形成我省的特色农业、主导产业。

6. 技术人才优势。我国的食用菌研究机构和人才较多。据统计，目前仅辽宁省至少有十多家大专院校、科研院所从事食用菌的研究和开发，很多成果有很高的经济价值，可以转化为现实生产力。辽宁省抚顺市有农科院食用菌研究所，沈阳农业大学等都是拥有很多专业研究人员和开发特长的专业机构，另外，阜新、抚顺、丹东、锦州市等地发展食用菌产业有群众基础，民间还有一大批栽培食用菌的"土专家"。这都是我国东北省份发展食用菌产业可以依托的科研优势。

（三）发展食用菌产业的问题和建议

农民对发展食用菌产业提出了一些很好的建议：

1. 从国家和各省农业发展战略的高度，进一步对食用菌企业给予一定的优惠补贴政策和技术支持，发展我国新型食用菌产业。国家和很多省份对食用菌的发展都有一定的补贴，使食用菌业成为了农业的支柱产业。根据国家有关部门统计，早在2000年，辽宁省食用菌栽培面积达3600多公顷，总产值达9.6亿元。食用菌生产已成为辽宁省农业中一个重要的支柱产业。

目前辽宁省内已有几个发展得比较好的食用菌生产、加工企业，如阜新市的辽宁田园实业有限公司、华农食用菌科技发展有限公司等。中央政府以及各省政府应从各省农业发展战略的高度，在资金、信贷、技术、税收等方面对食用菌种植和研发机构给予政策补贴倾斜；对种植食用菌等企业实行立项优先、征地优先、用人优先、办证优先，以及使用土地和免息贷款方面的优惠和从简手续等。发展我国的新型食用菌产业可充分借鉴其他省份的经验，如山东、河南等秸秆大省，多在项目初期阶段，采取资金分步到位的方式，对食用菌产业实行优惠补贴政策，对这些企业给予扶持。同时，要大力从南方引进先进的食用菌生产技术，提高食用菌科技含量；把食用菌生产技术指导纳入农业技术推广服务的范畴，重点做好食用菌育种、选材、栽培、采收、加工等方面的技术服务；进一步优化投资软环境，出台优惠政策，吸引外地企业家投资发展食用菌生产、加工、贸易；特别应重点引进推广双孢菇、鸡腿菇、大球盖菇、杨树菇、真姬菇等名优特新品种，走规模化发展之路。

2. 采取市场最低保护价措施，保障农民的最低收入。由于食用菌种植周期较长，通常在2—6个月，同时市场价格波动较大，预期收益难以得到保障，在很大程度上抑制了农民及下岗失业人员种植食用菌的积极性。建议国家和地方政府采取市场最低保护价措施，并鼓励企业采取签订收购食用菌协议的方式，提高农民种植食用菌的积极性，为企业扩大食用菌回购奠定基础。在农民可以承担一定的风险后，政府可以退出，完全通过市场机制发挥优胜劣汰的作用。

3. 形成食用菌产业链条，促进标准化生产、产业化经营。经过初步摸索，我国的食用菌产业在其他省份一些种植地区已基本形成"企业＋基地＋农户"的产业化经营，形成了食用菌生产、加工、运输、销售的产业链条。而在我省，从事食用菌生产的企业目前多处于起步阶段，尚为"企业研发＋生产"模式，企业研发菌种，农民种植，企业回购后销售的产业化链条尚未形成。国家和地方政府应引导食用菌生产企业发挥示范作用，进而带动农民和下岗失业人员积极参与食用菌种植，形成食用菌产业的规模化运作，并对企业引进食用菌深加工设备给予一定的资金扶持，帮助企业提升食用菌的价值，延长产业链。特别是要由初期扶植农户向以市场为导向过渡，走"企业公司＋基地＋农户"食用菌产业化发展之路。进行食用菌产品深加工和销售、延长产业链，可以减少农民种植食用菌的风险，确保增加收入，促进我国食用菌产业快速健康发展。

四、示范农业

新农村建设开展几年以来，我国总体上已进入加快改造传统农业、走中国特色农业现代化道路的关键时期。创建国家现代农业示范区，是顺应农业发展趋势，创新工作思路，强化工作指导，促进农业增产增效、农民持续增收的重大举措，对规范农业示范区发展，示范和引领现代农业建设具有重大意义。特别是高效农业示范区，适应农村市场经济发展的需要，充分发挥地区资源和经济优势，优化农业生产和农村产业结构，引导和推动了高产优质高效农业的发展；以市场为导向，以效益为中心，进行科技、资金、物资等生产要素的综合投入，在农产品品种和质量方面进行了深度开发；以生产、加工、储藏、运销一体化的经济实体为龙头，使示范区生产商品化、服务系列化；通过建立贸工农一体化的经营组织，带动千家万户发展生产，进入市场，在发展高产、优质、高效农业中发挥示范作用。因此，新农村建设中，地方政府集中财力、物力、技术以及农业资源发展现代农业示范区，对于新农村建设的导向和示范作用意义十分重大。有条件的地区，应该因地制宜地发展现代农业示范区，引导和带动农民走上现代农业的道路。

辽宁省沈阳市苏家屯区永乐乡被国内誉为"中国葡萄第一乡"，每年葡萄远销国内外。中华葡萄协会曾在这里专门开过现场会议，来自全国各地的学者、专业大户和各级政府的领导都参观过这个地方，甚至日本、韩国、荷兰俄罗斯等国家的农业专家也参观过这里。可以说，永乐乡是我国和我省现代农业的一个亮点，也是一个典型的农业产业化示范区。在对永乐乡的调研中研究人员发现，该乡按照国家和地方政府的政策要求，统一部署，在建设现代农业和推进城乡一体化过程中，积累了一些经验，同时也遇到了一些发展中的问题需要解决。

（一）现代农业的做法

要建设社会主义新农村，必须改变传统农业生产方式，大力发展现代农业，用先进的管理理念指导农业，用先进的物质条件装备农业，用先进的科学技术改造农业，用先进的农产品基地支撑农业，用先进的组织形式经营农业，全面提高农业综合生产能力。在推进新农村建设的过程中，发展农村新产业是新农村建设的重要物质基础，只有发展富民产业，增强农民的经济实力，才能给新农村建设提供动力之源，才可以支撑起真正意义的新农村。永乐乡成为国内外小有名气的现代农业示范地区，主要是地方政府多年来坚持不懈抓好以下几个方面的工作。

1. 逐年保障现代农业发展的规模化投入。近些年来，永乐乡对现代农业建设的投资不断增长，温室和大棚数量明显增加，形成了近两万三千多亩地的集约化经营规模。早在 2006 年，永乐乡就开始在 14 个自然村均建立了现代农业示范基地，总投资 20774 万元；为了形成规模经营，这几年不断保障投入，截止到 2009 年 11 月，总投资已达 30900 万元，增长 10126 万元。2006 年永乐乡设施农业 16900 亩，截止到 2009 年 11 月，设施农业已占 23000 亩，增长 6100 亩，平均年增长率达到 12.03%。2006 年永乐乡温室和大棚 8000 栋，户均 1.6 栋，人均 0.5 栋。截止到 2009 年 11 月，温室 11500 栋，户均 2 栋，人均 0.7 栋，总数增长 3500 栋，平均年增长率达到 14.58%。

2. 逐年加大力度，挖掘市场潜力，提高市场占有率，扩大产品辐射面。永乐乡温室大棚葡萄有广阔的市场前景和强大的生命力，主要销售到北京、哈尔滨、沈阳、大连、大庆等 30 多所城市，销售很旺。而且，销售市场进一步开放，2008 年被辽宁出入境检验检疫局授予出境水果注册登记证书，现在永乐乡的温室葡萄已经可以直接出口国外。

3. 不断提高产品的科技含量，提升温室葡萄产品质量。2009 年，永乐乡政府清醒地认识到要实现温室大棚产品产销两旺，当务之急必须适应现代市场的发展要求，以生产优质农产品、精品农产品、放心农产品为核心，从根本上改变传统的生产、销售方式。表现在：①包装上为单层果，使消费者一眼就能看到所有葡萄的质量，避免了两层果包装时上层优质下层低劣的问题；②标准化生产，2008 年被国家技术监督局确定为第六批标准化生产示范基地；③免费技术培训，使农民普遍提高温室葡萄生产技术；④开展质量大赛，提高农民的质量意识。

4. 加大对发展现代农业的配套补贴力度。多年来，永乐乡政府坚持对发展现代农业进行补贴，到 2009 年，建一栋温室大棚一般需要 3 万元，政府为鼓励建棚，每建一栋大棚补助 3000 元，恒信担保公司为农民提供 70% 的贷款，而且贷款额 3 年偿还。这是永乐乡农民普遍欢迎并希望政府继续保持的政策，也是永乐乡近年来温室葡萄迅猛发展的主要原因。

5. 加大科技研发力度，不断开发温室葡萄新品种，提高现代农业的效益。多年来永乐乡政府始终加大农业研发的力度，根据实际需要不断研究新品种。目前，永乐乡的早、中、晚葡萄都有，可谓是一个一年四季盛产葡萄的地道葡萄乡。早葡萄是指早玫瑰和京亚；中葡萄是白鸡心；晚葡萄是晚红。这就使得产业链拉长，从而拉长了占领市场的时间，适应了市场需求，提高了效益。

由于坚持以上几个做法，永乐乡现代农业产品销售利润增长迅速，人均收入也大幅增加。2006 年销售收入实现 8080 万元，利润 6900 万元；2009 年销售收入实现 13212 万元，利润 11010 万元，利润增长率达到 59.57%。2006 年农业人口人均收入 5284 元，2009 年农业人口人均收入 10710 元，增长率为 102.69%。2006 年互助、张庄两个村仅靠温室葡萄一项人均收入均超过 1 万元，2009 年这两个村的人均收入均超过 2 万元。

（二）现代农业发展遇到的问题

1. 产品国际市场开拓艰难。目前，永乐乡的温室葡萄出口国外遇到困难。永乐乡的温室葡萄发展良好，规模扩大，质量提高，目标是进一步扩大销售市场，定位在国际市场，但是向国外出口并不简单，现在虽然有了出境水果注册登记证书，但是却苦于没有销路。联系到的国外客户，要不就是小企业，销路很小，不能满足永乐乡产业规模大、产量高的销售要求；要不就是骗子企业，使永乐乡农民备受困扰，难以拓展国际销路，外需市场一直没有打开。

2. 土地使用成为规模化经营的重要障碍。当地农民土地串段集中使用问题，一直是这几年困扰规模经营的核心问题。目前，永乐乡温室大棚在不断扩建中，有些村的土地够用，但是有些村的土地不够用。而政府规划用地已经全部建成了温室大棚，现在再用地就是农民自家责任田。为了使温室大棚规模化、成片发展，就需要串段农民土地。例如，不愿建温室大棚的农民，其土地又恰恰在大棚建设规划内，就可以通过土地流转方式转让其使用权，其中就存在对其补偿的问题。再比如，有的农民的土地在大棚建设规划内却不愿建大棚，有的农民土地不在规划内却希望建大棚，他们就可以通过换地的方式来解决，其中还是存在一个对农民补偿的问题。政府资金需要专款专用，不能挪用其他款项来补偿农民的土地串段行为，所以政府一方面需要鼓励农民土地串段，另一方面又没有资金解决补偿问题，这是他们最担心的问题。

3. 农业技术培训急需加强。永乐乡农民专业合作社，这一群众自发的企业性质的组织承担着全乡农民技术培训的任务，但仅仅乡里自发组织的这种技术培训还远不能满足农民的技术需求。

4. 农业技术转让问题制约新品种推广。例如，多蔓矮化技术的普及和传播问题，就是一个很有力的例子。永乐乡农民王世宏是温室葡萄产业的带头人，他发明的多蔓矮化技术，获得了沈阳市政府科技攻关二等奖。这种技术解决了温室空间不足的问题，延长了果树的寿命，形成了基本一致的上市时间，可接二茬果而且还可以利用间隙种植小菜。这使得每个温室大棚的年收入可达1.8万元。王世宏本着无偿奉献的精神把这种技术教给了全乡农民，带领全乡农民致富，并使永乐乡成为全国温室葡萄第一乡。但是从技术传播的角度来看，由于王世宏不申请专利，只传授给永乐乡农民，这种行为限制了先进技术的传播，邻乡或其他地区是无法学到这种技术的，无形中难以发挥该技术的最大效益。

5. 专业技术人才匮乏。多年来，永乐乡政府深感人才缺乏。乡镇政府缺乏人才是较为普遍的现象，永乐乡政府也是一样。原来是一个部门三四个人，现在是一个人需要承担三四个部门的工作。对于新考入公务员的大学生，虽调入乡政府，但乡政府其他工作人员称他们是"飞鸽牌"，过两年就会调走。其原因就是乡镇政府的条件与城市还存在着差距，再有就是在乡镇机关，受传统用人制度的影响，任人唯亲的现象非常严重，导致部分人才感到在乡镇没有出路，进而放弃了在乡镇政府的工作。

（三）解决的办法

1. 地方政府有关部门尽快帮助农业示范区开拓市场。地方政府应该帮助永乐乡开拓产品的国际市场。永乐乡温室葡萄"走出去"战略是一种必然趋势，政府有关部门有必要扶持和帮助。例如，通过政府可以设立网站介绍各国贸易和投资环境方面的信息，包括各国市场的现实需求、潜在需求、能接受的价位，也要介绍各国的国情，包括自然、文化、政治等背景。另外，在重大项目的客户选择上，政府也可以帮助把关，并介绍关系。

2. 发展规模农业，地方政府要对土地进行统一规划。建议地方政府有关部门要统一规划土地使用，同时为永乐乡政府设定农民土地串段补偿专款。永乐乡为了实现产业规模化，土地串段及其补偿问题是乡政府面临的核心问题。政府有关部门解决了补偿资金问题，也就为永乐乡温室葡萄的进一步规模化发展奠定了基石。

3. 根据现代农业的需要，加大对农民的技术培训力度。永乐乡温室葡萄生产走的是科技致富的道路，农民尝到了运用先进技术生产的甜头，非常重视技术培训和标准化生产。政府有关部门可以定期组织农业专家学者下乡活动，以进一步提高永乐乡政府和农民对新技术的渴望。

4. 完善人才吸引、人才培养制度。政府可否为这样的专业乡多配备一些年轻的大学毕业生，一方面，政府有关部门要鼓励、支持大中专毕业生到乡镇锻炼；另一方面，乡政府也要营造有利于各类人才脱颖而出、人尽其才、才尽其用的良好环境，重视人才引进与人才培养。

五、绿色农业

绿色农业是我国现代农业的追求目标之一。绿色农业目前仅仅是指农业发展的生态宜人性，就是农业发展对人无害和对社会和自然都无害。提高乡村的文明程度在一定程度上就可以促进绿色农业的发展。

乡村文明是新农村建设的一个目标和重要内容，创造整洁、舒适、文明的生活环境，是建设社会主义新农村的重要任务。新农村建设以来，村容村貌一直也是建设新农村的重点。可由于新农村建设初期需要推进的工作很多，尽管新农村建设以来，农村的基础设施普遍得到加强，公益事业得以改善，村容村貌得以整治，农村的"脏乱差"得到了有效缓解，但从操作层面上，乡村文明的问题一直被忽视，特别是村容整洁问题一直没有引起足够的重视，导致我国农村垃圾问题一直没有得到妥善地解决。很多村子垃圾随地可见，不仅影响村容村貌，还污染农村生活环境，传播疾病，这与建设资源节约型、环境友好型社会的发展主题很不协调。农村垃圾处理问题，也是城乡环境卫生一体化的重要内容，垃圾问题直接涉及农民的生存环境和农村生态环境建设问题。

我国新农村建设以来，由于垃圾处理技术落后，资金投入不足，目前农村垃圾处理主要采取简易填埋的方式。由于资金匮乏，许多县乡的垃圾处理方式都为简易填埋，缺乏相应的防渗措施及污水处理设备，有的甚至就找一处无人的低洼山沟，将未处理的原始垃圾一填了事。填埋场没有防渗处理措施，在降雨、地下水渗透等因素作用下，垃圾中有毒有害物质极易渗入土壤，对环境和人体造成危害。因此，由于缺乏规范设计及有效的环保措施，这些垃圾填埋场与国家要求的建设标准还相距甚远，无害化处理率低，已成为农村环境的"潜在污染源"，极易引起二次污染。

目前，全国农村拥有标准的垃圾填埋场的乡镇寥寥无几。例如，江西全省建有标准垃圾填埋场的乡镇仅有2个，有简易垃圾填埋场的乡镇576个，占全省乡镇的40.7%；村庄无垃圾填埋场，垃圾收集率为31.2%，村镇垃圾无害化处理率仅为0.8%。湖北省尽管119个重点镇有一半建起了垃圾填埋场，但受农村经济发展水平制约，乡镇一级达到设计规范的很少，大多是就地简易填埋，存在污染隐患，乡镇垃圾处理目前仍处于低水平建设阶段。

总体上看，目前我国农村垃圾的处理办法主要是靠农村的自然处理，也就是说，在处理农村垃圾问题上，基本处于无人管理状态，任由村民乱丢乱弃。大部分村里的垃圾是随手丢弃，胡乱堆放，污水横流，不仅侵损地表，污染河流，而且孳生蚊蝇，使农民健康受到威胁。农民迫切要求治理环境，根治脏乱差状况。农民把这种自然处理方法概括为"污水靠蒸发，垃圾靠风刮，家里现代化，外面脏乱差"。从目前新农村建设发展和工作部署看，各级政府部门对这个问题是没有长远规划和解决办法的。

西方发达国家的农村对垃圾问题实现了城市化管理，每天定点定时由环卫工人开车来收集和处理垃圾，像城市里清洁工一样，并根据农民村落的分布，设定垃圾处理厂处理垃圾。农民家里也都有和城市一样的垃圾推桶，所有的垃圾必须用黑色塑料袋装好，封好口，装入垃圾桶中，推到路边的指定位置，垃圾车来统一把垃圾收走，真正实现了村容整洁。

新农村建设开始以来，农村垃圾一直是个没有解决的问题。垃圾成灾，严重污染农村环境，引起了学者和政府管理人员，特别是农民的高度重视和呼吁。辽宁社会科学院的研究人员孟月明和刘艳菊都从民生层面上，从农民的生存条件完善的高度，对农村垃圾处理问题做过专门的调查研究。根据他们的典型调查统计，辽宁省农村大约每年产生垃圾840万吨，来源广泛且成分复杂：一是农村民营企业产生的工业垃圾量庞大；二是旧村庄改造使建筑垃圾量骤增；三是农业生产中棚膜的广泛使用使"白色污染"日益严重；四是城市把解决垃圾危机的途径延伸到了乡村，把农村当成了天然的垃圾场。目前一个突出的问题是，农村垃圾的处理设施和方法明显落后，农村垃圾的日益增加与配套处理措施落后的矛盾加剧。

目前我国农村垃圾处理水平比较低，主要是采取单纯填埋和临时堆放焚烧或是随意倾倒的处理办法。据调查，辽宁省目前只有2008年4月才投入使用的新民市大民屯唯一一处农村垃圾处理场。此外，全省也只有沈阳和本溪两市各有一处城市垃圾处理场向周边农村开放。能处理的农村垃圾微乎其微，绝大部分垃圾都散落在乡村了。由此可见，我国目前农村垃圾处理措施严重缺乏。农村垃圾处置缺乏规范的设施和科学的方法，导致垃圾成灾，对农村的土壤、水体、大气、自然景观、农业生产和人身健康等都会造成不同程度的破坏，严重污染生态环境。农村垃圾如何处理已直接关系到我省农村的生态环境、文明形象和可持续发展，应当引起各级政府高度重视。

我国农村每年产生大量的垃圾，根据卫生部的调查显示，目前农村每天每人平均产生生活垃圾量为0.86千克，全国农村一年的生活垃圾量接近3亿吨。一些农业省份垃圾产量也是巨大的。2007年江西全省村镇日产垃圾2681吨，每年垃圾量达90多万吨，村镇垃圾基本未收集和处理；在农业人口占60%以上的湖北，每年仅农药包装袋就约两亿个，产生超过1000吨的农药废弃物，农膜使用量从1990年的2.3万吨增加到2006年的5.6万吨，约有30%残留在土壤中，大部分村镇垃圾无人处理。①

---

① 魏梦佳等：《部分农村变垃圾场 简易填埋场成潜在污染源》，新华网，2008年11月7日。

（一）形成原因

新农村建设以来，随着壮大县域经济的发展战略的实施，工业化浪潮兴起，农村的乡办企业和民营企业如雨后春笋一样出现，乡镇企业在创造地方财政收入的同时，也在制造工业垃圾和污染。

研究人员的调研结果显示，辽宁省农村平均每人每年产生垃圾大约0.4吨左右，按全省2100万农业人口计算，一年全省农村将产生垃圾840万吨，垃圾数量大、来源广泛且成分复杂。

1. 农村民营企业是垃圾的主要制造者。辽宁农村民营经济迅速发展，民营企业产生的工业垃圾量十分庞大，是辽宁农村垃圾的主要来源。

2. 生活水平提高，垃圾产量加大。辽宁各地农民生活水平提高，生活垃圾量自然增加，旧城、旧村改造，使建筑垃圾量骤增。

3. 发展现代农业的副产品。发展现代农业，同时也带来了社会负效应。例如，农业生产技术更新发展，棚膜广泛使用，使农村"白色污染"越来越严重。

4. 城市把农村作为城市的垃圾倾倒场。城市把解决垃圾危机的途径延伸到了乡村，把农村当成了天然的垃圾场。这些垃圾严重影响村容村貌，污染环境，更重要的是对人们的身体健康造成危害。城市垃圾延伸至农村问题严重地存在于城乡结合处。

目前一个突出的问题是，我国农村垃圾的处理设施和方法明显落后，农村垃圾的日益增加与配套处理措施落后的矛盾加剧。"垃圾靠风刮，污水靠蒸发"，这就是目前我国农村垃圾处理办法。我国农村目前垃圾处理主要有卫生填埋、堆肥、焚烧三种方式。有机物含量高的垃圾可作高温堆肥，但由于堆肥技术尚不成熟，肥料肥效较低，且可能含有重金属及有害物质，农民一般不爱用，市场销路差；焚烧可较好地回收能源，但其投资运行成本较高，技术不过关的焚烧还可能产生大量二恶英，造成二次污染。卫生填埋尽管不能实现垃圾的资源化和能源化，但成本较低、易于操作，对于经济落后的农村地区较为实际。

（二）解决办法

根治农村垃圾"脏、乱、差"问题，要从城乡统筹发展的高度去认识，如同重视城市环境卫生一样，将解决农村垃圾问题纳入地方政府工作的重要议事日程，探索建立城乡统一的垃圾处理方法。其中要建立以政府投入为主导，群众直接参与为主体，来源渠道多元化的农村垃圾处理经费投入机制，更要把资源的永续利用、培育新型农民和生态环境保护三者有机结合起来，实现农村经济社会与生态环境协调发展的格局。从一些省份看，处理农村垃圾也没有什么先进的方法。辽宁社会科学院学者孟月明在她的研究中介绍了辽宁如何处理农村垃圾问题的对策方法。[①] 辽宁省农村垃圾处理方法主要采取以下几种办法：

一是采取单纯填埋和临时堆放焚烧的方法。采用这种方法就是把农村的垃圾倾倒于指定的临时垃圾堆放场地，这个场地可以是一个溪边地、低洼地、树林、各村的边沿地区等等，然后再统一将垃圾运到收集点，点一把火，把垃圾统一焚烧掉。目前这种方法是我国农村处理垃圾比较常见的方法。这种处理垃圾的方法实际上会导致垃圾转移，即把看得见摸得着的固态和液态垃圾，通过焚烧转化成嗅得到的气态垃圾，把陆地垃圾转化成空间垃圾。

二是随意倾倒方法。我国大多数农村，处理垃圾的方法大多是采用随意倾倒方法。特别是一些条件差的村庄，无垃圾堆放场，农民干脆就随地倾倒垃圾，而且环卫设施简陋，在诸多的镇乡级的垃圾填埋场中，不符合《生活垃圾填埋场污染控制标准》（GB16887 – 1997）。

据调查，辽宁省目前只有新民市大民屯唯一一处农村垃圾处理场。2008年4月，这个垃圾处理场开始使用，有 200 吨/日的垃圾处理能力。此外，全省也只有沈阳市和本溪市各有一个城市垃圾处理场向周边农村开放。由此可见，辽宁省目前农村垃圾处理措施严重缺乏。由于农村垃圾处置缺乏规范的设施和科学的方法，导致垃圾成灾，严重污染生态环境，对人民生存和发展构成严重威胁，成为人民的公害。一是占用土地，破坏土壤和自然景观，影响农业生产；二是成为疾病的传染源，危及人体健康；三是污染水体、大气，破坏人类的生存环境。

这表明，同我国绝大部分农村地区一样，辽宁省农村垃圾处理水平还是有待于改进和提高的。这种状况基本上代表了我国农村垃圾处理的水平和现状。

（三）农民的建议

农村垃圾如何处理已直接关系到我国农村的生态环境、社会和谐和可持

---

① 孟月明：《农村垃圾处理设施和方法落后令人堪忧》，《辽宁工作》2008 年第 5 期。

续发展，关系到农民生存环境和身心健康等民生问题，应当引起各级政府高度重视。为此，国家和各级政府今后解决这个问题应该做好以下几个方面的工作：

1. 农民建议尽早制定《农村环境卫生管理条例》（简称《条例》）。《条例》应对我国农村环境的领导管理体制、目标、内容、方式、财政投入、提高农民素质、违规处罚等作出明确规定，并为健全我国农村环卫管理体系提供法律依据，使我国农村公共卫生工作纳入正规的社会管理轨道。

2. 农民建议设立农村垃圾处理专项资金。农民建议，政府各级相关部门应该加大财政资金对村镇的投入力度，提升村镇环卫公共设施水平，保障农村环卫设施的持续化正常运行。省、市、区（县）三级财政应加大对农村垃圾治理专项资金的投入，其中包括三部分：一是农村环卫基础设施建设资金补助；二是日常运行和管理经费补贴；三是垃圾堆治理经费。省发改委应在环卫设施规划、立项审批、资金补助方面对偏远贫困县给予支持和政策倾斜。各区县和乡镇政府发放环卫运行经费补贴，应对经济困难的纯农业村给予更优惠的政策。

3. 建立完善有效的农村垃圾处理网络，并把此网络于城市垃圾处理网络衔接，实现城乡环卫一体化统筹发展。要统筹规划，在各市县建立一个科学规范的垃圾处理网络，明确综合协调机构，落实管理责任，这是农村垃圾处理的当务之急。要落实责任，建立起村负责收集，乡、镇（街道）负责运输，区县负责处理的农村垃圾管理体系。各行政村（社）应设立临时垃圾收集站（包括垃圾房、垃圾箱、筒等），并落实农户房前屋后"三包"责任制；各乡镇在必要的位置建设垃圾中转站，由各村（社）送达中转站，在中转站进行垃圾的分类、减量后，对不可能资源化的再运到垃圾处理场（厂）进行处理，距离较远的乡镇可以采用二级中转方式；配备大型垃圾清运车，用于清运中转站到处理场的垃圾。各市（区）县要把有效垃圾处理网络纳入城乡一体化发展战略规划中，在审批和审核各类规划中得到具体安排。

4. 大力引进市场化机制，长效机制化地解决农村环卫问题。在现阶段，一方面，政府要明确"谁投资、谁受益"的原则，充分发挥市场配置资源的基础性作用，拓宽投融资渠道，改善投融资环境，实行开放式的市场准入，鼓励国内外资金包括激活民间投资介入垃圾处理设施的建设和运行；另一方面，也要体现"谁污染、谁治理"的原则，政府要出台相关政策，逐步在各地实行生活、生产垃圾收费制度，明确垃圾收费相关事宜，在使垃圾得到有效减量的同时，弥补财政投入的不足。

5. 因地制宜，分类指导，推广经济适用的垃圾处理方式和技术。国家应该统一规定，各省、各市（区）县政府要依据全省统一规划，结合辖区人口分布、地理条件、垃圾产量及地区特点，提出农村垃圾的最优化处理方式和技术方案，经省主管部门审定后组织实施。有条件的地区可以将农村垃圾处理纳入城镇垃圾管理系统，统一收集、统一运输、集中处理，实现资源共享。原则上，人口相对集中又远离垃圾处理场的地区，可以建立自成体系的垃圾分选、处置站点，推广使用小吨位的焚烧炉进行垃圾处理。垃圾量小的边远山村，可设置垃圾容器和密闭化设施，定期压缩运输；或配置滚筒筛，筛上物定期压缩运输，筛下物就地堆肥处理。

农村的垃圾处理问题，直接涉及生态环保，涉及乡村整洁，涉及农民生存环境，涉及农业产品的安全问题。因此，处理好农村垃圾问题也是关乎"三农"的国计民生大事。

六、能源农业

农村能源开发利用问题是新农村建设中的一个十分重要的问题。新农村建设初期，由于重点解决农民的温饱和发展问题，导致农村能源的开发和利用问题在新农村建设过程中一直没有得到充分的发展。农村能源的开发利用是解决"三农"问题的一场革命。目前，农村能源主要包括薪柴、作物秸秆、人畜粪便（制沼气或直接燃烧）、小水电、小窑煤、太阳能、风能和地热能等可再生能源。随着农村经济的发展，农村能源还包括国家供应给农村地区的煤炭、燃料油、电力等商品能源。农村能源是我国能源的一个特殊领域，与农村生产和农民生活等民生问题息息相关。发展农村能源，对于满足农民生产生活用能需求、增加农民收入、繁荣农村经济、优化农村环境、提高农村文明程度具有重要意义，是社会主义新农村建设的重要内容。

在社会主义新农村建设中，我国已经因地制宜地大力发展了一些适合农村特点的清洁能源。例如，大力发展沼气，积极开发利用太阳能，加快秸秆资源利用等等，其中，主要发展农村户用沼气池、"四位一体"工程、养殖场大中小型沼气工程和村镇生活污水沼气净化工程，深得农民的欢迎。我国农村很多能源的开发利用潜力是很大的，特别是风能的开发利用空间很大。我国的辽宁、内蒙古、新疆等省份都属于我国风能资源丰富区，风力资源主要集中在北部丘陵山区和沿海地带。2009 年底，辽宁电网已经投运的风电场已有 85 座，辽宁省风电装机容量突破 170 万千瓦，居全国第二。风电产业对我国节能减排、发展低碳经济具有重要推动作用，特别是在我国一些贫困落后地区发展风电等清洁能源产业是突破贫困地区的一个重要发展途径。因此，大力发展风力发电，是实现农村资源有效利用，实现我国农村生态发展很好的途径。但是，目前我国农村风电产业在蓬勃发展的同时，一些问题也日渐凸显，值得关注。

（一）影响风电产业发展的问题

改革开放以来，农村风电产业发展很迅猛，是我国的一个朝阳产业，从一些省份的一些风电地区的发展情况看，也存在一些需要进一步发展的问题。

1. 在风能资源利用方面，风电产业地区间发展不平衡。从全国看，风电产业存在一个整体发展不平衡问题。有些省份的风电产业比较发达，如内蒙古、新疆、辽宁等，有些省份相对滞后。从省域内发展看，也存在一个发展不平衡问题。以辽宁省为例，辽中南及辽东半岛地区是风力资源的丰富区和较丰富区，其中阜新、盘锦地区位于辽河平原，南向渤海口，是辽宁风能资源最丰富的区域。目前，阜新市已把风电产业作为重点，发展势头较快，但沿海地带还有很大发展空间，"十二五"期间也应成为风能资源开发的重点区域。

2. 规模小、布局分散，难以形成规模经营效益。我国的风电场主要呈现分散式、小规模发展态势，在建的大部分风电场的装机容量在十几万千瓦以下。由于风电场装机规模偏小，发展不集中，势必会加大建设成本，造成浪费资源，无法形成规模经营效益与合理布局，需要整合分散资源而形成大规模的新型能源和工业基地。

3. 大型风力发电设备关键零部件生产供应能力比较薄弱。对于大型轴承、桨叶、永磁电机等风机设备关键零部件，国内具备生产能力的企业寥寥无几，生产供应能力比较薄弱。国内虽然有些企业生产，但产品质量难以保障，从国外购买的零部件价格很高又未必适合我国气候条件。上述原因导致我国的风机整机生产成本较高，风电场运行的故障率偏高，存在安全隐患问题，风电制造企业基本处于风机组装阶段，上游供应产业发展迟缓，我国风电产业还未完全进入良性循环发展。

4. 缺乏自主核心技术与风电技术人才。我国的风电行业起步较晚，而国外同行业最早起步于 1930 年，国内各省发展风电业起步时间也不一样。工业大省辽宁省 1993 才开始发展风电产业，内蒙古等省份起步于 20 世纪 80 年代初。我国的风电产业总体发展起步较晚，缺乏基础研究积累和相关技术人才，风电设备的研发能力较弱，总体上还处于跟踪和引进国外先进技术的阶段。如风电机组中的控制系统和并网技术，主要依靠从国外引进，风电设备国产化程度不高。

5. 企业水平参差不齐，影响了整体产业发展。由于财政支持，我国的风电设备制造企业和风电场运行企业迅速涌现，出现了大批的不具备风电设备制造能力的小企业和经营小规模风电场的运行企业，这必然会造成人员、资金的浪费，影响我国风电产业持续健康发展。

6. 风力机装机容量增长与电网建设严重不匹配。有些省份无论是风资源储备还是风电行业发展，都是处于全国相对领先的地位，如内蒙古、辽宁等省份，但是由于辽宁省处于中国电网末梢，电网的输电能力不足，这就造成一些风场实际发电量比预期发电量要少或者不发电，产生了"发出了电、送不出电"的现象。此外，风电场相应的配套设施、管理制度不完善，是风机实现并网的一大障碍。

（二）农村发展风电行业的建议

1. 尽快制定风电产业发展规划与发展战略。国家应该进一步制定风电产业的整体发展规划，从全盘角度整合我国各省份的风电资源。各个省份也应该有一个风电产业的发展规划。有些省份针对自己省份的风电资源已经开始制定了中期发展规划。例如，辽宁省"十一五"规划 2010 年底风电装机容量要达到 100 万千瓦，并且到 2009 年底辽宁省风电装机容量就已突破了 170 万千瓦。从 2007 年到 2009 年两年的时间里，辽宁省风电装机容量增长了两倍。按照这个增长幅度，2012 年辽宁省的风电装机容量达到 300 万千瓦是没有问题的，并且，实际上应该会大大超过这个数字。这表明我国和相关省份的风电产业发展潜力巨大。一定要做好规划，避免产业发展失控。因此，我国和各个省份"十二五"的风电发展规划和战略还需要进一步的科学论证，应在充分掌握风资源能量储备的准确数值、自身风电机组设计制造能力及财政规划之后，科学制定风电产业相关规划。

2. 实施自主创新的产业发展战略。我国很多省份的风电产业"十二五"期间应该确立以技术创新为核心，走技术引进与国产化并举的发展道路，实现业态发展良性循环。特别是我国的一些工业基地省份，在风电设备制造领域具有先天的优势，应以此为契机，在引进国外先进技术的基础上实现消化吸收再创新，提高自主研发能力，通过掌握更多的风力发电机组的核心技术，提高风电设备的国产化程度，使我国在国际的风电设备制造领域取得竞争优势，从而带动全国风电设备制造产业的大发展。

3. 政府扶持与市场规范相结合，为风电产业可持续发展铺平道路。当前，风电产业基本进入到充分竞争阶段，缺乏核心竞争力的一些企业必然面临倒闭危机，因此，应提高风能产业的准入门槛，规范风电产业市场。此外，应对目前已有的风电企业进行评估，给予一定优惠政策，鼓励小企业与具备风机整机制造能力的企业合并。对于分散的小风电场，尽量就近合并，实现集中并网发电。

4. 加强电网的建设和管理工作。作为整个风能产业的最后一个环节，电网建设至关重要。发展风力发电事业归根结底就是将清洁能源送入千家万户，如果电网建设管理不完善就很难实现。应充分考虑到风力发电的实际需要，改善电网现况，特别要加快以智能电网、大型风电场储能电池为代表的核心技术的研发和应用，解决风力发电的间歇性对电网的冲击问题，加速风电场相关配套产品、基础设施、并网准入接入的制度和技术、现场管理制度等方面的完善与配套，为风力发电产业的市场化扫清障碍。

5. 大力培养风能产业技术人才。我国风机产业进入快速发展时期，但相关领域技术人才非常缺乏。对此，应鼓励更多具有培养风能专业资质的学校设立风能相关专业，培养一线科技人才并对已设立风能专业的高校在政策上给予一定扶持，使我国风电产业发展和技术人才培养相辅相成，齐头并进。

发展我国农村能源有着重要意义，通过在新农村建设中发展农村新型能源建设，可以改变农民生活方式，提高生活质量；转变农业增长方式，实现农业增效、农民增收，繁荣农村经济；改善农村卫生状况、生态环境、村容村貌；促进资源循环利用、可持续发展，建设文明和谐、资源节约型和环境友好型新农村。为此，下一步新农村建设的重点就是要切实提高各级领导、广大农民和社会各界的认识，增强发展农村能源的自觉性和主动性，形成全社会重视农村能源建设、关心农村能源建设、支持农村能源建设的良好氛围。

七、安全农业

由于农业国际市场一体化发展，特别是国家粮食补贴政策的影响，2008

年我国粮食价格极为偏低的情况表明，我国粮食安全存在隐患，农民种粮热情需要保护。

随着世界性的环境恶化与耕地面积的逐年减少，粮食安全问题已经关系到一个国家和一个地区的安全。在学习实践科学发展观的活动中，辽宁社会科学院课题组的同志先后深入到不同省份的地区农村进行实地调研，先后与二十多个村子的农民进行座谈。在调研中农民反映，国家对土地实行直补政策，使农民从中获益，深得广大农民赞赏。但由于化肥、农药和种子等农产品涨价，而玉米等粮食作物反而降低收购价格，加之土地再生能力受到破坏，种粮农民 2008 年收入水平较 2007 年 10 月呈下降趋势，农民种粮积极性严重受挫，加之各省粮食收购价格差异较大，省份之间粮食外流现象比较严重，粮食资源出现省份分布不均衡的问题，引发部分省份出现粮食安全问题。

（一）我国粮食安全存在的主要隐患

1. 粮农普遍认为种粮吃亏，粮农收入今年较去年有明显下滑趋势。由于国家种粮补贴相对较低，农业生产资料价格不断上涨，导致农民认为种粮食不划算。研究人员在辽宁的铁岭县、昌图县、辽中县和抚顺县等地农村调研中，农民反映了农民种粮收入下滑的主要原因是种子、化肥和农药普遍涨价。以铁岭地区的化肥为例，2007 年是每袋 156 元，而 2008 年是每袋 236 元，比 2007 年每袋多了 80 元；玉米的收购价格 2007 年是每斤 0.67 元，2008 年则降低为每斤 0.54 元，每斤玉米市场收购价格比 2007 年降了 0.13 元。一涨一降，农民每亩地就少收了 100 多元。现在去掉成本，种玉米的每亩地只剩不到 200元。虽然国家实行土地直补政策，但每亩地玉米补贴 61 元，与成本抵消之后，农民负担仍然很重，许多粮农反映种粮吃亏，颇有怨言，有的意欲转产。

2. 土地再生能力较差，粮食增产难度较大。由于农民缺乏科学种粮知识，年复一年的往地里上尿素和化肥，土地缺乏有机肥养护，土质变硬，土壤养分被破坏，耕地资质下降，持久性有机污染物（如环境激素类的杀虫剂、除草剂、农兽药残留等）、畜禽的排泄物等都导致土壤污染，粮食增产期望很低。国家环保总局局长周生贤 2006 年在全国土壤状况调查视频会议上透露，目前我国受污染的耕地约 1.5 亿亩，约占耕地总面积的 10% 以上，其中因污水灌溉而污染的耕地面积达 3250 万亩，每年因重金属污染而损失的粮食达1200 万吨，造成直接经济损失 200 亿元，形势相当严峻。因此，土地污染问题很普遍，直接导致粮食逐年减产。

3. 部分省份粮食收购价格较低，粮库存量有逐年减少的趋势。由于很多省份不享受农业省份政策，所以粮食价格没有保护，受市场影响相对波动很大。例如，辽宁省不是农业省，也没有争取到农业省份的政策，所以辽宁省粮食收购价格普遍低于吉林、黑龙江等省的价格（国家保护价格），使一些粮食商贩从辽宁省农民手中低价收购粮食，然后高价到外省卖掉，从中赚得差价。由于国家对农业省有政策倾斜，2007年黑龙江和吉林的粮食收购价格是玉米每斤0.70元（黑龙江）和0.75元（吉林），分别比辽宁省高出0.16元和0.21元。粮食流入市场，辽宁省粮库存量逐年减少，对于辽宁省粮食安全构成极大威胁。

4. 农药超标导致一些省份粮食质量信誉下降，市场价格受到制约，并造成粮农收入下降形成恶性循环。我国是农业大国，农药使用量大。长期使用农药造成病虫草害物种抗药性增强，导致农药投入量有增无减。30年来我国累计使用DDT约40多万吨，占国际总量的20%。1997年我国农药总产量达到41万吨，每年农药的使用量在25万吨左右，是世界上第二大农药生产与使用国，仅次于美国。据估计，截至20世纪末，中国受污染的耕地面积达2000万公顷，约占耕地总面积的1/5，其中工业"三废"污染面积达1000万公顷，污水灌溉面积为130多万公顷；每年因土壤污染而减产粮食1000万吨，另外还有1200万吨粮食受污染而超标，二者的直接经济损失达200多亿元。① 研究人员在我国粮食大县铁岭县、昌图县等地调研中农民反映，现在想提高农业产量，不用农药和化肥是不可能的，并且农药越来越厉害，现在有一种从日本进口的农药叫"小野清根"，杀伤力极大，甚至殃及附近的菜地等经济作物大幅度减产。这种农药不仅导致粮食农药超标伤害人的身体，而且严重影响土壤的再生能力和可持续耕作，导致粮食减产。

（二）农民提出的解决办法

1. 国家应该实行粮食统购政策试点。鉴于粮食补贴统购需要的数额比较大，可实行分步走三级财政支持的原则。分步走即先抓试点，重点对粮食专业乡或专业村进行扶持，每亩地每年补贴100元，然后逐渐推广。三级财政支持即实行省里拿50%，市里拿30%，县里拿20%。这样做一是可鼓励农民的种粮积极性；二是可以引导粮食种植走规模经营的道路，便于实行机械化管

---

① 《中国土壤污染形势严峻：通过食物链进入人体》，《瞭望》新闻周刊，2009年3月4日。

理；三是可以防止粮食流入外省。

2. 国家应该对农产品市场进行宏观调控。防止农药、化肥和种子等农业生产资料滥涨价，控制农药进口渠道，防止对土地和粮食有害的农药进入市场。

3. 各个省份应该引导农民科学种田。各省和各市的政府有关部门应该组织成立一些科学种田巡回演讲小组，深入到农村给农民讲科学种田知识，特别是传授土壤改良经验，宣传土地养护知识。

4. 国家应给予一些省份以农业省份政策的待遇。很多工业省份，其农业产值已经达到了总产值的一半，国家就应该给予这些省份相应的农业优惠政策。例如，辽宁作为工业大省，其农业产值在 2008 年就达到了全省总产值的一半多，但是它并没有享受农业省份的优惠政策。因此，像辽宁这样的省份，不仅应该是工业大省，也应该是农业省份，并且在东北三省中，除了辽宁之外，吉林和黑龙江都享受着国家的农业省份的政策待遇，辽宁的农业产值并不低于这些省份。如果享受了农业省份的优惠政策，粮农就可以享受国家粮食保护价，这样的政策对我国的很多省份的粮农十分有利，因此，国家应该积极给予一些省份农业省份的政策。

5. 发展绿色农业，重在控制土壤污染。发展绿色农业是现代农业的发展方向，其中一个关键的问题就是土壤的生态化发展问题。为此，我国应该重点改造和改良土壤污染问题，可从两个方面入手：一方面是控制土壤的污染源；另一方面是利用物理、化学、生物等科学方法对土壤进行修复和改良。控制污染源的措施，一是解决灌溉水污染问题，慎用污水灌溉农田，要建立污水灌溉综合评价体系，对污水进行严格监测和控制；二是加强对工业废水、废液、废渣的治理和综合处理，加大力度杜绝随意排放含污染物的工业"三废"；三是大力推广高效、低毒、低残留的农药和重金属含量低的动物饲料，对人畜粪便、生活垃圾等要进行无害化处理，特别是要发展生态农药。控制污染源是从源头上减少土壤污染进一步恶化的重要措施，而已被污染的土壤则要靠修复技术进行转化。土壤修复技术主要有有机污染土壤的生物学修复、无机污染土壤的植物修复与化学修复。生物修复技术是利用微生物将土壤中不易分解的有机物降解为水和二氧化碳等无害物质，而对无机物如重金属污染土壤的修复则要依靠种植某些能富集重金属元素的植物对土壤中的重金属进行转移。如蕨类植物蜈蚣草能富集、吸收砷、铜、锌等重金属元素。目前一些发达国家在土壤修复技术的研究和应用上做了大量工作，美国 20 世纪 90

年代用于土壤修复方面的投资达数百亿，我国台湾已将土壤修复推向商业化运行。我国也需要加大力度发展土地修复产业。

八、科技农业

科技兴农已经是发展现代农业的共识，而农民是科技兴农工作的主体，他们的认识程度、科技素质及技能的高低，直接关系到科技兴农进程的速度。在新农村建设中，发展现代农业对农业劳动者的科技文化素质提出了更高的要求。提高农业劳动者素质，迫切需要加强农业科技教育培训工作。我国九亿农村人口中，初中以下文化程度的占70%，文盲半文盲占23%，农民整体素质偏低；一亿多乡镇企业职工中，具有大专以上学历的还不到1%。农业劳动者的现状决定了提高农民科技文化素质的基础性和重要性。必须加强农业科技教育培训的力度，大幅度提高农民接受新技术的能力，培养和造就一支用现代农业科技武装起来的新型农业劳动者大军。

在新农村建设中，很多省份的地方政府已经认识到了不提高农民的科技文化素质，就会影响发展现代农业的速度和进程。很多省份地方政府加大了对农民的科技培训力度，并从中得到了发展实惠。但是从总体看，农业科技含量低是我国农业的一个发展特点，就是很多科技大省也存在这样的问题。例如，辽宁省一直是个科技大省，新农村建设以来，通过实施县域工业和农业深加工等发展战略，使辽宁省的县域经济的发展得到了长足的进步。从2008年开始，辽宁省农业产值已经超过全省GDP的一半。2008年辽宁科技对农业的贡献率公布数字是51.2%，高于全国的平均水平，但是农业产品科技含量低和农业科技普及率低，一直是辽宁省的一个发展软肋。近些年来，辽宁省政府有关部门积极组织农民科技培训活动，通过培养农民科技骨干，特别是通过这些科技骨干的科技示范作用，实现了农业科技普及效果。这种对农民开展科技培训的做法对于普及农业科技、广泛增加农民收入、提高农民生活水平、壮大县域经济，具有启示和示范意义。辽宁社会科学院的研究人员吴伟博士在其实证研究中发现，辽宁省北宁市正安镇就是一个通过开展农民科技培训使农民实现了科技致富的典型乡镇。

（一）科技培训引导农民走向科技致富

辽宁省北宁市正安镇位于北宁市东北部，是北宁市重要的水果、花生及商品粮生产基地。近些年，通过辽宁省科技厅等部门的科技培训、科技讲座和科普大集等科技下乡活动，正安镇农民走上了科技致富之路。正安镇的气候适合葡萄生产，依靠辽宁省政府相关部门的政策支持和科技指导，正安镇的葡萄实现了产业化，全镇葡萄面积达到1333.3公顷，其中的马市村栽植葡萄面积达到200公顷，成为全国闻名的家庭经济高效产业示范村，葡萄生产已经成为正安镇的主导产业。科技示范户工程，在正安镇的葡萄生产中发挥了重要作用。通过科技厅等部门的科技培训工程，在正安镇的17个村共培育了300多个科技示范户，辐射带动了6715户农民学科技、用科技，依靠科技致富。科技培训对辽宁省农业产业结构调整以及农村经济协调发展发挥了重要作用。

1. 农民上大学工程效果显著，培养了一批农民科技骨干。2008年，由辽宁省科技厅、省委组织部、省人事厅、省农委、省财政厅等部门联合开展的一项民生工程——农民上大学工程，通过举办农民技术员培训，培养了一大批农民科技骨干，也就是科技示范户，成为辽宁省新农村建设的一支新生科技力量，这项工程旨在发挥农民科技示范户在农业经济发展中的科技辐射、示范、引导作用，做给农民看，领着农民干，带动广大农民群众信科技、用科技、靠科技，科学生产，科学经营，让农民科技经纪人带领农民群众加快全省广大农村脱贫致富奔小康的步伐。辽宁省北宁市正安镇的陈立云是葡萄种植大户，是农民上大学工程的受益人，通过在辽宁职业技术学院果树专业学习，她全面、系统地学习了葡萄种植和培育技术，成为一名农业技术推广员。通过学习，她能够对葡萄从培育到成熟都实现科学管理，葡萄产量和品质得到大幅提升。2009年的收入相比2008年翻了好几倍，获得非常好的经济效益，使她充分感受到技术知识的重要性。实践证明，农民科技培训工程对于破解"三农"问题，对于辽宁省建设社会主义新农村、全面建设小康社会起到了突出的作用，意义深远。

2. 科技骨干成为科技示范户，充分发挥了科技辐射作用，带动城镇经济发展。北宁市正安镇的陈立云通过科技培训不但自己获得了确实的收益，还承担起镇上其他葡萄种植户的知识传授，通过对乡亲们集中授课，到葡萄园中对照实物进行讲解，在葡萄管理的关键阶段通过自家的扩音器进行广播宣传，以及通过电话、网上交流传播知识，带动了一大批葡萄种植户走上科学致富之路，推动了整个正安镇经济的发展。同时，陈立云所做的工作，也得到了省、市等相关部门的充分肯定，获得了"辽宁省科技致富女能手"、"锦州市优秀妇女经济合作组织带头人"等一系列荣誉称号。

3. 农业科技示范户组成农村专业合作社，形成农村科技集聚，成为推动县域经济发展的科技力量。正安镇的果农们虽然通过科技培训掌握了果树培育技术，但是对市场不了解，就会出现果实成熟后不能及时找到销路而造成经济损失的现象。为了解决这个问题，辽宁省科技厅和省工商局联合启动实施了辽宁省农民科技经纪人示范工程，对现有的农村科技示范户进行市场经济知识和营销基本常识的培训，培养了一支连接农民与市场的中介队伍。目前，全省累计培训农民经纪人 6.61 万人次，通过培训提高了他们的自身素质，增强了服务于农业产前、产后的本领。在全省各地农村，已经成长起一大批优秀农民科技经纪人，正安镇的陈立云也通过这项工程，获得了农产品经纪人的资格。成为农产品经纪人后，陈立云在北镇市科技局的帮助下注册了正安立云葡萄专业合作社，目前，北镇市像立云葡萄专业合作社这样的组织共有 8 个。正安立云葡萄专业合作社为果农进行产前、产中、产后的各项服务，统一采购化肥、农药等生产资料，组织采购销售成员生产的葡萄产品，开展成员所需的运输、包装等服务，为成员引进新品种，提供技术培训、技术交流和咨询服务等。通过成为合作社的成员，农户确实获得了实惠，立云葡萄专业合作社的规模从成立之初的 9 户发展到目前的 370 多户。陈立云把农职学院老师请到村里，给合作社成员讲解葡萄的种植管理和病虫害防治等问题。为了帮助果农改变陈旧的经营模式，她带着合作社成员到百里之外的葡萄示范园和示范户参观学习。实践证明，农民科技经纪人示范工程是辽宁省创新科技下乡模式，切实服务"三农"的一种成功的科技下乡形式，在农民科技经纪人示范工程的推动下，专业合作社作为一个民间组织已经成为农民共同致富的重要平台。

4. 建立无公害、绿色果品生产基地，是新型农业的发展方向。目前该镇依靠科技种田，形成了生产绿色、无公害食品，初步形成了农业发展的新方向。葡萄套袋和冷棚栽植技术是保护葡萄不受病菌侵害，不受农药污染，生产绿色葡萄的重要技术。一箱 6 斤装的普通葡萄只能买到 10 元，而进行了套袋的葡萄就能卖到 25 元一箱。目前，正安镇全镇的无公害葡萄生产达到了666.7 公顷。生产无公害葡萄经济效益可观，市场需求量大，有较好的发展前景。

（二）启示和建议

1. 加大科技培训力度，扩大科技示范户的影响范围，可以形成科技培训

178

的长效发展机制。各省政府相关部门开展科技培训需要建立长效机制，保持科技培训的延续性，不能开办几次之后就停办了。由于农村散居的居住特点，每个受过培训的科技示范户所能影响的范围有限，因此，必须要通过持续培训，扩大科技示范户的人数，使每个村的科技示范户的数量达到一定的比例，这样才能使科技示范户的辐射扩展到全村范围，从而真正带动整个乡镇的发展。如正安镇栽植葡萄项目的村有5个，但是通过上农业大学受过正规科技培训的只有一户，这远远不能满足农户对于技术知识的需求。此外，从各县市的农业院校和科研院所选拔一批业务水平高、实践经验丰富的技术骨干作为农民科技培训的讲师，根据市级所辖村镇所具有的特色农业，组织相应的专家到各个村镇开展培训，采取集中培训和现场指导相结合的方式。对于已经接受过培训的科技示范户可以充实到讲师团，提高培训的吸引力和质量。再者，还应在科技示范户家里设立"农民书屋"和安装"百姓科技信箱"，为科技示范户更好地发挥作用提供便利条件。"农民书屋"通过财政扶持资金购买农业技术方面的图书和报刊杂志，科技示范户和其他农户一起学习、讨论，交流一些生产经验，通过共同学习解决在生产中所遇到的一些问题，同时提高农民整体的科技水平和丰富业余文化生活。村里为每个科技示范户免费安设一个"科技信箱"，充分发挥科技示范户的信使作用。农民既可以通过信箱反映一些需求和问题，这些信息再经过科技示范户反馈到农业科技信息协会，协会请专家来解答这些问题，之后及时反馈给农户。各省、市的科技局应该鼓励各村镇的科技示范户根据现有的致富项目注册专业合作社，为农产品从栽植到销售提供一条龙服务。

2. **充分调动科技示范户的积极性，各级政府和农信社给予相应的优惠政策，完善农村金融服务体系。**一些科技示范户在扩大规模过程中遇到资金瓶颈。例如，正安镇的葡萄通过套袋和冷棚栽植技术生产无公害产品，所需资金需要进行贷款，但是，目前辽宁省农村的农信社小额贷款只有1万元，时间是一年，超过小额贷款的利息很高，超过农民承受能力。而如果应用上面两项无公害生产技术，所需资金要超过1万元，且葡萄从投入到产果的时间至少是三年。因此，我国各个省份的农信社需要从农民的实际需要出发，制定一些惠农政策，为农民依靠科技致富提供资金支持。可以考虑通过政府成立信用担保公司，对确实需要大额资金进行扩大性生产的农民进行资格审核后，为其进行担保，满足农民资金周转上的需要。还要鼓励和支持一些金融机构向农村延伸，在农村建立分支机构。对于这样的机构，政府可以在一些环节上给予政策上优惠，多方面地扩展农民贷款渠道。

此外，辽宁省现有的专业合作社组织在开展一些为民服务的过程中，遇到资金问题。请农业技术专家、到农业示范区参观和印发实用技术宣传手册，大部分资金来源于科技示范户个人，这在一定程度上会削弱科技示范户的积极性，影响专业合作社组织的功能发挥。因此，应该从省级、市级到县级财政给予一定的资金配套，用于合作社组织科技活动的开展，对于表现突出的合作社成员给予奖级和表彰，有效的激励措施会使合作社组织发挥更大的作用。

3. 加快科技含量向农业的渗透，必须加快农村城镇化进程，提高农业产业化水平。辽宁省农户大部分居住分散，土地也因此分割成好多块，果树种植很难实现规模化和集约化。例如，正安镇的葡萄生产发展的必然方向就是冷棚栽植，因为冷棚栽植葡萄，可以抵御冰雹、大风和降雨等自然灾害，而且能够预防病菌侵入，几乎可以不需播洒农药，再结合葡萄套袋技术，就可以真正实现无公害生产。但是冷棚所占土地面积较大，单独一家农户无法实现，这就需要与邻近农户合作进行并拢搭建，但是如果双方不能达成一致意见，冷棚栽植技术就很难实现。如果能实现农民住房集中化，房屋周边配套相应的超市、商场、医院等设施，就可以空出大片的土地，提高农业产业化水平和实现规模经营。这就需要地方政府相关部门进行统筹规划，把分散的农户集中起来，向城镇化方向发展。

4. 尽快制定和完善政策导向，鼓励农户进行品牌化经营，拓展销售渠道。正安镇的葡萄的主要销售渠道就是由各地采购商上门收货，这种销售方式存在的问题就是采购商会尽量压低葡萄的价格。由于处于被动地位，农户们不得不以较低价格售出葡萄，获得微薄利润。改变这种现状的解决办法就是走品牌化经营路线，由农户自己建立销售渠道，变被动为主动，来提高葡萄的销售价格和数量。正安镇的陈立云就注册了自己的葡萄商标，贴牌的葡萄主要是无公害、绿色产品，目标是销往全国各大城市的主流市场。但是品牌的建立和销售渠道的拓展方面都遇到了困难，相关部门给予一些意见和指导，还需要政府部门给予政策上的支持，为农户开展品牌化经营多开辟一些绿色通道，使我省自有的农产品品牌走向全国，乃至走向世界。

5. 依托农业专业合作社，推进农业标准化生产，提高农产品科技含量。农业标准化是目前我国提高农业经济发展水平的一种重要管理方法。农业标准化就是要按照市场需要，采用质量标准监控农业生产的全过程，向消费者提供合乎标准的、高质量的农产品，实现经济效益、社会效益、生态效益的有机统一。农业标准化生产是农业产业化的基础，对提高农业产业化经营水平、提升农产品质量、培养农业名牌产品、强化农产品国际竞争力、确保农产品消费安全等，具有举足轻重的作用。辽宁省农业经济发展水平与南方发达省份相比存在一定的差距，因此，要想改善辽宁省农业发展现状，必须大力推进农业标准化生产。

农民专业合作社本身设置在农村，管理人员和社员通过科技培训，对农产品无论是选种、种植、病虫防治，还是加工、包装、销售等方面都具备了一定的经验。因此，农民专业合作社非常适合我国各省农村开展农业标准化生产，根据地域和产业优势，因地制宜地选择和制订农业标准，并对社员标准化生产过程实行有效的监管，是促进各个省份实现农业标准化生产的一种有效途径。

6. 大力开展科技下乡活动。农村生产力落后和农业科技含量低，主要是农民没有掌握现代科学技术，因此，科技下乡必须与农民的科技培训结合起来，必须与提高农民文化素质和进行职业技能培训同步进行。农民文化素质的提高，才能夯实建设新农村所必需的知识根基。要让农民有接受培训的机会，培养懂技术、会经营的新型农民。为此，必须加大农民培训的投入力度，鼓励社会力量参与培训，各类有关农业的专业技术学校、职业技术学院（校）要把农民培训列入重要的社会服务范围，并以此衡量办学绩效。发挥社会团体、统战团体在农民培训中的重要作用，并将此摆上社会服务的首要位置，让农民掌握现代科学技术。比如户用沼气既可对人畜粪便进行无害化处理，改善人居环境，又可实现废物循环利用；沼渣、沼液回田，减少了农业支出，农户也减少了使用液化气的开支。这样双赢的事农村却一直没有普及，其中原因是农民不懂技术，缺乏资料。要多渠道筹集资金，兴办农村图书馆。目前，村一级的图书馆（室）很少，农民根本接触不到先进技术的书籍、报刊。建设社会主义新农村应把此事当做大事抓起来，以提高农民的整体素质。农民一旦掌握了科学技术，生产力就会得到提高，产品的量和质都会有所突破，社会主义新农村建设就落到了实处。

九、国际影响因素

新农村建设中，我国提出了要建设国际化的现代农业，但是，中国脆弱的农业和农村市场，承载各种社会和政策矛盾的农民应该如何应对农业国际一体化，特别是"三农"如何应对国际市场一体化的影响因素是我国应该深入关注和研究的问题。建立一个外向型的现代农业还是建立一个内向型的自主农业，是一个战略问题，也是一个民生发展策略问题。

当金融危机到来之际，农民发现，金融危机对我国农民生产生活的影响是巨大的和无法抗拒的，农业一体化已经控制了我国的农业市场。著名的"三农"学者李昌平评价说，中国农民正在失去"两个市场"。一个是土地密集型农产品的国内市场，例如，大豆及其加工品的国内市场70%的份额已经被外国企业占有；另一个是劳动密集型农产品的国外市场，例如，蔬菜及其加工品的日本、韩国和欧洲市场，原本是中国大陆农产品的传统优势市场，但现在却正被进入中国的外资农业企业逐步替代；① 因此，中国农业的依存度和自由度问题就变得异常重要了。

国际金融危机究竟在哪些方面影响农民的生产和生活，甚至影响中国农业发展问题，这是我们需要研究的民生问题。国际金融危机发生后，辽宁社会科学院的研究人员在对一些农村地区的调研中农民反映，国际金融危机已经开始影响到这个地区农民的生活和生产，具体表现为粮食价格下跌到新农村建设以来的最低点；受国际影响农业生产资料价格上涨幅度较大；农民进城打工无门；开展各种各样的农业多种经营都受阻等，这些都是金融危机后出现的新情况和新问题。用农民的话讲："种什么都赔，养什么也赔，日子不好过了。"广大农民对此表现出无奈的忧虑，迫切希望国家和地方政府尽快出台应对举措，确保农民的增收和今后农业生产顺利进行。

（一）金融危机引发的农村变化

2008年下半年以来，全球金融危机迅速蔓延，世界经济明显减速，国内经济有所放缓，对中国农业农村经济的冲击不断加深，农产品价格出现下行态势，农民收入增速开始放缓。我国农村主要在以下几个方面表现明显：

1. 粮食价格下跌。农民说："粮食价格跌得太厉害了。"金融危机后我国农产品价格，特别是粮食价格急剧下降。从中国加入WTO以后，农业在金融危机中受到的影响已经不可避免和不可忽视，主要表现是农产品价格下降，农产品出口受影响，相关生产资料涨价。现在国内粮食价格已经迈向全球化，

---

① 李昌平：《中国农民正在失去国际国内市场》，凤凰资讯国际在线，2008年1月21日。

成为大宗商品中的一类，并且摆上了期货交易平台。所以，在这次的国际金融危机中，我们不难发现，我国的农产品价格普遍下降，粮食价格比往年要低很多，特别是玉米价格等持续下跌。在一些地区调研中，农民告诉研究人员的玉米价格也印证了这一点。

金融危机后，在东北地区调研农产品价格时发现，国家发改委今年宣布在东北地区玉米按每斤 0.75 元的价格临时收储，而辽宁省 2007 年玉米的市场收购价格是 0.67 元/斤，2008 年则降低为 0.50—0.54 元/斤，每斤玉米市场收购价格比 2007 年降了 0.13 元。这一降，农民每亩地就少收了 100 多元，每个农户按照十亩地计算，每户损失千余元。辽宁省粗略按照六百万户计算，玉米跌价有可能造成的辽宁省农民收入损失在 60 亿元左右。由于新玉米上市压力、国内需求恢复缓慢及金融动荡的冲击压制市场价格，预计短期内玉米价格仍将维持偏弱走势，这样大多数农民会持观望卖粮态度，而这又会影响农民卖粮兑现和准备明年的春耕备耕资金。2008 年初辽宁省由于粮价低农民不卖粮，导致 100 余亿斤粮食在农民手中，积压春耕备耕资金（属于春耕备耕准备金中农民自筹部分）70 多亿元，在一定程度上造成了农民春耕备耕的压力和资金短缺。

2. 生产成本上涨。农民讲："现在农村啥都贵。"金融危机以来，我国农用生产资料价格较去年相比大幅上涨，造成农业成本加大，其中不排除物价上涨等因素影响在内。由于金融危机导致国内目前已有相当一部分煤头尿素企业因成本压力而处于停产或停产检修状态，并且统计显示更多的尿素企业加入到停产或停产检修行列中来，而这些停产的企业何时开工仍是未知数。目前复合肥行业开工率也很低，有些地区甚至高达 90% 的复合肥企业都处于停产状态。这些情况都导致尿素价格上涨。以辽宁省铁岭地区为例，2007 年化肥市场价格是 156 元/袋，而 2008 年是 236 元/袋，比 2007 年每袋价格上涨了 80 元，新农村建设以来辽宁省的化肥价格上涨了近 200% 左右，而 2006—2007 年两年内辽宁农民平均收入增长仅为 26.5%。

此外，种子、农药、柴油等的价格也有所上涨，都导致农业成本加大。以柴油为例，受国际市场价格影响很严重，一桶是 200 升，2007 年是 900 元/桶，2008 年是 1000 元/桶，每桶油比上年上涨了 100 余元，上涨幅度为 11.1%，种水田的农民每年每户至少需要 4 桶柴油，此项导致成本至少增加 400 元/户。这些新增成本，导致农民收入降低。以种玉米为例，现在去掉成本，每亩地只剩不到 200 元。虽然国家实行土地直补政策，每亩地玉米补贴

61—80元，成本核算抵消之后，农民纯收入所剩不多。

由于油价涨而不落，导致机械化耕作生产流程成本加大。我国农村很多地区也陆续开始使用机械用具。一般农用生产机械用具费用较高，普通农民买不起，一个村也就两三户拥有机械用具的，除了自己使用外，一般也都用来出租别的村民使用。机械化前，耕种都是牲畜完成，几乎没有多大成本；机械化后，没有机械用具的农户只能雇用别人的机械用具来为自己使用，以水稻收割机为例，一般雇用一台收割机一亩地需支付费用80元，10亩地就是800元，无形中又使农民的生产成本额外增加了。

3. 打工无路。农民工说："打工不好打了。"农村的农民工反映，由于经济不景气影响，很多劳动密集型的中小企业发展进入低谷，使农民工通过务农之外的方法赚钱更难了。对我省许多农村地区来讲，农民工外出打工是家庭的重要经济来源，也是地方经济发展的重要经济支柱之一，并被很多县乡冠之以"打工经济"、"劳务经济"。由于南方中小企业不景气，无疑会削弱我省部分地区农村的"打工经济"。显而易见的是，农村居民的实际收入将缩减，进而可能影响到农村的消费。目前其他省份（如河南、四川、陕西等）都在关注这些处在金融"风暴眼"上的农民工的生活困难问题，部分地初步统计出了金融危机后农民工返乡回流导致地区遭受的损失和带来的就业和社会保障问题，并要求各级政府统计农民工数量，从精神上和物质上进行及时安慰和补贴，妥善处理农民工回流引发的农村就业问题。我省各市县农民工和农民工家庭的数量都不小，仅以我们调研的法库县为例，该县有45万人口，其中农村劳动力20多万人，每年有6万多农民外出打工，占全县农村劳动力的近1/3，并且遍布全国各地。外出农民工的工资性收入占农民人均纯收入的近1/3，占新增纯收入的将近一半以上。到目前还没有见到有关我省农民工返乡回流的数量和损失统计，但是，我们在调研中已经遇到很多农民工返乡闲置在家，无事可做，生活处在艰难中，等待政府的帮助。

4. 多种经营受阻。农民讲："弄啥都不赚钱。"调研中发现，开展多种经营的农民也感觉赚不到钱。由于国际金融市场动荡，引发国际农产品平仓抛售，波及我国农产品，除了上面提到的玉米的价格有所下降之外，国内的各种农产品价格也有不同程度的下降（如大豆、豆油、肉类等）。我省的肉类价格持续下滑，但下跌空间相对有限。金融危机可能影响我省肉类产品，但我省家禽和猪肉自给率较高，因此受金融危机的影响不大，但是，这两类肉对进口饲料依存度较大，所以金融危机对我省家禽和猪肉市场的影响较为复杂。

184

我省豆类价格受国内市场影响有所下降，主要原因是美盘的大幅下挫带动国内农产品市场走低，与外盘联动密切的国内大豆期货也跟随着下跌。鉴于全球市场的动荡形势，我国连续出台措施提振市场信心，保证农民收入。但救市的效果一般，虽然豆类产品的价格有所上涨，但与去年同期比较还是下降得较多。我省花生价格忽高忽低地在1.80—2.00元/斤之间波动，变数也相对较多。总体看，我国受国际金融动荡环境影响，各种农产品价格普遍有所下降。

5. 农村金融机构信誉度下降。金融危机对我国农村信贷影响也是存在的。调研人员发现，金融危机造成农民对农村金融机构，特别是中小金融机构信任度下降，担心银行和农信部门受金融危机影响会出问题，所以农民存款都不把钱存入一个银行。用农民的话讲："有一万元，千万不能存到一个银行，至少要存六个银行。"可见，农民对金融部门的信任程度很低。这会影响到农信部门的筹资问题。另外，由于农民工返乡回流，农民工工资性收入减少势必形成农村金融机构储蓄存款下降，储蓄存款降低和受农村信用社存贷比居高不下等不确定性因素的影响，有可能影响农村信用社筹资能力的变化和原有的筹融资安排，进而有可能影响到支农资金的筹措和安排。

6. 金融危机造成的困境使农民原有负担显得更加沉重。新农村建设政策大大解除了农民原有的负担，但也增加了一些负担，金融危机造成的艰难时刻，农民对这些负担更加感到沉重，例如教育负担等。我国农村按照国家的要求，实行"撤村并乡"后引发的农民潜在教育支出负担一直没有解决。实施九年义务教育后，农民教育负担有所减轻，但随着各地区陆续实行中小学"撤村并乡"集中办学后，导致农民家庭产生了一些隐性教育支出，如学生上下学的交通费、住宿费、膳食费、杂费、电脑费等，这些新增教育费用每年一个学生就需要1200—1500元左右。2007年我省农民平均收入超过四千元，但是对于大多数农民家庭来说，年收入都在三千元左右，以上这些教育新增负担是这些家庭不小的负担。

国家和省里近几年来的一系列新农村建设政策取得了很大成效，减轻农民负担、增加农民收入、提高农民生活水平，确实给广大农民带来了很多的实惠。但是，由于金融危机、物价上涨、粮价下行、其他收入削减、教育负担和医疗负担等多方面原因，导致我国农民2008年收入严重受影响，农民生活确实遇到了一定的困难，生活水平开始初步呈现出明升暗降的发展态势。这个态势应该引起国家政府有关部门的高度关注。

（二）解决的办法

调研中农民表示，2008年也就这样了，维持着到2009年开春再说。可见，农民对2009年开春的农业生产还是寄予很大希望的。农民也对2009年搞好生产，实现增收，有很多想法。据此，总结农民应对金融危机的打算和想法，建议国家有关部门从以下几个方面开展具体应对工作，能有助于帮助农民走出金融危机带来的困境。

1. 适当提高或稳定农产品价格，确保农民收入，保护农民生产积极性。金融危机直接导致农产品价格下跌，因此，如何保持农产品价格不变这是农民的期望。调研中也发现，农民特别希望政府能提高粮价和稳定生产资料价格，特别是强烈希望政府有关部门解决农业生产资料不断涨价问题。农业生产资料关系到国计民生，必须严格控制价格，否则影响农业生产和农民生活。农民说，金融危机的影响才是一个开始，希望国家有关部门在每年的春耕备耕之际，一定要控制住农业生产资料价格，如果不控制生产资料价格，春耕之际价格飞涨，粮食再卖不出去，种地可就真成问题了。因此，建议有关部门对关系到农业生产发展至关重要的农业生产资料和必需品实行季节性统一管理。通过这种方式设法在农忙时节稳定农业生产资料价格市场。或者通过其他政策渠道发挥政府的宏观调控作用，农业生产资料中关系到国计民生的部分，应该以政策为主加强调控。

2. 规范农村生产资料市场，监管种子、化肥、农药等经销商，调控农用生产资料价格。为了确保每年农业生产顺利进行，农村生产资料市场急需规范，形成稳定的市场态势。目前，农村市场经济体系还不健全不完善，农村市场秩序混乱，主要表现在几个方面。一是农用生产资料市场秩序混乱。农民反映，农村农用物资经营销售监管不规范，一到春耕，农村到处都是卖种子、化肥、农药等农用生产资料的销售点，有无资质的人都能销售经营，导致很多问题。以卖种子为例，一旦某个种子走俏，马上家家都换标签卖这个种子，或者在好种子中掺其他种子，导致产量严重受影响。以一农户种10亩地为例，正常产15000斤粮，如果买到假种子或不好的种子，将会至少减产500斤粮，多的将少产一半粮。有些种子店随时成立随时消亡，农民经常买到假种子，秋后受损失找不到人。种子监管不力会带给农民很大损失，不仅影响农民收入，也影响粮食安全。二是农产品市场秩序不完善。随着农业的专业化和规模化发展，各种大小农产品专业市场应运而生，伴随而产生的就是农产品市场出现的具有黑社会性质的菜霸和市霸，他们欺行霸市，对农产品市场进行垄断，故意压低农产品价格，使得菜农农产品卖不上好价钱，收入严重受损。因此，建议规范和整顿农村生产资料市场和农产品市场，稳定生产资料价格，从而降低农业生产成本。继续加强农业生产资料市场的监控，加大打假力度，严厉打击菜霸、市霸等的垄断，维护市场秩序，保护农民的合法权益，确保农民增收。

3. 努力解决"撤村并乡"集中办学后农民新增的教育负担。"撤村并乡"导致农民新增许多隐性教育支出，成为新农村建设以来农民的最大新增负担，这个政策引发的问题，新农村建设以来一直没有什么有效办法彻底解决，建议国家政府和各个省的有关部门应该深入了解实际情况，倾听农民的呼声和想法，本着办实事的态度，帮助农民解决这个困难。可否考虑给予农民适当的教育补贴，如学生上学使用的校车的车补等。学校也应免去学生九年义务教育期间的住宿费、电脑费等新增杂费，从而减轻农民家庭负担。

4. 国家要尽快给一些省份以农业省份的政策待遇。国家有关部门应该根据各个省份的农业发展情况，适时地给予相关省份以农业省份的政策待遇，刺激和确保该省的农业发展。一些够条件的省份也应该积极争取这些政策。例如，辽宁作为老工业基地，已经成功地争取到了国家东北老工业基地振兴的优惠政策，但是，辽宁不仅是工业大省。2007年辽宁的工业产值突破五千亿的同时，农业产值已经占辽宁总产值的一半，这个事实表明，辽宁也应该是农业大省。目前东北三省中，除了辽宁之外，吉林和黑龙江都向国家争取到了农业省份的政策待遇。有这个待遇，粮农就可以享受国家粮食保护价格。例如，2008年辽宁玉米收购价格是0.50—0.54元/斤，而黑龙江和吉林由于享受国家粮食保护价，收购价格都在0.70元—0.75/斤左右。因此，这样的政策对我国农村的很多粮农会十分有利，建议各省委省政府有关部门应该尽快积极研究争取，早日为各个省份的农民造福。

5. 加大对粮农的补贴力度。金融危机引发了对发展方式的深度思考，使挖掘农村内需已经成为共识。扩大农村内需，除了应该尽快增加对农民的社会保障投入，消除农民攒钱不消费，应对高额医疗费用和教育费用的后顾之忧外，我省还应该通过加大对2125万农民的补贴实现扩大内需。目前，辽宁对粮农补贴还有待逐步提高。从东北三省情况看，黑龙江省2008年粮食补贴共安排补贴资金71.6亿元，比上年增加21.9亿元。根据新华社2008年2月报道，辽宁省财政进一步加大对种粮农民的补贴力度，2008年共筹集补贴资金 26.5 亿元，而按照年底统计（到 11 月 7 日）实际补贴为 38 亿，黑龙江 2008 年粮食补贴资金相当于从 2004 年实施粮食直补政策以来辽宁省共向种粮农民发放粮食补贴资金总额（72.4 亿元）。因此，我省应该根据经济发展水平逐年提高的情况，逐步逐年增加对农民的补贴，并形成制度化，以通过共享改革成果的方式让农民得实惠，逐步缩小城乡收入差别。另外，加大对粮农的补贴，增加他们的收入，还可以实现扩大消费、拉动内需的效果。

6. 从构建和谐社会需要的高度关注农民工回流问题。能否将农民工纳入失业登记统计，通过扩大就业的方式，妥善安置农民工，国家人力资源和社会保障部正在着手调研这个问题准备出台相关政策。我国应该在金融危机时刻，加快调整农村经济结构步伐，将返乡民工列为重点帮扶对象，给予就业指导等一系列帮助。要推出促进劳动力转移就业的举措，包括建立农村劳动者普惠制技能培训制度等，对有就业能力和就业意愿的本省农村劳动力提供免费职业技能培训等等，为农村经济发展培养人才、储备人才，为农村经济发展奠定人才基础。

十、国内影响因素

影响农业发展和农民生活的一个不可忽视的因素就是政策调整问题。差不多每一次国家农业政策的调整，都会不同程度地波及农民的民生问题。新农村建设几年来的情况表明，国家"三农"政策的调整对农业、农村、农民的影响很大，特别是国家金融政策的调整，对"三农"的影响非常大，直接影响农业发展、农村稳定和农民生活。无论是国家调整利率还是出台新的支农金融政策，最后主要表现为支农资金的变化，支农资金变化就是农民生产资金的变化，就是农民生产发展的变化。因此，国内支农政策的变化是影响农村民生问题的一个重要因素。为此，要充分认识到国家政策的调整对"三农"的直接影响和连锁反应，避免因为国家政策的调整引发农村的民生问题和社会稳定问题。

2008 年前后，随着国家多次调整存款类金融机构人民币存款准备金率，使农信社资金被锁定，导致我国一些地区农村的春耕备耕资金出现短缺问题，部分地区支农资金出现缺口情况，引起了地方政府的高度重视。辽宁社会科学院的研究人员在辽宁省很多地区调研时就发现一些地区的春耕备耕资金严重短缺，基层农信部门和广大农民急切呼吁国家和地方政府关注这个情况，并迅速协调有关部门，确保农民春耕备耕资金的投入，保障农民生活和农业生产顺利进行。

（一）国家政策调整引发农民民生问题的表现

在国家不断调整利率后，辽宁社会科学的研究人员在调研如何解决我国"三农"一直存在的支农资金不足的问题时发现，进入2008年以来，辽宁省部分农信社明显感到春耕备耕资金缺口较大，特别是辽西、辽北等经济落后地区，资金缺口很大，春耕备耕生产信心不足。在辽宁某市调研时，该市农信联社的一位负责同志在接受研究人员调研时说："以前我们都是必保老百姓种上地，但2008年，我们只能说是努力支持，能不能保证农民种上地心里也没有底儿。"其原因主要是今年该市出现了资金紧张，导致春耕备耕资金缺口很大。例如，该市的一个县当时的春耕资金缺口较大，在票据兑付完成之后，资金余额为3300万元，而2008年该县春耕资金需3亿元，通过吸收存款和收贷回收部分资金后，目前春耕备耕资金还缺8000万—1亿元。

在辽北地区调研时发现，辽北某市2008年春耕生产需要资金8亿元，当时只有资金5亿1千万元，存在3亿元的资金缺口，该市一个县区的春耕备耕资金缺口就为7000万元，该市另一个县预计2008年春耕备耕资金需要7亿元，当时仅有2亿元，估计通过老百姓自筹能解决约2亿元，还将缺口3亿元左右。

另据业内人士反映，去年辽宁省个别地区就出现过这种情况。像营口、朝阳等地2007年就已出现过春耕备耕资金短缺的问题。辽宁省朝阳市2007年出现了资金紧张情况，曾经停贷两次。

此外，在辽宁省一些资金不缺乏地区，如丹东等地，也面临春耕资金不足的问题，这主要是由于人民银行限制放款所致（2008年起，由于国家宏观调控，抑制经济过热现象，人民银行开始限制放款规模）。以丹东城区信用联社为例，2008年，丹东地区的春耕资金需1.8亿元，但2008年只允许放款3000万元，受限贷规模政策影响春耕资金缺口为1.5亿元。尽管当时结束的中央金融和农村工作会议已经提出了保障今年春耕备耕资金问题，但是当时还没有具体落实，特别是没有安排好应对措施。

因此，辽宁省内部分市县无论是资金紧张地区还是资金充足地区，都不同程度地面临着春耕备耕资金不足或严重不足的问题。根本原因都是因为由于国家宏观调控，抑制经济过热现象，人民银行开始限制放款规模。

（二）导致资金缺口的原因

从当时我国一些省份出现的春耕备耕资金短缺各种情况综合看，造成春耕备耕资金缺乏的主要原因如下：

一是资金不足一直是我国各省份农信社发展的瓶颈问题。农信社的股东大都是农民，他们本身就没有多大的资金入股，这是农信社资金来源先天不足的筹资缺陷，再加上农信社不能通存通兑，不利于储户结算，很多大的企业储户很少在农信社开户。这样一来，农信社的资金来源渠道很有限。

二是金融环境的影响导致农信社存款额急剧下降。2007年以来，由于基金和储蓄领域的不正当竞争的影响，资金流向发生了很大的变化，很多资金从农信社流向基金领域、邮政储蓄、农业发展银行等国有商业银行领域，导致各省农信各级联社存款严重下降。以辽宁省铁岭市开原为例，从2007年9月末到2007年12月10日为止，存款下降了2.2亿元；从2007年12月10日至12月末，存款下降了3000万元；从2008年1月1日至10日，存款下降了6900万元。

三是据农信社相关人士反映，2008年票据兑付完毕后，人民银行可能不再增加贷款额度了。以往每年农信社的资金缺口，通过农户自筹解决一部分，筹不上的通过向人民银行申请再贷款解决。今年各地农信社纷纷反映，人民银行在农信社票据兑付后，就开始限制农信社的贷款额度了。这是导致春耕资金缺乏的主要原因。

四是存款准备金率上调后，锁定了农信社的部分资金，使得可用资金额度减少。2008年，人民银行多次上调存款准备金率，由原来的6%涨至12%以上，涨幅很大，对各省的农信社影响也很大。以辽宁省的粮食大县昌图县农村信用联社为例，该联社2007年存款增加了3个亿，由于存款准备金率过高，导致存款资金"冻结"达1个亿，无形中又减少了农信社的可用资金。

（三）农民提出的解决办法

以上情况，影响到农民的春耕备耕生产资金问题，农民和基层政府希望国家和各省委省政府从保障民生、稳定农村社会、确保农业产业发展安全等高度，解决我国各省部分地区出现的春耕备耕资金不足问题。为此农民提出了一些解决建议：

一是国家和各省政府应尽快召集相关部门和各市农信部门等部门会议，

了解我国一些省份的春耕备耕准备情况、资金缺口情况，研究解决办法，尽快加大支农力度，解决春耕备耕资金缺乏等问题。

二是国家和各省政府应协调各相关部门帮助解决资金不足问题。国家和各级政府应通过沟通和协调，把行业内和区域内的涉农部门（农、林、水、畜牧、财政等部门）的资金和县域部分的社保资金存放到农信社，在农信社建立基本结算账户，可以帮助农信社缓解自有资金不足问题。

三是与人民银行部门协调，落实中央金融和农村工作会议要求，尽快落实加大支农再贷款的政策支持，加大对春耕备耕资金以及新农村建设资金需求的发放力度和额度。这样才能真正体现对"三农"的反哺政策。

四是建立资金拆借的绿色通道和拆借平台，允许农信社自主筹措资金。如资金缺乏的农信社，可以向资金较充足的农信社或其他商业银行进行拆借，这样既可以解决资金缺乏地区农信社资金不足的问题，又可也解决资金充足地区农信社有款放不出去的尴尬，从而有效利用资金，也可有力地缓解了春耕资金紧张的压力。

以上情况说明，为了减少"三农"的干扰因素，让农民自主发展，解决农业发展资金短缺，迫切需要建立一个以农民个人投资为主体，国家财政性政策为引导，信贷资金为支撑，外资和证券市场等各类资金为补充的多元化的农业投融资体系。建立政府财政支农资金投入稳定增长机制，是完善国家对农业支持和保护体系的重要方面。为此，必须努力增加政府财政支农资金投入总量和使用方向。就目前农村发展的金融需求来看，商业金融、政策性金融和合作金融同时并存才有可能满足农村多样化的金融需求。今后，我们要努力探索建立政策性农业保险制度，积极利用证券市场为农业筹集资金，积极鼓励和扶持各类工商企业进入农业开发领域，进一步提高农业利用外商投资的质量和水平，为农业投融资创造良好的政策环境。

第八章　扩大民生内需与新农村建设的宗旨

　　农村经济发展战略制定和实施的基本点，首先应该是满足国内农村的市场需要，重点解决农民温饱和保障温饱等民生问题，其次才是考虑满足国际市场的需求问题，这是符合先生存和后发展的民生哲学思想理念的。因此，建立以内需支撑为主，外需需求为辅的驱动机制是新农村建设中应该对农村经济进行驱动力调整的重点。

　　新农村建设开展以来，由于全球性金融危机的影响，我们举国上下才深刻认识到应该从扩大内需（挖掘农民的生存和发展需要）的高度开展新农村建设，最初的宗旨只是提出要解决城乡差别问题，没有从内需的高度认识"三农"问题。韩国的"新乡村运动"最初的战略设计宗旨之一就是要通过激励农民的精神世界，自发地建设农村和发展农村，提高农村人的收入和消费水平，进而扩大消费内需，为韩国的工业产品寻求出路。韩国当时的工业发展遇到困难，工业产品卖不出去，当时的韩国政府发现，如果占人口 3/4 的农民参与社会消费，那么韩国的工业发展会得到极大的推动。因此，韩国实施了"新乡村运动"，并在几年后迅速取得了效果，韩国的农民富起来了，过上了好生活，很快提高了韩国农村的消费能力，也强有力地推进了韩国工业的发展，为韩国民族工业积累实力、走向世界奠定了坚实的基础。

　　金融危机暴露了我国市场发育的畸形，单纯依靠国际市场所形成的外向依赖性太强，所以，我国学界开始关注挖掘农村内需市场问题，特别是关注农村消费市场的需求问题。从目前国内的研究现状看，学界和理论界对扩大农村内需市场的途径进行了广泛的探讨，提出了很多扩大农村内需的途径，这使我们明晰了很多扩大农村内需的途径和可能性。综观这些探讨，很多设计都集中在农村小乡镇城市化上，这对于探索农村长远发展战略很有意义。

　　在我们主张农村城市化的时刻，西方发达国家却在推动着城市乡村化的战略，反映了我们与西方的发展差距不仅是发展水平的差距，更是发展理念的差距。说发展水平差距主要表现在，城市农村化主要是要解决生态发展问题；农村城市化主要是要解决社会问题。这种发展态势带给我们的启示是，发达国家的农村被城市化后，又在被乡村化。那么，我们现在大规模开始搞农村城市化一旦农村被高度城市化的时候，最后是不是我们也要搞城市乡村化？如果是这样的必然发展路径，那么，我们为什么不未雨绸缪地一步到位直接开展城市农村化问题？为什么不研究城市化过程中应该为将来的乡村化保留什么持续的发展内容？通过县域经济工业化达到发展农村城市化固然重要，但是国际化的城市化不是发展农村工业的问题，主要还是解决农村人口的城市化福利待遇问题，解决农村和城市在生态问题上的统一发展标准问题，例如在治安、就医、环境卫生等方面都要有一致的标准要求和相同的管理要求。一句话，农村城市化首先就是解决农民获得和城市人相同的生存和生活保障问题。

在城市化过程中，要让农民长期受益，就必须解决当前农民的民生问题。目前农民在城市化过程中感觉没有生存保障，农民没有生存保障，国家也就形成了最大的发展问题，农民的后顾之忧不解除，发展的驱动力没有挖掘出来，国和民在发展问题上无法形成发展合力。

因此，就目前看，农村城市化还无法实现扩大内需的效果。因此，有些学者（如辽宁社会科学院社会学所助理研究员元文礼）提出，当前扩大农村内需的根本方法在于加大农村社会保障的投入力度，消除他们的后顾之忧，让农民不攒钱而放心消费，这样就可以启动我国的农村消费市场。

农民攒钱不消费主要来自两大消费顾虑：一是孩子上学需要一大笔钱；二是看病需要一大笔花销。

农村家庭的教育支出我们在前面已经分析了，为了普及九年制义务教育，我国对农村教育进行了改革，免除了九年制义务教育的费用；同时，为了提高农村的教育质量，有效整合农村师资力量，实行了"撤村并乡"的集中教育方法。但由此引发的新增费用占农民家庭收入的1/4—1/2，这些新增费用成为农民家庭的新增负担。为了应对子女将来上高中、大学甚至研究生的教育费用，农民家庭不得不考虑攒钱。为此，农民无法改变省吃俭用的生存方式和消费方式。

农村尽管实行了新型合作医疗，但是参保农民最大限度也就能报销两万元医药费，对于得大病的农民，这点钱只能是杯水车薪。目前医院收费普遍偏高还没有治愈保障。这些情况不得不使农民考虑攒钱应急和以防万一。

伴随着金融危机影响，我国各个省份的经济发展中消费需求相对不足的问题日益凸显，尤其是农村消费市场不活跃、消费需求不足更显严重，这不仅直接影响了农民的生活水平和农村经济的发展，而且已成为影响国家整个国民经济稳定发展的重要问题。出现这种情况的原因固然是多方面的，但在很大程度上与农村社会保障制度建设严重滞后有密切关系。加强农村社会保障制度建设，消除农民消费后顾之忧，大力发展农村社会保障事业对解决农村消费不足、扩大内需具有重要意义。

一、农村居民消费水平偏低

农村居民消费水平较低，需求不足问题突出。由于受金融危机的影响，很多省份暴露了农村消费市场发展薄弱的问题，特别是对于一些实力雄厚的工业省份，由于产业结构长期不合理发展，这个问题尤其突出。以辽宁为例，辽宁省作为我国的工业大省，东北振兴规划实施 5 年来，经济发展取得明显成效，国内生产总值（GDP）从 2001 年以来保持着年均 11.6% 的增长速度，高于全国平均水平，呈快速增长的态势，近几年增长速度更快，2007 年达到 14.5%。但是在国内生产总值（GDP）的构成中，固定资产投资增长占的比重较大而且呈越来越大的趋势，已经从 2001 年的 32.3% 急剧上升到 2007 年的 57.5%。

与此同时，辽宁的消费率则从 2001 年的 56.2% 持续下降到 2007 年的 41.6%。国内生产总值（GDP）中固定资产投资的比重以平均每年超过 20% 的速度在增长，远远高于国内生产总值（GDP）的增长速度；相反，社会消费的增长速度则相对缓慢，仅有 10% 左右，低于国内生产总值（GDP）的增长速度。当然这与注重招商引资工作的执政观念不无关系，但是这对辽宁省经济今后能否持续、快速、良性的增长不能不说是一个极大的考验。

而在缓慢增长的城乡居民消费增长中，农村居民消费需求则更加低迷。数据显示，到 2007 年底，辽宁省农村人口为 2155.8 万人，占全省人口总数的 50.9%，但是，最终消费却只占全省城乡居民最终消费的 45.6%。而从居民消费水平来看，2007 年农村居民生活消费支出仅为 3634 元/人，名义值还不到城镇居民 1998 年（3891 元/人）的水平，扣除物价因素，实际仅相当于 1995 年以前的水平，比城镇居民落后 12 年。而 2007 年同期比较，城镇居民人均消费性支出为 10950 元，是农村居民人均生活消费支出的 3.01 倍。

从消费结构来看，2007 年辽宁省农村居民家庭的恩格尔系数为 39.9%，仅相当于城镇 2001 年（39.4%）的水平。比较城镇与农村家庭的消费结构，农村居民家庭 2/3 左右的生活消费支出仍用在吃、穿、用等基本生活上，而城镇居民家庭用于吃、穿、用的支出比重仅为 48.5%，比农村居民低了将近 20 个百分点。

从每百户农村家庭拥有的耐用消费品情况来看，农村居民使用的消费品基本上是以科技含量少、技术水平低的基本日用消费品为主，体现现代生活品质的家用电器及通讯设备的消费占有量远远落后于城镇居民。

从以上特例分析看，辽宁省农村居民消费水平偏低，消费结构比较初级，消费需求不足问题比较突出。我国的其他省份也不同程度地存在农村消费能力低于城市消费能力的问题。可以看出这是我国普遍存在的问题，消费需求结构不合理的问题不解决，势必影响消费市场的整体发展水平和经济发展的驱动力。

二、农村社会保障制度建设滞后

农村消费不足与农村社会保障制度建设滞后有密切关系。农村消费需求不足的直接原因是农民收入水平低、增长缓慢，城乡居民收入差距不断扩大，除此之外，农村社会保障制度建设滞后是我省农村消费不足的重要原因。由于农村社会保障建设滞后，农民的养老、医疗等负担较重，制约了农民的消费需求。

改革开放 30 年来，各个省的经济飞速发展，农业经济也有了长足的进步，农民的收入水平尽管无法和城市居民相提并论，但也一直在增长。遗憾的是城镇社会保障体系已经建立并逐步得到完善，城镇居民享受到了比过去更平等、更安全的社会保障，而广大农村居民则长期徘徊在社会保障体系的边缘甚至被排斥在社会保障体系之外。虽然近年来，党和政府不断加大农村社会保障建设的力度，但从总体上看，我国农村社会保障建设依然落后于城镇，城乡保障差别过大，主要表现为政府扶持力度小、资金缺乏、保障水平低、覆盖范围窄、法律制度缺失等。正是由于农村社会保障制度建设的严重滞后，致使农民的养老、医疗等问题长期得不到有效解决，成为制约农村居民消费的突出问题。农民的收入本来就低，还要将收入的一部分储蓄起来以应对将来的养老、医疗、子女教育等，即使收入有所增加也不敢轻易增加消费。这是导致农村消费需求不足的重要原因。

正如民意调查机构盖洛普组织的咨询总监吴涛博士主持盖洛普在中国进

行的消费者调查的结论所指出的，中国消费环节疲软的主要原因是社会保障网络极不健全。他说："在中国，无论城市居民还是农村百姓都为基本的社会保障体系感到担忧。他们要存钱是为了退休，是为了看病，是为了孩子的教育。据统计，中国农村72%的人没有医疗保险，城市的比例是40%。教育费用在攀升，原有的社会保障体系已经不复存在。在这样的情况下，消费者是无法放心大胆地去消费的。尽管中国政府和经济学家不断宣传要促进消费，但这些宣传似乎对消费者并没有产生多大作用。"盖洛普的调查发现，2/3以上的消费者认为他们现在的储蓄还很不够，储蓄还要继续进行。那些认为自己的储蓄已经差不多了的消费者在整个调查中所占的比例只有2%。因此中国消费者支出是否能够大幅度增长关键是社会保障体系是否能够很快地建立起来。

另外，由于农村社会保障建设严重滞后，我国农村居民和城镇居民从国家所获得的转移性收入差距过大，这又加剧了农村消费的不足。我们知道，财政支出按经济性质可分为购买性支出和转移性支出两大类，其中用于社会保险、社会救济等社会保障方面的支出是政府单方面的、无偿的资金支付，属于财政的转移性支出。居民获得转移性支出会通过一定的途径直接或间接地转化为社会消费支出，从而扩大社会总需求。所以居民获得转移性支出的多少直接影响着居民的消费水平。长期以来，我国农村居民从国家财政获得的转移性支出远远少于城市居民。

三、健全农村社会保障体系是解决农村消费不足的关键

毫无疑问，发展农村经济是提高农村居民收入，扩大农村消费的根本途径，但是农村社会保障建设和拉动农村消费之间是一种正相关关系，如果缺乏完善的社会保障制度，真正启动农村消费、扩大内需仍是一件非常困难的事情。农村社会保障制度能平滑农民生命波折期的波动，提高农民转移性收入，促进其消费。有资料显示，1982年英国收入最高的20%的家庭与收入最低的20%的家庭纳税前的最初收入比为120：1，经过纳税和各种社会保障补贴的增减后，其最终收入比变为4：1，收入差距缩小的幅度是相当大的。转移性支出与消费之间具有明显的正相关性，转移性支出的增加，相当于直接增加了居民的收入，会有效地扩大消费需求，扩大居民的边际消费能力。如果建立了完善的农村社会保障制度，国家就可以通过发挥其收入调节功能，不断

加大对农村居民的转移性支出，这在一定程度上缩小了城乡收入差距，增加了农民收入，在客观上会有效扩大农民的消费需求，增强农民的消费能力。贾小枚利用2000年和2001年我国农村住户调查截面数据建立的农村居民消费函数模型，考察我国社会保障因素对农村居民消费变化与收入的关系，也证实了农村社会保障制度能平滑农民生命波折期的波动，提高农民转移性收入，促进其消费的论点。

因此，要从根本上解决农村消费不足的问题，健全农村社会保障体系，大力发展农村社会保障事业是关键。然而，当前我省农村社会各项保障制度的严重缺失，加大了人们对未来预期的不确定性。制约了人们提高当前消费的积极性，即使收入有所增加，消费也不会有太多的增加，而是将所增加收入的一部分进行储蓄以预防未来的不测。要启动农村消费，必须建立健全农村社会保障体系，减少农民消费支出预期的不确定性，消除农民消费的后顾之忧，增强消费信心。这就要求相关管理部门在今后的宏观调控政策与措施中重点做好以下几项工作：

1. 完善农村社会保障制度，增强农村居民的消费信心，引导其消费预期。完善的社会保障制度是社会经济平稳发展的基础。纵观美国等西方经济发达国家，其之所以储蓄率较低而经济发展较快，就在于其拥有健全而又发达的社会保障体系。通过社会保障制度的建立与不断完善，可以较大程度地消除农村居民的后顾之忧，促使居民降低预防性储蓄实现远期消费社会化，扩大即期消费需求。

2. 健全农村初级卫生保障服务体系，减少农民的预防性储蓄。健全的农村卫生保健体系，完善的服务功能，能解决农民看病难的问题，农民的预防性储蓄将减少，即期消费就会增加。农村要建立灵活的医疗保障方式，并建立多层次的农村医疗保障制度，如合作医疗、医疗保险、医疗补贴和大病统筹等。同时应加强农村卫生基础设施建设，推广农村中医药技术，努力控制危害严重的传染病、地方病，不断提高农民的健康水平和生活质量，实现人人能享有初级卫生的保健目标。

3. 建立健全农村社会养老保险制度，消除启动农村消费的障碍。一方面，政府应加大对农村社会养老保险的扶持。政府有责任为农民提供与其他公民同等水平的公共服务。农民缺乏投保热情的原因是由于缺少政府扶持，因此，应适当提高集体补助的比重，加大政府扶持的力度，调动农民投保的热情。另一方面，要多渠道筹措社会养老保障资金，允许民间资金甚至其他部门的资金进入社会保障领域，建立比较完善的竞争机制和奖励机制。在此基础上，也要明确个人责任，指出分担者、分担方式、途径、分担的权利和义务。健全的养老保险制度能解除农民的后顾之忧，增加其即期消费。

总之，要建立可持续发展的经济，就必须培养可持续的社会购买力，进入消费型社会。建立和完善农村社会保障体系，可以降低农民的预防性储蓄，提高消费信心，从而真正启动农村消费，挖掘出农村这个最大的消费市场的潜力，从而扩大内需，保持我国经济持续稳定的增长。健全农村社会保障体系，可以改变农民对未来的收入和支出预期，解除后顾之忧，增强消费信心。2005年11月世界银行发布的《中国经济季报》中指出，公共财政措施对扩大消费至关重要，而且有助于建立资源节约型、知识推动型和更为公平分享的经济增长方式。政府开支从投资转向医疗、卫生和教育等领域，从物质基础设施转向社会基础设施，将直接降低国民储蓄和投资，扩大消费。因而，刺激消费不能仅仅靠"头疼医头，脚疼医脚"的手段，而应该通过加大社会保障投入力度来激发消费者的消费热情。虽然这在一定程度上减少了现期消费，但它却营造了一个让劳动者解除后顾之忧的社会消费环境，减少了对未来不确定因素的预期，在可支配收入基础上可以放心地去消费。因此今后要加大农村社会保障投入力度，建立健全农村社会保障体系，这是社会保障事业健康发展的条件，同时也是提升农村居民消费信心和改善居民消费结构的重要前提。只有这样，才能消除农民的消费后顾之忧，从而使农村居民消费成为拉动经济快速增长的重要力量。

第九章　关注农村的民生文化

我国农村文化建设和发展一直是国家文化发展的软肋，主要表现在农民的文化需求目前没有得到及时准确地满足，对城市的文化投入远远大于对农村的投入。根据国家有关部门数据显示，2006 年各级财政对农村文化共投入44.6 亿元，仅占全国财政对文化总投入的 28.5%，对农村文化工程地方投入低于中央投入 4.1 个百分点；对城市文化投入比重高达 71.5%，超过农村 43 个百分点；全国农民人均文化事业费仅 1.48 元。公共财政文化投入的严重不足，造成大部分地区农村文化设施落后，农民文化生活贫乏。而据文化部统计，截至 2007 年，全国已建立乡镇综合文化站机构 34593 个，占乡镇总数的97%。但实际上，全国还有 26712 个乡镇没有文化站设施或站舍面积在 50 平方米以下。可见，文化的强势地区还是城市，农村是文化发展的弱势地区，在新农村建设的城乡统筹中，文化统筹任重道远。

文化就是人化，是人把主体的特性对象化的结果。文化在人类学家看来是一种生活方式，一种精神状态，是人们的观念、价值体系和行为准则。泰勒（Edward Tylor）认为，文化或者文明，它包括知识、信仰、艺术、道德、法律等一切人类所有习得的才能和习惯，就其广泛的意义而言，是一个复合性的整体；马林诺夫斯基（Malinowski）认为，文化包容着及调节着一切社会科学，文化可划分物质的和精神的；斯图尔德认为，文化包括物质、技术等边缘文化和思想、精神等中心文化。可见，文化在人类学家看来还有广义和狭义之分，广义文化是指人类所独有的、异于禽兽的基本分野；狭义文化是指人为了适应自然环境和社会环境而发展出来的一种生活方式。

人类学家对文化的基本认识决定了在认识和考察农村文化过程中，必须明确几个前提：①文化是一个复杂的综合体；②文化是习得和传承的，可分为物质的和精神的；③文化是有层次的，体现了人与自然、人与社会以及人与人的关系。

农村作为人类文明和文化的重要承接区域，一方面传承古老的传统文化，体现着传统的人与自然、人与社会的关系；另一方面，农村承接现代文明，受现代文化的影响，如何在现代化中建立起新的人与自然和人与社会的和谐关系，已经成为当代农村必须面对和解决的问题。

一、农村民生文化盲区

民生问题一直是一个"心物统一"的问题，就是说，解决民生问题不能单纯只解决温饱问题，或者说不能单纯解决肚子温饱问题，还要解决头脑温饱问题，还要解决"民"的精神需求问题。在解决民生问题上，我们一直存在一个片面的观点，认为"仓廪实而知礼节"，所以就先解决温饱和"仓廪实"的问题，这些问题解决好了，"民"就自然而然地知道了"礼"的问题，从当代国际政治哲学的发展理念看，"仓廪实"和"礼节"的问题必须同时实现，才能是一个民生健全的社会。

由于我国在新农村建设中，始终坚持"仓廪实而知礼节"的道统理念，导致我国农村文化问题一直被忽视。农村文化工作虽有喜人的一面，但随着农村经济和社会的不断发展以及改革开放的日益深入，农村的一些新问题令人担忧。胡锦涛同志在分析农村出现的新情况时曾特别指出，影响农民切身利益的有三个问题：一是农民负担过重，二是农村精神文化生活堪忧，三是农村社会治安形势严峻。这是总书记对三农现状的总体评价，道出了我国农村精神文化发展的滞后现状。

新农村建设中农村文化发展相对落后的情况，主要是我们"先发展经济后发展文化"的发展理念导致的战略部署失误的结果。这是我们新农村建设同韩国的"新乡村运动"的本质区别。"新乡村运动"的核心问题就是文化运动，通过振兴人的精神面貌，以一个全新的生活态度来对待生活和对待国家民族，最终实现过上好生活（经济振兴）的目的。因此，韩国的"新乡村运动"是一个文化运动，不是经济运动，是韩国农民的一场精神自救运动。

从民生需求的高度，农村文化发展一直是个被忽视的问题。并且，当前农民也十分迫切希望政府帮助农民改善农村精神文化生活现状。这里说的忽视，不是不重视，而是指投入不够。这与我们当前的发展理念是分不开的，我们一直是要先发展经济，然后再发展精神层面。这个做法带给我们的发展后遗症十分严重。

中国哲学的一个核心思想之一就是"仓廪实而知礼节"，精确地表达了中国人对物质和意识关系的理解。因此，改革发展基本是秉承这个指导理念的。

改革开放的初期，我们一直在"不论白猫还是黑猫"，只要把"仓廪实"了，就是"好猫"。改革开放的后期，我们要代表先进文化，通过荣辱观教育，科学地帮助人民"知礼节"。

而从根本意义上讲，人的核心标志是精神，满足其精神需求才能保障其作为一个类的存在，才能成为一个人。首先解决精神状况问题，人才能改变自己，对于由个体组成的集体意识为主的团体也是如此。南美洲国家与比中国生活水平不相上下，但是在加入WTO时，他们的首要内容都是强调必须首先尊重这些国家的民族文化，而不是首先提出经济利益问题。这与我们国家加入世贸组织形成鲜明对比。

由此看来，当前我们的民生观确实需要深入考虑，民生不仅仅是吃穿住行的问题，还包括满足人民的精神需求的问题，不满足他们的精神需求，就等同于饲养动物。可见民生问题是一个"心物统一"的问题，包括物质和精神两个方面的需求。而我们目前仅仅注重解决了民生的物质需求方面，忽视甚至根本没有认识到民生的精神需求问题。

辽宁社会科学院研究人员齐心的调研结果显示，"仓廪实"后的农民开始寻求精神上的生存问题，农民的求知需求和娱乐需求已经成为当前农村的主要文化需求。新农村建设以来，我国农村发生了翻天覆地的变化，绝大多数农民解决了温饱问题和生活水平提高问题，与此同时，农民农村精神文化生活需求日益强烈，而当前我国农村的文化建设工作从总体来说还比较薄弱，难以满足广大农民群众的精神文化需要，为此，广大农民迫切希望尽快解决农村精神文化生活发展滞后、农村精神文化建设工作缺位的现状。

（一）当前我国农村文化生活现状及主要存在的问题

农村的文化建设问题，党和政府历来十分重视。温总理在2008年的政府工作报告中提出"加大政府投入力度，加快构建覆盖全社会的公共文化服务体系，加强公益性文化事业建设，特别是加强社区和乡村文化设施建设"，把公共文化建设摆在了党和政府工作的重要位置，体现了中央对文化建设的高度重视。近年来我国农村文化事业蓬勃发展，成绩有目共睹，特别是广播电视"村村通"工程、农村电影放映工程、全国文化信息资源共享工程和文化科技卫生"三下乡"活动等，取得了良好的效果，农村文化设施建设步伐明显加快。目前，政府各级部门在贯彻落实科学发展的过程中，认真贯彻中央有关精神，充分发挥政府公共服务职能，努力构建结构合理、发展平衡、网络健全、运营高效、服务优质、覆盖城乡的公共文化服务体系，使农村文化建设为社会主义新农村建设提供了强大的精神动力和智力支持。应该说，在党中央、国务院和各级党委、政府的重视和支持下，我国农村文化建设力度不断加大，县乡公共文化服务体系初步形成，公共文化服务能力有了明显提升，农民群众的精神文化生活状况有了明显改善。

但是，从总体上来说，目前我国农村文化建设与全面建设小康社会的目标还存在不相适应一些问题，特别是农村文化建设在发展过程中还面临着许多困难和问题，导致农村文化发展滞后，与经济社会的协调发展及农民群众的精神文化需求不适应。具体表现在以下方面：

1. 农村精神文化生活贫乏，农民休闲娱乐形式单调。调研中农民反映，经过几年的新农村建设，农民的增收有了明显的效果，经济状况和生活水平有了极大的改善，但是，目前农村精神文化生活极为贫乏，形式十分单调。农忙时节，村民结束一天的劳作后，主要的文化休闲娱乐形式是串门聊天和看电视；农闲的时候，一些村民忙于打工赚钱，而另一些人找不到致富门路，无事可做，便以打麻将、玩扑克来消磨时光，且多数带有赌博的性质。据调查，"看电视"的比例高达89.5%，"串门聊天"的比例达23%，"打牌、搓麻将"的比例达25%，而参加文体活动的比例只有6%。其中农村老年人群体的精神文化生活最为贫乏，47.6%的农村老年妇女把"烧香拜佛"当做精神支柱，其余时间都从事家务劳动，几无精神文化生活可言。目前农村的其他文化生活形式，如扭秧歌、赶庙会、赶集、"文化下乡"，其活动的次数和范围都十分有限，一些偏远村落甚至没有。因此，无论从文化生活内容上还是形式上，目前我国农村都很贫乏和单调，这种状况根本不能满足农民群众对精神文化生活的需要。

2. 农村文化阵地建设薄弱，基础文化设施比较匮乏。按国家规定，县乡要有"两馆一站"，县城要有图书馆、文化馆，乡镇要有文化站，这属于公益文化事业，是国家的规定动作。"十五"期间实施了县图书馆、文化馆建设工程，中央投入资金4.8亿元，各地配套资金14.2亿元，对全国1086个县级图书馆、文化馆设施建设予以补助，建设规模达197.27万平方米。到"十五"期末，县有图书馆文化馆的目标基本实现。"十一五"期间，又实施乡镇综合文化站建设规划，投入39.48亿元新建和扩建2.67万个农村乡镇综合文化站，到2010年基本实现"乡乡有综合文化站"的建设目标。

但是多年来，由于我们只重视经济建设，不重视文化发展，特别是农村文化的发展，导致农村文化基础设施还存在普遍落后、经费不足、经营困难等情况。

调研中农民反映，农村文化基础设施建设普遍匮乏，农村文化阵地建设薄弱的状况十分严重，特别是缺少公共文化活动场所，这导致农民的很多文化活动开展不了。据统计，2004年7月全国农村38240个乡镇中有23687个文化站需要新建、改建，全国拥有文化站的村子仅占1/3。到目前为止，全国农村文化站几乎是普及了，但是最大的问题是没有发挥其应有的作用。目前，农村对文化活动广场的需求十分强烈。根据我们的调研结果显示，绝大多数省份农村拥有村级文化广场的村子不到全省村子的1/3，其他如村级图书室、文化娱乐设施等更是凤毛麟角或形同虚设。很多农民群众不得不自发组织文娱活动，如晚上自发组织扭秧歌、唱歌、跳舞等等。就是这种农民自发的娱乐活动，也经常因为活动场所、活动设施以及使用村委会电费问题，不得不经常中断。很多村子即使有群众文化活动场所，但是因为缺少专人负责组织开展农民文化生活，不能按时按需投放使用，许多文化设施发挥不了应有的作用。

从个别省份看，农村文化基础设施落后问题也很突出。例如，安徽省这几年农村的公共文化设施建设不断得到加强，文化产品不断丰富，文化队伍不断扩大，文化信息资源共享工程、农村文化"杜鹃花工程"、农村电影2131工程等重点文化工程扎实推进，农村文化建设取得了较大成就，但同时我们也发现，安徽省农村的公共文化建设与当前农民群众日益增长的精神文化需求还不相适应。农村文化建设落后于城市文化建设，不平衡现象非常突出，特别是老、边、贫地区，乡镇文化站的发展存在很多问题。一是覆盖不全。全省尚有100多个乡镇没有文化站。二是基础薄弱。已建成的文化站中，有900多个站舍面积在100平方米以下，与国家规定的不少于300平方米的最低建站标准相差甚远。三是缺乏活力，活动贫乏。全省有近半数的乡镇文化站在乡镇机构改革中原有功能发生了较大改变，客观上造成了基层文化阵地的进一步萎缩，目前能正常开展活动的仅500多家。多数乡镇文化站设施简陋、面积狭小、效率不高、功能不全，大多是一间房、几张桌椅、几本书，有的则仅挂牌而已，名存实亡，成了无人员、无阵地、无经费、无活动的"四无"文化站。农民的文化生活无人负责，无人开展；群众文化活动缺场地、无器材，开展活动十分困难。同时现代传媒设施滞后，网络传输多是空白，严重制约了农民对科技文化的渴求，制约了农村与市场和外部世界的联系。

3. 农民迫切希望提高自身的文化素质和充实从业知识，提高适应现代农业和农村社会的能力。我国农民的受教育程度普遍较低，导致农民整体文化素质较低。根据 2006 年《中国农村统计年鉴》的数据显示，我国乡村从业人员共计 50387.3 万人，具有高中（中专）及以上文化程度的只占到农村劳动力总数的 13.38%，而 86.32% 的农村劳动力文化水平都在初中及以下，全国 92% 的文盲、半文盲在农村。尽管国家送书下乡工程从 2003 至 2007 年已累计安排资金 1 亿元，为国家级扶贫开发重点县和乡镇配送图书总计 787 万册，并且从 2007 年到 2010 年中央财政安排资金 3 亿元，但是由于现代农业已经替代传统农业，农业科学知识的普及和农业新成果、新技术的转化与推广速度很快，农民原有的文化知识和能力已经不能完全满足新农村建设的需要，许多农民明显感到现有的知识不够用，迫切希望能有机会继续学习，掌握实用的农业技术。可是当前我省农村针对农民的专业文化需要的培训学习活动很少，目前农民的这种需要普遍得不到满足。

4. 农村文化活动普遍被忽视，文化建设投入十分有限。根据我国文化部门的统计数据显示，我国文化事业投入逐年增加。从 2001 年至 2007 年全国文化事业投入总计 859.9 亿元。其中，2007 年全国文化事业费达到 198.91 亿元，比 2006 年增加了 40.89 亿元，增长 25.9%。2007 年全国人均文化事业费达到 15.04 元，比 2006 年人均 11.91 元增长 26.3%。"十五"期间对农村文化投入达到 134.23 亿元。2007 年农村文化投入共计 54.18 亿元，比 2006 年的 44.6 亿元增加 9.58 亿元，增长 21.5%。

从近五年的情况看，对农村的文化投入逐年增加，但是占全国财政对文化总投入的比重有所下降。2004 年我国对农村文化经费投入 30.11 亿元，仅占全国文化事业费的 26.5%，低于对城市文化经费投入 47 个百分点。2005 年对农村文化共投入 35.7 亿元，仅占全国财政对文化总投入比重的 26.7%，对城市文化投入超过对农村投入比重 46.6%，全国财政直接为农民提供文化服务的乡镇文化站投入经费只有 9.4 亿元，每个农民一年仅能享受 1.27 元。而且在"村财乡管"的制度下，大部分农民不知道有农村文化建设的专项资金。2007 年全国农村文化投入共计 56.13 亿元，比 2006 年增长 25.9%，但粗略一估算，全国 9 亿农民，人均只有 6.2 元。就算是每年都保持 20% 以上的增长速度，到 2010 年农村人均文化投入也只有 10 元左右。2008 年各级财政对农村文化投入共计 62.5 亿元，仅占全国文化事业费的 25.2%，而对城市文化的投入占全国文化事业费的 74.8%，后者比前者高 49.6 个百分点。从 2004 年到

2008年，我国对农村文化投入是绝对值增加，而所占比例逐年下降了，一些个别省份的投入还低于国家的平均数。根据2009年5月4日人民日报报道，一些文化大省（如云南省）给农民人均安排0.5元的文化补助，反映出我国对农村文化投入的不足。在执政为民理念的指导下，党委和政府对农民给予了高度关注，为他们解决了许多生活、生产上的困难，如通村公路、最低生活保障、进城农民工培训工程、失地农民生活保障等，但从总体上来看，这些关注和救助主要是物质上的，而对农民群众享受现代文明和精神文化需求方面的关注则相对不够。不少农民反映，在广大农村，农民的文化活动得不到村领导的关心重视是一个比较普遍的现象。不少地方的基层领导对于农民文化需求状况估计严重不足，认识上存有偏见，存在严重的"重经济、轻文化"倾向。他们单纯地认为农民目前还是需要解决温饱问题，对文化生活基本没有什么需求，对发展农村文化事业的投入几乎没有。因此，农村文化工作普遍成了被遗忘的角落。很多地区的村子几乎没有任何有组织的文化活动，农民自发组织的文娱活动得不到村领导的支持，甚至有消极抵制的情况存在。另外，目前很多地方还没有针对农民基本文化生活需要的专项投入，这严重制约了当前农村精神文化发展，导致不少农村文化设施因建筑年代早、长年失修、设施陈旧存在安全隐患，不能正常使用；农村图书室、阅览室因缺乏购书经费，不能满足科教兴农的需求。

5. 基层行政管理体制不顺、机制不活，文化队伍比较薄弱。目前很多地区文化系统机构建设滞后，县城两馆建设基础薄弱，农村文化发展不平衡，基层文化队伍建设薄弱，文化专业人才缺乏，文化干部管理缺乏有效机制，制约了农村文化的建设和发展。福建省福鼎市17个乡镇、街道办事处全为一站一人，而且大部分乡镇为了配合搞好政府的各项农村中心工作，比如计划生育、社会治安综合治理等，个个不得不身兼数职，久而久之，文化站干部就成了当地政府部门的"万金油"，即使想一心一意干好本职工作，努力繁荣发展农村文化也是心有余而力不足。此外，文化站干部业务不专、人员老化、青黄不接现象十分严重，而且大部分乡镇文化站干部都是半路出家，没有受过专门学校的培训，同时由于基层文化部门条件差、待遇低，以及编制的制约，长期以来也无法吸收年富力强的人员充实到文化站当中。特别是在社会主义市场经济的冲击下，不少乡镇文化站的工作人员因事业经费紧张、经济待遇相对较差，总是不安心本职工作，"身在曹营心在汉"的现象普遍存在，势必影响到整个农村文化建设工作。

6. 传统文化受冲击严重，未得到应有的发展。如今，在广大农村，传统优秀文化演出十分少见。这与通俗歌星演唱会和一些从事色情表演的大棚演出团组的异常火爆形成强烈对比。福建省福鼎农村蕴涵着丰富的文化资源，农村文化积淀厚重、独具浓郁的地方特色。可目前，只有沙埕铁枝、福鼎饼花、双华畲族"二月二"歌会等几个项目参与申报非物质文化遗产名录，许多传统文化在年轻人面前失去往日的魅力，现有的民间特色文化日渐消亡。如何进行挖掘、开发、保护和利用非物质文化遗产资源已迫在眉睫。

7. 农村社会目前重经济、轻文化现象严重。在我国农村，发展经济已得到广大农民的普遍重视，但对文化建设没有考虑或考虑较少，导致农村地区文化建设滞后。中国农村人口占全国总人口的65%，农村人口素质普遍较低，文盲半文盲人口2.19亿；在农村就业人口中，文盲半文盲占35.9%，小学文化程度占37.2%，平均受教育年限为4年，每一万人中大学生只有4人。但是，尽管农民自己文化普遍较低，有些人却固守着"读书无用"的观念，加上农村经济条件比较落后、教育成本占农村家庭支出比重过大以及这几年大学生就业形势严峻，导致农村孩子想上学就成了一个梦想，失学也就成了一个常见的现象。有很多农村家长认为"读书有啥用？花钱又多，将来也不分配，还不如在家种地、放牛、做生意，早下学早赚钱"，不愿供孩子上学。某些家长还把这种观点不断地灌输到孩子的头脑中，使孩子也不愿读书。

（二）当前广大农民精神文化生活需求的表现

1. 农民渴望学习农业科技知识，更加重视自身素质和能力的提升。随着知识经济时代的飞速发展，农村经济社会不断进步，农民的思想文化意识不断增强，越来越多的农民开始注重自身素质和能力的提高。在调研过程发现，很多农民有强烈的求知欲望，希望通过各种渠道了解国家大事、国家惠农政策，增强法律知识、学习农业科学技术，甚至身体健康保健知识等。他们强烈希望乡和村里能成立农民夜校或举办农业培训班，传授现代农业科技知识和生产生活知识，成立乡级图书馆，通过报刊、书籍多了解一些致富途径。农民在逐步走向富裕的同时，精神文化需求也在不断扩展。

2. 农民渴望有丰富多彩的文化娱乐生活。随着农村经济和社会各项事业的发展、农民物质生活水平的提高，越来越多的群众开始追求更高品位、更高层次的精神文化生活。正如辽宁省新民市张家屯乡柴家窝棚农民贺宝奇所说的："农民已经不是传统意义上的农民，现在的农民还是网民呢，你们城里人知道的，我们也都知道。"如今的农民不是往日的农民，他们不单单只是在把所有的时间用在田间地头，同样渴望丰富多彩的生活。许多人忙完了一天的农活，希望在休息的时间参加体育健身活动，如扭秧歌、跳健身舞、唱唱歌，有的希望村里能组织歌咏比赛，有的想参加一些养生、育儿等的培训讲座，甚至还有一些人希望走出村子，欣赏和体会异地风光、名胜古迹，参加旅游活动等。

3. 农民渴望农村的文化需要得到更多的重视和支持。调查结果表明，一些乡镇、村领导对农村文化建设的重要性缺乏必要的认识，存在着重经济建设、轻文化建设的现象。这些都严重影响农民群众开展文化活动的积极性，很多地区不乏优秀的农民艺术家，但由于得不到村领导的重视，开展文化活动、组织文化团体等均受到诸多限制。为此，农民建议，各级政府要更多地关注和重视农民的文化生活需求。

（三）农民对改善农村精神文化生活现状的想法

针对当前广大农村文化生活现状和存在的问题，农民也提出了他们的建议。

1. 发挥政府在农村文化生活建设中的领导作用，提高对农村文化建设工作重要性的认识。辽宁社会科学院哲学研究所助理研究员齐心通过调研发现，农民不仅对农村文化发展需求大，而且对农村文化的地位和作用的认识也很深刻。辽宁省辽阳市灯塔县万宝桥乡农民郑为民老人就提出，发展农村文化生活，就是占领农村文化阵地，就是在农村倡导主流文化。因此，各级政府应担当起在农村现代文化建设中的责任，积极帮助农民开展丰富多彩的农村文化生活，为农村文化建设提供坚实的保障。各级政府尤其是村政府，要充分认识加强农村文化建设对于新农村建设的重要性，切实做好宣传、教育和引导工作，把加强农村文化建设列入重要议事日程，不要不理不睬，或仅流于口头和表面，应真正从思想上重视、行动上落实、财力上支持。各级政府出面组织会极大地鼓舞农民参与精神文化活动的积极性，这也是保持农村社会稳定，增强村民凝聚力的有效途径。

2. 加大对农村精神文明建设的资金投入，促进农村精神文化事业的良性发展。在一些地区的调研中有农民建议，农村文化建设是国家民族文化建设和当代社会主义文化事业的一部分，必须有一定的资金作支撑。各级政府应该有专项投入，帮助各个村建立文化广场和配备文化设施，同时要通过转移支付给各个村子提供专项经费开展文化活动。各级政府把农村文化建设列入财政预算、加大投入的同时，可以拓宽投资渠道，建立具有特色的农村文化产业融资体制，加快农村文化设施建设步伐。各个省份也要充分利用国家重视加强新农村建设和农村文化建设的大好机遇，逐步建立起多渠道的农村文化建设投资体制，积极开发农村文化市场，吸纳非文化企业向文化产业投资，建立一个包括政府拨款、融资、集资、社会捐助、赞助、基金等完善、可靠的资金保障体系，吸引社会各界特别是企业界的各种捐助，有组织地引导农村文艺团体和文艺人才开展健康有益的文化娱乐活动，实现农村文化事业的良性循环。

3. 加强农村基础文化设施建设，改善农村精神文化活动条件。国家和各个省份有关部门应该制定农村文化生活投入的资金保障制度。从国家层面到乡镇、村一级的基层领导，在强调经济建设的同时要提高对文化建设特别是农村文化建设的重视，依照国家和地方政府财政增长的幅度，按比例逐年加大对农村文化事业的投入，不断加强农村文化阵地建设，建立健全集图书阅览、科技培训、宣传教育、影视播放、文艺演出、文体活动于一体的农村文化活动中心（以村为单位），让农民闲暇时间"有所去"。同时多组织农业技术、文化生活培训，购置文体器材，丰富农民文化生活。农村文化教育经费要有专人负责管理，专款专用，每年有计划地办一些农民真正得实惠的文化项目。

4. 加强农村文化队伍建设，开创农村文化建设新格局。丰富农村文化活动内容。重视农村文化从业人员的培养，发挥农村文化能人、文艺骨干的积极作用，提高他们的政治、生活待遇。积极挖掘本地文化艺术资源，扶持民间文艺团体，发展农民业余文艺演出队，培育优秀民间文艺人才，鼓励和支持他们繁荣农村文化事业。抓农民素质提升，开创农村包括社会伦理思想、道德风尚、文化艺术、教育，医疗、卫生、体育等各方面的"大文化"建设的新格局，注意面向全体农民，实行全面发展。让农民在致富奔小康的进程中真正尝到文化的甜头，真切体会到文化的价值。

5. 建议各省委省政府有关部门，责成大学或者研究机构，定期组织农民文化素质培训班。调研中研究人员发现，有些省的农委和科技厅等单位在一些农业大学开展的农民科技骨干培训班非常受农民欢迎。农民建议，各个省有关部门也应该参照这样的做法，挑选农村的文化骨干进行培训，每年可以举行4期，每期3个月，通过他们回乡后带动农村文化发展。同时，很多农民也建议，各级政府应该充分利用农村小学和中学校舍举办农民文化夜校，提高农民文化素质和扩大农民的知识面，为农村文化现代化和文化统筹工作奠定基础，也可以有效地避免农民利用晚上业余时间进行赌博等不健康的活动。

6. 发扬传统文化优势，加强特色文化建设和特色文化产品开发。在新的历史条件下，农村文化建设与传统文化发扬存在一个矛盾问题，很多地区开展农村文化建设没有同传统文化保护结合起来，问题的关键是必须树立辩证、科学而有务实的态度，将农村文化建设与保护传统文化结合起来，积极开发民间文化，通过对传统文化形式和载体的创新，赋予其新的动力。为此，国家和各省市应该通过文化产业政策引导各地区突出地方文化特色，开展丰富多彩的群众文化活动。各地区镇村充分利用传统文化优势，因势利导、推陈出新，充分利用节假日、农闲等时间和庙会、集市等场所，举办歌咏会、文艺演出、戏曲表演等活动，重视保护和发展有地方和民族特色的优秀传统文化，开展多种形式群众文化活动，将群众喜爱的传统文化、民俗文化融入到精神文化生活建设之中。

目前我国农村的文化农产品资源丰富，应该加大开发利用的力度。我国各省农村可以说每个地域都有自己的文化农产品。比如说唱文化、民族歌舞文化、休闲娱乐文化、农家制陶文化、剪纸文化、编织文化、婚嫁文化、锣鼓文化、农村工艺文化等等，文化资源十分丰富，并且有些文化农产品的民族性和世界性都是很强的。但是，目前总体上看开发、挖掘、引导不多，没有很好地把它们系统收集、整理归类，分门别类地变成可供开发利用的文化农产品。

7. 挖掘农村的历史文化资源，打造农村文化人才。农民不仅是文化艺术的享受者，更是创造者，是农村文化建设的主体，所以要注重培养农村民间艺人。在新农村文化建设中，挖掘农村历史文化资源，激发农村自身的文化活力，培养和激励"乡土艺术家"，对于农村文化建设来说尤为重要。我国农村的公共文化事业发展普遍滞后是不争的事实，但是，这并不是说我国农村是文化荒漠。我国广袤的农村蕴藏着极为丰富的民间文化和乡土文化，农民并不是没有文化的群体，我国农村不仅有历史悠久的民间文化，还有很多身怀绝技的草根艺术家。他们生在农村，长在农村，他们的艺术养分直接来自于农村，和农民有着天然的相通性，是农村文化事业中最活跃的因子。一定要让这些"乡土艺术家"在发展农村文化方面成为"领头雁"，成为农村文化建设领军人物，实现"一人带一户，一户带一片，一片带一村，一村带一镇"

的文化发展格局。这样我国农村就会出现很多的特色文化户、特色文化村、特色文化镇。当前，农村工作中，经济工作抓培育专业大户，文化工作也应集中抓好特色文化户创建工作。要把"特色文化户"创建活动作为加强农村文化建设的一个有力抓手，作为推进新农村建设的一个重要突破口和切入点。具体来讲，一是要从各乡镇的实际出发，因地制宜、因时制宜，通过各种行之有效的方式，挖掘、整合农村文化资源，搞好搞活"特色文化户"。有的乡镇可以搞一搞特色文化户评选活动，为特色文化户挂牌上星，给予鼓励；有的乡镇可以通过开展活动，比如展演、比赛，推动特色文化户发展。二是要千方百计鼓励农村的文化能人、艺人、热心人积极投身农村文化事业，充分发挥他们在农村文化建设中的示范带动作用。三是加强投入、大力扶持。各级党委和政府要通过对口帮扶、专项扶持等形式加大投入，给"特色文化户"配置一些必要的设施、器材和图书，为他们开展活动提供支持和便利。

二、农村文化产业发展创新问题

新农村建设对农村文化产业发展提出了基本要求。在新的历史条件下，党的十六届五中全会提出了建设社会主义新农村的重大历史任务，作出了建设社会主义新农村的重大战略决策，为今后我国农村勾画出了"生产发展、生活宽裕、乡风文明、村容整洁、管理民主"的宏伟蓝图。《中共中央国务院关于推进社会主义新农村建设的若干意见》中明确指出，要"保护和发展有地方和民族特色的优秀传统文化，创新农村文化生活的载体和手段，引导文化工作者深入乡村，满足农民群众多层次、多方面的精神文化需求。扶持农村业余文化队伍，鼓励农民兴办文化产业"。可见，社会主义新农村建设对农村文化产业的发展提出了明确要求，为农村文化产业发展提供了重大机遇。大力发展农村文化产业，能够整合当地的优势文化资源，扩大农民就业和增收的空间，创造就业机会，推动劳动力就地、就近转移，增加农民收入。因此，新农村建设将促进农村文化产业的快速发展，同时农村文化产业的发展，必然为新农村建设注入新的活力，推动这一战略目标的早日实现。

根据国家和地方政府的文化发展战略，如何利用农村的历史文化资源，打造农村的文化产业，这是新农村建设中一直需要深入研究和推进的工作。农村的历史文化资源的开发利用也一直是我们国家需要深入研究的课题。党的十七大提出了文化大发展大繁荣，《国家"十一五"时期文化发展规划纲要》也提出要"建设一批文化产业强省、强市和区域性特色文化产业群",目前各个省份都充分利用独特的历史文化资源,对农村文化产业进行了深度的打造,使农村文化产业的发展得到了长足的进步,但是,各个省份的农村文化产业面临着一个跨区域的历史文化资源整合问题。各个省份独立打造已经基本上完成,需要把相关相邻省份的文化资源做一个统一发展规划,打造农村文化产业的跨省域的发展区域。在此介绍一下辽宁省如何依据国家的文化产业发展战略,依靠本省农村的历史文化资源打造文化产业区域的例子。

为了充分利用文化大发展大繁荣有利时机,落实文化产业发展战略,跨区域整合文化资源要素,各个省份要认真深入挖掘本省的文化资源,根据文化资源特点,尽快制定本省的文化发展战略,从地域发展上体现国家和民族的文化利益,也实现区域经济、政治、社会、文化的协调发展,特别是要体现地域人民群众的文化民生利益。为此,一定要根据各个地区老百姓的文化需要,制定一个高起点、长远发展的文化发展规划。比如像辽宁省就可以结合本省的"突破辽西北发展战略",利用贫困地区拥有的厚重文化历史资源所具备的后发优势,考虑重点建设"辽西历史文化走廊"产业带,提升辽宁省在环渤海地区的文化软实力。

辽宁省要大力推进辽宁文化体制改革和文化产业发展,策应东北振兴和辽宁省的"五点一线"沿海经济带的目标,创造腹地新的增长点,牵动腹地与沿海协调发展,提升本省在环渤海地区的文化软实力,就应该建设"辽西历史文化走廊"产业带,通过开发辽西历史文化产业带,挖掘整合辽西地带的丰富历史文化资源,带动辽西贫困地区的发展,为融入国家"环渤海文化产业带"和实现东北和辽宁全面振兴奠定基础和积蓄文化软实力。这不仅可以充分利用这个地区的丰富和独特的历史文化资源,推动区域文化发展,也可以实现国家和民族的文化利益。

(一) 辽西历史文化走廊产业带

辽宁经济发展格局可划分为三大板块,一是以沈阳为中心的中部城市群经济区;二是以大连为龙头,以丹东和营口为两翼的辽南沿海经济区;三是以锦州为中心,以阜新、朝阳和葫芦岛为腹地的辽西四城市经济区。辽西历史文化走廊产业带就是指辽西四城市经济区,它包括朝阳、阜新、锦州、葫芦岛4个城市,26个县(包括县级市)区(占辽宁省县区近1/4),产业带面积5.1万平方公里(占辽宁省总面积1/3强),人口1100(占全省人口近1/4)

万。辽西历史文化走廊产业带是辽宁第三经济板块的发展战略，也是打造环渤海和"五点一线"沿海经济带最薄弱的区段，要通过建设辽西历史文化走廊产业带从文化产业上制造辽西区域新的增长点，实现环渤海和"五点一线"沿海经济带整体均衡发展，实现辽西地区腹地与沿海的均衡发展。

（二）"辽西历史文化走廊"产业带的打造优势

1. 区位优越。辽西历史文化走廊产业带区位优势明显，它地处辽、冀、蒙三省（区）交汇处，东邻省会沈阳市，东南靠鞍山市、盘锦市等辽宁中部城市群，与大连港相望；南临渤海辽东湾；西与京津唐地区环渤海城市襟衣相连；北依内蒙古腹地。辽西文化带地处辽西走廊、关内外要冲，交通发达，承接关内外、内陆与沿海，优越的地缘优势，使其很容易成为国家"环渤海文化产业带"建设的中心。

2. 资源丰富。辽西历史文化走廊产业带所包括的历史文化资源优势明显。辽西文化是以悠久的历史文化为主的多时代、多民族的复合地域文化。辽西文化带自古就是中原文化与边疆文化的汇合之地，也是游牧、渔猎、麦菽文化交汇之处。因此，辽西文化产业带具有民族历史悠久，风土人情地方特色浓厚，文化积淀厚重的特点。它的很多文化资源内容是具备国际一流价值水平的，如具有中华民族精神家园价值意义的查海—红山文化带，世界最大的古生物化石宝库辽西热河生物群，以鸽子洞人、建平人、查海—红山人为代表的中国北部最早的古人类聚居遗址文明带。同时，辽西历史文化走廊的考古文化界定范围北起吉林境内的西拉木伦河流域，南至渤海海岸，西起华北北部，东至辽宁中部地区的文化领域，包括内蒙古东部、辽宁西部、京津、河北北部、晋北等地，考古文化范围远远大于实际的地理范围。而无论是在哪个范围内，辽西区域内所包含的自然和人文历史资源都极为丰厚，不仅是自然文化的化石地区，它的人文古迹被世界公认为是中国不同历史时期、不同民族的文化活化石。因此，辽西地区的人文历史积淀厚重，可开发利用的文化资源丰厚，开发空间很大。辽西历史文化资源恰恰由于其厚重和丰富，它的影响力遍及国内外。所以，辽西历史文化走廊的文化辐射潜力和文化产业潜在市场都很大，很容易打造成为国际著名的历史文化产业区域。

3. 基础很好。辽西历史文化走廊产业带目前的产业化发展已具有了一定规模和水平了。各个市以城市为中心所打造的文化产业区已经初具规模，已经形成了辽西地区的现代的文化产业特色。这些特色包括已连续几年被评为

"全国十大古玩城"之一的锦州辽西文化古玩商城，国家批准的朝阳市的"中国北方民族文化创意产业园"（含"中国北方民族影视基地"），牛河梁红山文化，起步较早的阜新市动漫游戏产业研发培训基地，阜新的玛瑙文化产业，葫芦岛的"筝岛"民间艺术品牌等。这些地区的文化产业化发展，在分体打造的前提下，已经具备了一定的规模。要提升产业化水准，需要打破城市间的界限，跨区域进行文化资源整合，进行更大规模和范围的文化资源和产业协作开发，提升文化产业资源的配置程度，追求区域内文化资源产业化的最大化程度，形成具有鲜明地域和民族特色的文化产业带和文化产业品牌，并尽快探索辽西文化产业核心竞争力和辽西文化产业化的长效发展机制。

4. 历史机遇。前辽宁省委书记李克强同志曾经说，辽宁发展面临东北老工业基地振兴和"五点一线"对外开放两个机遇。而辽宁的文化产业发展，除了面临这两个发展机遇的优势外，还面临着国家"十一五"时期文化发展规划带来的机遇优势。国家"十一五"时期文化发展规划提出要建立"区域性特色文化产业群"，特别提到要建设"环渤海文化产业带"，这使得辽宁同其他环渤海省份一样，面临着又一个发展机会，辽宁的"五点一线"沿海经济带（即辽宁沿海经济带）的开发，可以纳入国家的环渤海经济文化产业圈的发展规划中，因此，辽宁西部贫困地区的发展必须充分利用这三个发展机遇，打造辽西历史文化走廊产业带就是要充分利用这三个发展机遇所提供的政策和资金优势，乘势加快辽西不发达地区的快速发展。

（三）辽西历史文化走廊产业带开发存在的问题

1. 文化资源雄厚，产业化程度有待提高。辽西历史文化走廊产业带是辽宁文化产业中的相对不发达地区，与辽东半岛文化产业带相比，我省的辽河文化产业园、辽宁大剧院、辽宁民间艺术团、大连国家动漫游戏产业振兴基地、大连大青集团、大连普利文化产业基地、锦州辽西文化古玩商城等7个国家文化产业示范基地中，只有锦州辽西文化古玩商城属于辽西历史文化走廊产业带，其余均属于辽东半岛文化产业带。因此，相比辽北、辽东文化产业地区，辽西历史文化走廊产业带是比较发达的，相比之下辽东半岛文化产业带则是不发达地区。辽宁"十一五"期间应该重点打造这个文化产业带，使其成为我省文化产业发展的强势地区，成为关内外文化产品、内陆和海外国际文化产品的集中和分流中心，进而成为国家"环渤海文化产业带"的文化辐射中心，建设辐射全国和国际的区域文化产品物流中心。

2. 文化资源利用率较低。辽西地域的文化资源丰厚，但是到目前为止，被开发利用的文化资源很少，并且开发利用也很单一，缺少规模化、集约化的文化经营，需要对文化资源进行深度开发。文化产业的发展还是单纯依赖数量、规模扩张的粗放型增长方式，文化产业资源相对零散，普遍呈现"小、弱、散、差"的特点。文化产业经营单位众多，规模偏小，产业集中度不高，尚未形成有特色的文化产业集群，缺少带动性强的文化龙头产业集团。在开发文化产品方面还无法形成自己的整体特色和优势，对外宣传也没有形成合力，地区文化的整体形象还不够鲜明。

3. 文化产业科技含量不高。辽西地区文化产业开发的技术含量普遍偏低。现有的已经开发的文化产业项目，大多技术含量不高；具备一定技术水准的文化项目，如牛河梁红山文化遗址博物馆、化石博物馆等文化展览场所的高新技术运用，同世界同类文化展馆的技术水平相比都不够尖端。在国外，新三维（3D）程序被应用于刻录埃及历史上著名的法老王拉美西斯二世的坟墓。在底比斯，考古学家正在计算机上重建拉美西斯二世的其中一座巨像。在国内，吉林大学边疆考古中心专家可利用计算机三维技术成功完成一些距今至少七千年的古华南人头盖骨人像复原，而这些高端技术在辽西文化产业化中还没有引入。因此，辽西历史文化走廊产业带需要加大科技含量。导致辽西历史文化走廊产业带科技含量不高的主要原因就是缺少发展资金。

4. 文化产业发展人才匮乏。受地区发展水平、经济发展状况等多方面影响，辽西地区文化产业人才流失严重，外来文化人才特别是高端人才引入困难，缺少文化产业发展的领军人物，所以辽西地区目前文化产业人才短缺，文化事业和产业单位人才队伍老化，科技管理水平跟不上，现有的文化专业人才队伍也不稳定，经济管理人才奇缺，严重影响文化产业发展速度和规模。

（四）辽西历史文化走廊产业带打造的目标

辽宁作为文化大省，具有丰厚的文化资源。历史文化、工业文化、旅游文化、移民文化、民族民间文化优势明显，独具特色，现有各类文物遗迹11300处，全国重点文物保护单位35处，世界文化遗产6处。辽宁的文化在全国乃至世界文化中占有重要的文化地位，其中，辽西历史文化对辽宁文化的国际和国内地位起着主要支撑的作用，为此辽西历史文化走廊产业带无论是在"五点一线"沿海经济带中，还是在环渤海文化产业圈中，都应该打造成为具有以下特点的世界历史文化带。

1. 中华民族文明发祥的起源文化地区。辽宁文化中唯一能代表中华民族文明起源的文化就来自辽西文化。辽西地域的查海文化、牛河梁红山文化等，都是中华民族文明发祥的代表文化之一。这些文化证明了早在八千年前人类就在辽西地域生息繁衍。因出土"世界第一玉"和"华厦第一龙"，被国内外考古学界称誉为"玉龙故乡"，坐落在境内的查海古人类遗址，被誉为"中华第一村"。中国著名考古学家、已故的中国社会科学院考古研究所所长苏秉琦先生，亲笔为查海文化遗址提词："玉龙故乡，文明发端。"对于红山文化，考古学家苏秉琦先生曾总结说，中国古文化有两个重要区系，一个是源于渭河流域的仰韶文化，一个是源于大凌河流域的红山文化；它们都有自己的根、自己的标志，两者出现或形成的时间距今约6000—7000年间，都是从自己的祖先衍生或裂变出来的，仰韶文化的一种标志是玫瑰花，而红山文化的一种标志是龙。红山文化具有南北文化结合的特点和以耜为代表的发达石器群的主要特征引起国际和国内历史文化界的关注，并认定红山文化有更深厚的历史文化背景。红山文化玉器和红山文化坛庙冢的发现，表明红山文化在新石器时代特别是在中华文明起源上的重要地位，充分说明了红山文化内涵的丰富，有力地证明了红山文化所处的燕山南北、长城地带同样是中华文明的重要起源地之一；证明了中华文明起源多元一体格局的客观存在，它使阜新、朝阳地区成为中华民族五千年文明的发祥地之一。查海文化和牛河梁红山文化提高了辽西在中国、在世界文化史上的地位，一下子把中国文明的源头提前了一千多年，也有力地证明了这些文化的对于中华民族的精神家园意义。因此，在未来辽西历史文化走廊产业带发展中，一定要把其打造成为中华民族文明发祥的起源文化地区。

2. 人类文明发祥的起源文化地区。在辽西历史文化走廊产业带中，人类起源文化占有重要的地位。朝阳悠久的历史可上溯到距今十多万年前的旧石器时代。在喀左县水泉乡大凌河畔发现的鸽子洞古人类遗址，是目前发现的中国北部最早的古人类聚居地。这是与北京周口店人文化相一致的古人类文化遗址。出土的人类牙齿化石和动物化石、打制石器和灰烬层表明，当时的远古人类在这里已经从事狩猎、采集并用火熟食，过着原始的群居生活。在建平县发现的古人类上臂骨及肱骨化石表明，距今四五万年前，朝阳大地上出现了与现代人体貌特征相似的原始"新人"——建平人。据1979年喀左东山嘴祭坛和建平、凌源两县交界处牛河梁女神庙、积石冢红山文化遗址的发现表明，生活在朝阳大地上的原始人类，经过漫长的发展过程，已迈入人类文明社会的门槛，出现了具有国家雏形的原始文明社会。人类居住遗址在朝阳分布广泛，各个时期均有遗存发现，共有 4000 多处，这些最新考古发现和当今文化人类学的最新研究成果表明，辽西地区是世界人类文明的起源地之一。

3. 物种文明发轫的起源文化地区。辽宁文化中唯一能代表世界物种起源的文化就来自辽西文化。辽西历史文化走廊产业带包括"世界最大的古生物化石宝库"辽西热河生物群中的中国鸟、朝阳鸟、华夏鸟、孔子鸟、辽宁鸟等一系列早期鸟类的发现和研究，打破了 100 多年来德国始祖鸟在鸟类起源研究领域一统天下的格局。因此，国外一位权威学者把辽西这些发现誉为"中生代原始鸟类的灯塔"。美国古鸟类学家马丁则说："我们对早期鸟类演化的了解，真正革命性的变化发生在中国最近的 5 年。它们的出现改写了鸟类进化的历史。"除了十几种中生代鸟类之外，令世界古生物学家们赞叹不已的发现还有那些"龙模鸟样"的带毛恐龙，如中华龙鸟、原始祖鸟等等。这些化石的发现，表明这个地区成为了世界研究和考察古生物进化的重要地区。因此，辽西的朝阳化石城—三燕化石馆—辽宁省古生物化石博物馆—四合屯鸟化石群国家级自然保护区，以及凌源大王杖子化石产地和义县的化石产地等化石发掘、展览地区，必须打造成为世界级别的物种文明发轫的起源文化地区。

4. 中华民族历史多样性文化地区。辽西历史文化走廊产业带被誉为"中华民族历史文化多元性的活化石地区"。著名历史学家、北京师范大学老校长陈垣先生在《东北史概论》一文中称："辽西不是蛮荒之地，它是中华民族的发祥地之一，中国古代二十四个民族曾经先后在这里繁衍生息，并且创造了绚丽多彩的辽西文化……"

因此，从古代起，这个地区就是中国的多民族聚集地区，历史上不同民族在这个地区创造了丰富灿烂的多民族文化。到目前为止，在这个地区可以发现中国历史上的不同时期、不同形态民族文化的历史古迹，例如战国时期的三燕文化、藏蒙佛教文化、元明清朝代的文化等，特别是很多被世界关注的消失的民族（如曾在这个地区居住的契丹、突厥、室韦、奚族等）的珍贵的历史古迹。仅朝阳一个市，现存古代寺观址 142 处，其中辽金元时期的 22 处，明清时期 118 处，近现代 2 处。此外，还有丰富的民间艺术文化，二人转就是起源于这个地区。丰富的多民族历史文化资源决定了今后我们要把这个地区打造成具有学术研究价值、旅游开发价值的地区，为此，要全力打造这个中华多民族历史文化的活化石地区。

综上所述，辽西历史文化走廊产业带必须要打造成为中华民族文化的肇启文化地区，人类文明的发轫文化地区，世界物种文明的起源文化地区，中国最具特色的历史民族文化多样性地区。

（五）打造辽西历史文化走廊产业带的具体措施

1. 分体打造，整体推介。辽西历史文化走廊产业带的打造应该坚持"以地方为主导、省委有关部门为辅助"的原则，进行分体打造，整体推介，以地方为主导就是依靠地方政府制定的文化发展规划和投入，全力帮助打造地方特色文化产业单位和项目。省委有关部门为辅助就是要通过政策和一定的投入，实现导向性辅助打造工作。具体可以分两个阶段进行：第一个阶段要重点配合地方政府的现有打造规划，对一些已经初具规模的文化产业项目和实体进行重点扶持，把已经形成规模的文化产业通过配合地方政府进一步做大做强，形成文化单体最大化发展规模，也就是帮助地方政府把有特色的文化产业和实体最充分地做大做强；第二个阶段要在此基础上进行整体整合，主要是根据省里制定的辽西历史文化走廊产业带整体开发打造规划要求，把同类文化产业实体和项目通过政府的规划、政策和投入等手段实现整合，打造成同类文化产业规模化发展整体。不论是哪个阶段，都要发挥宣传上的整体推介作用，形成区域文化产业整体发展的理念。

2. 重点扶持，培育大户。无论是哪个阶段，都要坚持重点扶持，培育文化产业基地和专业大户。为此，国家、省文改办应该率先把牛河梁红山文化旅游区、朝阳凤凰山佛教文化旅游产业示范区、国家鸟化石遗址公园、阜新玛瑙文化产业区等已经初具规模和影响的文化产业项目列入国家和辽宁省文化产业基地，给以相应政策扶持，实施重大文化产业项目牵动作用。同时，通过市场机制，遵循市场经济规律，协调沈阳、大连动漫产业基地，依托朝阳古生物化石资源，开发国产动漫产业自主创新路径，用现代科技手段开发民族文化丰厚资源，引导生产要素跨区域流动，形成更大范围的产业带，缩小区域发展差距，奠定全面振兴辽宁老工业基地的文化基础。

3. 创意先行，科技跟进。辽西历史文化产业带急需提高科技含量水平。国家"十一五"文化发展规划纲要提出，要推进科学技术在文化领域的应用，改造传统文化产业。十七大报告也提出，在时代的高起点上推动文化内容形式、体制机制、传播手段创新，解放和发展文化生产力，是繁荣文化的必由之路。国家批准了朝阳市的"中国北方民族文化创意产业园"（含"中国北方民族影视基地")建设，但牛河梁红山文化区域应与阜新的动漫产业整合，在更高、更新的起点上打造文化产业链条的延续性，并促进阜新动漫产业的自主创新。只有产、学、研结合才是我省动漫自主创新的提升途径。阜新高等专科学校于1999年在全国最早设立了动漫专业，2006年辽宁工程技术大学开办动漫本科专业。国家级动画教研基地却落户于北京、杭州、长春等省市，迫使阜新不得不树立建设动漫初级产品加工基地和动漫初级人才培养基地的发展定位。而从辽西区域文化整合角度，查海—红山文化带和古生物化石带都将是阜新国产动漫的原创资源和动力。动漫文化企业加强创意，应研究区域内的厚重自然和历史文化资源，借鉴"民间皮影艺术"手法，采用先进科技手段，建立学习研究和开发型企业，并与相关企事业单位建立联合体，实现文化欠发达地区国产动漫的自主创新路径。

4. 内力趋合，形成品牌。辽西历史文化产业带的打造，一定要借助市场配置，通过规划、资金和政策投入实现政府对文化产业的扶持导向作用，让文化产业实体自主发展，积蓄内力、饱满成长，最后形成蓄势待发的整合趋势，进而因势利导，促成规模整体。在打造过程中要使不同城市的同类型文化产业集聚化发展，最后形成特色。为此，要注意这样几个特色的形成：一是要形成查海—牛河梁文化带，主要是研发和旅游基地带，主要用于学术研究、动漫资源创意开发、爱国主义教育基地（最早的龙文化所形成的中华民族精神家园所在地）和旅游观光祭祖；二是形成锦州—朝阳—阜新的化石—玛瑙—古玩城研发产业三角区，也是属于研发、销售和旅游基地带；三是以朝阳、阜新为主线打造佛教文化旅游区；四是打造从阜新到葫芦岛的中华多民族文化风情走廊旅游带，包括敖包文化体验、世界文化遗产考察、辽金文化、筝岛文化等，为此要有目的地培育内力，靠内力趋合，形成特色带区。

以上是从国家和民族长远利益，以及当地人民的现实利益出发，以辽宁省为例，就辽宁省贫困地区的独特的历史文化资源，如何打造成既体现国家和民族利益，又符合当地群众文化需求的文化产业的一些想法。各个省份都要很好地研究自己的历史文化资源，从国家和民族以及群众需要的高度打造文化产业，这样才能提升国家和民族以及地区的文化力问题。

三、农村文化事业发展

作为居住着九亿农民的农村，农村文化事业的兴盛与否是值得国家和民族密切关注的大课题。然而，这些年来，农村文化事业的现状还不能令人乐观。农村的文化事业，不仅仅包括农村的文化建设、公共基础设施建设等，还应该包括国家民族文化发展战略和政策的需要，挖掘、利用和管理农村的历史文化资源，为民族复兴服务的问题。

党的十七大报告中明确指出："弘扬中华文化，建设中华民族共有精神家园。中华文化是中华民族生生不息、团结奋进的不竭动力。"并且，国家对农村文化建设总体要求是：始终坚持中国先进文化的前进方向，大力弘扬民族优秀文化，摒弃落后文化，抵制腐朽文化。以社区和乡镇为重点，全面加强文化阵地、文化队伍、文化活动内容和方式的建设，努力满足广大人民群众日益增长的精神文化需求。这说明，国家要弘扬中华文化，为的是建设民族精神家园，这是中华民族伟大复兴的宏伟事业需要的必然结果。

为此，应该高度重视我国农村一些地区的历史文化资源的保护和宣传利用问题，其中包括类似内蒙古和辽宁等省份的"红山文化"、辽宁的"前红山文化"等。这些历史文化在我国东北地区的辽河文明圈，特别是在东北亚地区，对中华民族的文明起源、国家民族利益和民族文化安全具有重大意义。其中，辽宁省阜新蒙古族自治县查海村的"查海遗址"文化所包含的民族文化安全意义十分重大，是具有作为中华民族精神家园教育意义的地区文化，并且，这个意义重大的"查海遗址"文化亟待重视、保护和挖掘利用。

（一）"查海遗址"文化

"查海遗址"位于辽宁省阜新市蒙古族自治县沙拉乡查海村西 5 公里处"泉水沟"北坡的向阳扇面台地上。1986 年开始，经过九年的发掘发现，共10000 多平方米的遗址目前已发掘遗址面积达 7800 多平方米，发现 55 座房址、37 座灰坑和教堂、16 所墓葬。1992 年成立"查海遗址"博物馆，1996年该遗址被国务院列为全国第四批文物保护单位。目前，"查海遗址"是阜新市高级中学爱国主义教育和学习实践基地，沙拉蒙古族学校爱国主义教育基地。

（二）"查海遗址"的意义

"查海遗址"对于开展中华民族精神家园教育、增强全世界华人民族凝聚力、实现中华民族伟大复兴和维护国家民族利益都具有十分重要的意义。

1. "查海遗址"文化将中华文明历史提前三千年。通常的说法是中华文明五千年，辽宁朝阳市的牛河梁红山文化遗址的发现，将中华文明提前了一千年，而查海遗址文化的发现，则把中华文明在红山文化的基础上又提前了两千年，从实物考古上证明了中华文明至少是八千年历史。早在 1985 年我国著名考古学家苏秉琦先生就认为，查海遗址出土遗物证明查海遗址文化应当是红山文化主源之一和前身。

近年来，考古学界有红山诸文化的提法，这是对红山文化前后有文化联系、有传承关系的多种考古文化的总称谓。在其以前有八千年前的内蒙古兴隆洼文化，七千年前的内蒙古赵家沟文化，称为前红山文化；晚于红山文化的是小河沿文化，称为后红山文化。红山诸文化构成在文化内涵上有着前后传承等千丝万缕的联系。其中与查海文化年代相当的，是内蒙古的兴隆洼文化遗址，两者虽同属一个时代并被国内学者认为是一个文化区，但却是有差异的文化类型。而且，在内容上查海遗址文化具有更鲜明的中华民族的独特特点。最值得称道的是从查海文化发现了最能代表中华文明的民族特点的龙（石堆龙和龙纹陶片）玉器、村落、最早的基础文字（陶器上的"之"字纹）、以龙为首的原始宗教。这些为研究中华民族史前文明和文化起源提供了新的依据，它不仅填补了我国史前文明的某些空白，也为中华文明八千年历史提供主要佐证依据。可见，查海遗址文化积淀了中华民族悠久厚重的历史文化和丰富的民族内涵特质。

2."查海遗址"文化表明，中华民族以龙为独特民族信仰的历史至少具有八千年。中华文明史上有很多神话传说印证了中华民族的历史起源。近些年来，越来越多的考古发现，也从实物上证明了龙在中华民族文明发轫历史上的地位和特殊意义。这些考古发现，把中华民族的龙文化由神话佐证变成了实物说明，同时，这些发现也让海内外中华民族的子孙后代感到无比骄傲和自豪，也为海内外华人找到了具象的信仰根基。

"查海遗址"文化的典型代表是龙文化和玉文化，又称"玉·龙文化"（苏秉琦语）。中华民族是龙的传人，龙是中华民族古代文明的象征，龙也是中华民族古代先民的独特民族信仰。因此，"龙是中华民族发祥和文化肇端的象征"（闻一多语），龙的起源是同中华民族历史文化的形成和古代文明的孕育发展紧密相关的。

"查海遗址"文化出土了大型龙形堆塑——石块堆砌的石堆龙。它全长19.7 米，龙身宽 1.8—2 米，是我国迄今为止发现的年代最早、形体最大的龙形象，堪称"中华第一龙"。这条石堆龙比河南省濮阳市西水坡蚌壳摆龙和湖北省黄梅龙早近两千年。

"查海遗址"文化遗址发现了两块在陶器上浮雕的带有鳞片的龙，均约10多平方厘米。一是龙体形象弯曲、盘旋；二是龙体布满鳞状纹。两块龙纹陶片，纹饰清晰可辨，都是浮雕手法，已具备中国古代龙形象的基本特征。这比我国先前发现的红山文化的兽形玉——猪龙（或称熊龙）还早近两三千年，是更原始的龙的雏形，堪称"华夏第一龙"。苏秉琦认为，查海龙证明龙崇拜起源于母系时代，到了父系时代，龙的功能经历了从农业氏族社会的保护神到部落联盟的保护神的转化过程。为此，他欣然题词："玉龙故乡，文明发端。"查海遗址文化表明，中华民族以龙为独特民族信仰的历史至少具有八千年。

3. 查海遗址文化表明中华民族已经从氏族社会文明进入国家文明。"查海遗址"文化虽然时代久远，却具有相当的社会进步性。出土的20余件玉器分装饰品和实用工具的两类。装饰品有长条匕形器，玉块，管状珠等，工具类有玉斧，玉锛等。经专家鉴定，全部是透闪石、阳起石的软玉，即真玉。这是迄今为止世界上发现年代最早的真玉器，堪称"世界第一玉"、"中华第一玉"；它不仅把中国的文明提前了三千年，而且"查海玉器已解决了三个问题，一是对玉材的认识，二是对玉的专业化加工，三是对玉的专门使用。社会分工导致社会分化，所以是文明起步"（苏秉琦语）。苏秉琦先生通过对玉器出现来考察中国文明的起步，并指出查海遗址文化的"玉器的社会功能已超越一般装饰品，附加上社会意识，成为统治者或上层人物'德'的象征。没有社会分工生产不出玉器，没有社会分工也不需要礼制性的玉器。因此，辽西一带的社会分化早于中原。"也说明查海地区的社会分化早于牛河梁地区至少一千年。这说明，"查海遗址"文化是中华民族从氏族社会向国家发展的转折证据。

4. "查海遗址"文化是目前为止发现中华民族祖先聚落生活的最早村落遗址。"查海遗址"文化被称为"中华第一村"、"华夏第一村"。查海文化遗址出土了迄今为止发现最早的中华民族的祖先居住的自然村落。"查海人"当时是定居生活的，已发掘排成密集的55座房址、37座灰坑和教堂、16所墓葬。房址群的布局以东西成行排列，每行两三座，最近距离0.8米；分为大，中，小三种类型，还有连体房址，这与原始祭物活动有关。从"查海遗址"的房址制式布局和类型来看，它是一处大规模的氏族群落，当时的"查海人"过着定居生活，这是氏族向国家演变过程的"中华第一村"。在新石器时代早期，距今八千年到一万年间，正是人类从游猎到定居，又从定居到形成村落（聚落）的时代，亦即氏族、部落形成和发展繁荣的历史阶段。这是迄今我国发现年代最早的祖先聚落生活的遗址，堪称"天下第一村"。

因此，"查海遗址"文化是中华文明八千年历史的主要佐证，是中华民族以龙为独特民族信仰历史的印证，是中华民族从氏族社会向国家发展的转折证据，是中华民族祖先聚落生活的最早遗址体现。建设中华民族精神家园，就要选择具有鲜明浓厚民族特点的历史文化，作为中华民族精神家园的教育基地，并且要在国内外宣传和传播查海遗址文化等有中华民族精神信仰内容的民族文明和民族历史文化，形成海内外华夏子孙的民族精神信仰共识和民族凝聚力，为民族伟大复兴提供精神动力。

（三）"查海文化"遗址保护现状

目前查海遗址文化保护存在着以下亟待解决的问题：

1. 遗址缺乏保护规划。查海遗址文化无疑对证明中华文明和民族历史具有不可替代的作用。但是，"查海文化"遗址从1986年开始挖掘，到1996年被列为全国第四批文物保护单位，至今一直没有一个系统的、科学的保护规划、宣传规划和旅游产业化规划。2004年东南大学曾为其编制了一个《查海文化遗址保护规划》（规划详细名称不详），但是这个规划并没有实施，除此之外，该遗址再无任何保护规划。

2. 遗址博物馆设施简陋、人员配备不全。查海遗址博物馆建筑面积877平方米，博物馆办公条件差，除办公区外冬季无取暖设施。博物馆年久失修，多处漏雨，导致馆内长60米，高9米的主体壁画多处受损。该馆2008年由差额事业单位调整成为全额事业单位，现有工作人员11人，其中正式编制8人，临时工2人，另一个工作人员编制不详。这样的简陋设施和有限人员无法承担起保护遗址和宣传遗址的文化价值的工作。

3. 经费紧缺。"查海遗址"文化是国家级文物保护单位，经费由国家文物局拨发，遗址所在城市阜新市不承担遗址的保护工作。根据该馆工作人员讲，国家拨发的经费经过层层机构后几乎到不了博物馆手上，目前，遗址博物馆基本上处于无经费状态，很多花费都是工作人员自己支付。例如，博物馆处在远离市区的山坡上，离阜新市50多公里，没有公共汽车，馆内亦无任何车辆，只有一个用于运送杂务的破旧机动三轮车。工作人员上下班只能骑车或者打出租车，从市区往返博物馆一次大约需50元左右，这笔交通费用都是由工作人员的自己负担。

"查海遗址"博物馆也缺少维护经费，无力对遗址实施保护，维护遗址正常费用每年至少需要 70 万元。由于没有经费，无力深入研发和保护遗址，填埋是最好的保护措施。"查海文化"遗址现在已经全部填埋，地上部分只留有"石堆龙"的复制品。这样一个在世界上具有震撼力的文化遗址，由于经费的原因，不得不继续沉睡地下。

4. 遗址安全问题严重，文物状态令人担忧。目前，"查海遗址"博物馆没有安全防御设施，遗址和部分文物处在人防水平阶段，主要安全保卫措施是馆长带领工作人员轮流值班看守，防止盗掘。博物馆缺乏现代化的文物保护手段，展览手段落后，一些重要文物不得不存放在辽宁省博物馆保存，极不利于世界华夏子孙前来敬仰祖先，也不利于当地旅游文化产业的开展。

5. 遗址周边环境很差。"查海遗址"距离阜新市区大约 50 公里，目前只有一条小土路通往丘陵中的遗址博物馆，沙尘飞扬，交通极不便利。土路沿途都是农村柴草和垃圾堆放物，极为不整洁雅观，有失于对中华民族祖先的尊重，对于国内外前来敬仰的华夏子孙来说也感觉不到祭祖的庄重。

（四）挖掘利用"查海遗址"文化的建议

1. 创建中华民族精神家园教育基地。党的十七大报告提出了建设中华民族精神家园的目标，为了推动和落实这项工作，建议国家有关部门应尽快把考古新发现的一些包含着厚重的中华民族历史文化内容和元素的地区，确定为中华民族精神家园教育基地。这些地区包括距今八千年文明的"查海遗址"文化（辽宁阜新蒙古族自治县查海村），距今六千年文明的"仰韶遗址"文化（河南濮阳西水坡），距今六千年文明的"赵宝沟遗址"文化（内蒙古敖汉旗小山），距今 5000—5500 年的红山文化（辽宁建平牛河梁和内蒙古翁牛特旗三星他拉），距今五千年的仰韶文化庙地沟类型（甘肃甘谷西坪）等。这些地区都包含着明显的中华民族精神信仰（龙）内容，要建立中华民族精神家园教育纪念博物馆，把具有中华民族龙文化的主要标志物和其他出土文物展放其中，供全世界华人归乡祭祖。

中华民族精神家园教育基地不同于爱国主义教育基地，它是面向全世界的中华民族子孙共同的民族信仰地，目的是在新时期、新起点上形成全球中华民族子孙的共同信仰，形成推动中华民族实现伟大复兴的民族凝聚力。为此要加强对建设中华民族精神家园的投入，尽快建设一批具有国际一流水准的中华民族精神家园教育基地。世界上很多国家都建有类似的文化遗址保护基地，用于供人们参观瞻仰。美国中部的密苏里州就建有二十多平方公里的印第安人遗址文化保护基地，把美国人民的文化历史回溯到八百年前；澳大利亚的北部地区一个州都是土著人生活遗址文化保护基地，把澳大利亚人民的文化历史回溯到一万六千年，这些文化保护基地都很好地起到了民族凝聚的作用。

2. 高度重视查海遗址文化背后的民族文化安全和国家文化安全问题。"查海遗址"文化发现后，引起了国内外学界的广泛关注和研究，其中，美国、韩国等国家的学者的研究倾注和成果相对多一些。从这些研究成果看，绝大多数是科学的研究和探讨，但是，也隐含着一些民族的、国家的政治目的和研究倾向，对此有关部门必须引起高度重视。其中一个研究倾向就是美国等国家的学者（部分中国学者也持此观点）把"查海遗址"文化归入红山文化圈，通过论证把红山文化归为蒙古人先古文化，从而得出了中国民族文化起源于其他民族的历史和文化；另一种倾向就是美国、以色列、韩国等国家的学者主张的，"查海遗址"文化同东北亚地区的其他考古发现遗址的文化一样，是人类早期生活在朝鲜半岛东海岸的古人群向内陆迁徙的产物。无论如何，这两种观点都隐含着对中华民族文化主权甚至领土的纠纷问题。为此，针对以上国际学术界这两种观点：一定要做还以下几个方面的应对工作：

一是在学术研究和文化宣传以及产业化运作上，必须区分"查海遗址"文化和"红山遗址"文化，两者是分属于不同文化圈系的两个文明源头，且有传承影响关系。国际考古学界和文化人类学界一直有一个争议性观点：红山文化是否属于古代蒙古人的祖先文化。根据美国考古学家和文化人类学家Gwen Benett（华盛顿大学）等学者的观点看，从DNA检测结果看，红山文化遗址出土的骨骼鉴定结果显示，DNA成分属于单一成分，与黄河流域出土的同时代人体骨骼的DNA复杂结构的结果十分不同。这个结果可以肯定，一个是独自繁衍的单一群体，一个是交流融合的复杂群体。为此，要宣传查海遗址文化于红山遗址文化这两种遗址文化的不同性，突出两者的传承关系（查海遗址文化是红山文化的源头）和各自特点。

二是"查海遗址"文化应该属于辽河地域的文明圈。根据美国著名文化人类学家Sarah M. Nelson（丹佛大学人类学系）和以色列希伯来大学东亚研究系学者Gideon Shelach的研究结果，从人类学角度研究这些地区考古发现的共性问题，试图发现古人类群体之间的借鉴性。但是，这样的研究结果，在发现东亚地区古人类的一定共性的同时，也淡化了这些古人类群体的文化上的特殊性，甚至是有抹杀了特殊性的结果，这些特殊性实际上就是当地先古的民族性的内容。从相似形和借鉴性角度看，他们的研究表明，"查海遗址"等中国东北地区的出土物与朝鲜半岛一些遗址（东海岸的 Sopohang，Osan-ni，Tongsamdong；西海岸的 Chitamni，Amsadong，）的出土物有相似性，并且朝鲜半岛的乌山里（Osan-ni，作者译）出土物的碳14检测年代要早于阜新"查海遗址"和沈阳"新乐遗址"五百年左右。因此，有学者认为，中国东北地区古人类遗址文化，至少在新石器时代是受朝鲜半岛古人群影响（从朝鲜半岛沿海向内陆迁徙形成）的结果。这个观点被国际考古学界很多学者所认同，特别是美国、以色列、韩国等国学者非常认同这个观点。近些年来，韩国不断地歪曲历史事实和篡改中国历史文化的起源地，并向联合国不断提交文化和非物质文化遗产申遗书（累计达18项申请），把中国的一些文化（18种中华民族的历史文化资源）说成是韩国的，其理论支撑之一就在于国际上关于朝鲜半岛的这些考古新发现。

针对国际学者上述观点，我国应该从东北地区几个考古遗址出土物具有相似性的事实出发，即从"查海遗址"文化到辽东地区的其他几个地点的遗址，提出一个以"查海遗址—新乐遗址"文化为核心的辽河地域文明圈，这个文明圈范围包括从丹东（小朱山遗址）、大连（郭家村遗址）等辽东地区到沈阳（新乐遗址文化距今6800—7300年）、阜新（查海遗址）地区，北到吉林（农安县左家山遗址），应该是一个先古人类活动的相对独立地区。目前的考古发现可以证明，这个地区向西影响了红山文化，向东影响了朝鲜半岛的文明，是一个独立的古代人类文明系统。为此，要大力宣传这个独立文明体系的价值和意义。

三是要突出宣传"查海遗址"文化中的具有中华民族特色的文明内容和文化内容，防止境外学者的民族主义势力鼓吹其他谬论。对"查海遗址"文化"第一龙"、"第一村"、"第一玉"这些能够充分说明中华民族文明起源的实物证据要大力宣传，突出"查海遗址"文化所代表的中华民族的民族特质的重大意义。

3. 加大对查海遗址文化的保护投入。国家应该从保护中华民族利益的高度重视"查海遗址"文化的保护和宣传，除了确保原有国家拨付的维护经费必须到位外，国家和地方政府应该从展示和宣传民族悠久历史文明和维护国家文化安全的高度，投入更大的资金，用于修建更大的"查海遗址"文化博物馆，加大研究和保护力度，加大研究开发利用的力度，特别是加大在国内外对"查海遗址"文化的宣传力度。

"查海遗址"是目前我国考古发现的意义重大的民族历史文化文明，保护、研究和宣传"查海遗址"文化，对于实现国家文化安全、创建中华民族精神家园，进行爱国主义教育和打造文化旅游产业以及带动贫困地区发展，都有深远的意义。

四、核心价值体系转化为农民的自觉追求

农民作为一个特殊的社会群体，历来是中国历朝历代保民、养民、教民的重点对象。在新农村建设中，除了保护农民利益，以政策养民达到休养生息的目的，还要从国家和民族的发展出发教育农民。在新农村建设过程中，教育农民就是要以当代马克思主义的道德观教化农民，特别是以社会主义核心价值体系教育农民，让农民成为国家和民族发展所需要的现代农民，让农民担负起中华民族伟大复兴的使命。因此，在新农村建设过程中，一个亟待深入研究的课题就是如何让社会主义核心价值体系转化为几亿农民的自觉行动。

当代中国马克思主义大众化的目标就是要通过理论普及，把社会主义核心价值体系转化为广大人民的自觉行动和自觉追求，让适应新时代发展需要的民族精神在每个民族成员中生根，最终实现中华民族伟大复兴。而社会主义核心价值只有体现广大人民群众的生活理想和生存信念，成为人民群众赖以生存的文化环境，包含广大人民群众喜闻乐见的生活内容，并与人民群众的切身利益紧密相关，才能完成从理论转化为实践、从知转化为行的过程。在这个过程中要坚持把社会主义核心价值精神和内容要求融入社会教育方法中，体现在制度建设中，才能确保个体从他律转化为自律过程的实现。

当代中国马克思主义大众化的最终目标就是普及当代中国马克思主义理论的最新成果，通过用先进的科学理论武装人民群众，进而实现武装中华民族，为中华民族伟大复兴提供思想理论武器。在这个过程中最关键的问题就是把社会主义核心价值体系转化为广大人民的自觉行动和自觉追求，实现用科学理论武装群众。马克思曾说过，科学的理论一旦掌握群众，就会变为巨大的物质力量。所谓掌握群众，就是理论转化为群众的思想和行动。中国特色社会主义核心价值，作为马克思主义中国化和社会主义意识形态领域的最

新理论成果，只有被当代中国人民掌握，才能转变为民族伟大复兴的巨大物质力量。正因如此，胡锦涛同志在党的十七大报告才强调，要"切实把社会主义核心价值体系融入国民教育和精神文明建设全过程，转化为人民的自觉追求"。[①] 所以，把社会主义核心价值体系转化为广大人民的自觉行动和自觉追求是中华民族伟大复兴的必然要求。

社会主义核心价值体系转化为人民的自觉追求，体现了中国马克思主义的大众化的本质要求。大众化是"指马克思主义基本原理由抽象到具体、由深奥到通俗、由被少数人理解掌握到被广大群众理解掌握的过程"。[②] 只有深入普及，特别是武装了群众，才能真正实现改造世界的目的。"理论不仅仅是武器、工具，而且本身具有内在价值，只有通过化为自己的德性，才能具体化为有血有肉的人格，才能对别人、对社会、对国家发生影响"。[③] 所以，把社会主义核心价值体系转化为广大人民的自觉行动和自觉追求本质上也是理论与实际相结合的必然要求。"马克思主义的原则、方法是国际性的，但我们是在中国做组织工作，一定要严格估计到中国政治、经济、文化、思想、民族习惯、道德的特点，正确认识这些特点，再来决定我们的斗争形式、组织形式、工作方法。我们要的是国际主义的内容，民族的形式，我们要使组织工作中国化，否则我们就不是中国的共产党员。将外国党的决定搬到中国来用，是一定要碰钉子的。"

（一）核心价值要体现农民的生活理想和生存信念

一个国家和民族的核心价值体系所展示的理想和信念必须是其民族成员的共同生活理想和发展目标，特别是科学发展理论的社会理想必须反映社会成员的长远利益和生活奋斗目标。建设社会主义核心价值体系，使其转化为人民的自觉追求，其"核心"和关键就是社会主义核心价值体系必须充分体现广大人民群众的生活理想和奋斗目标。马克思主义理论之所以被全世界人民所实践，原因就在于马克思主义创立的理论理想就是要指导工人阶级和广大劳动人民谋求劳动阶级的自由解放和追求美好的社会，所以马克思主义充分体现广大人民追求人类全面发展和建立美好生活的理想信念。全世界人民

① 胡锦涛：《高举中国特色社会主义伟大旗帜　为夺取全面建设小康社会新胜利而奋斗——在中国共产党第十七次全国代表大会上的报告》。
② 人民日报社：《推动当代中国马克思主义大众化》，《人民日报》2008 年 1 月 1 日。
③ 冯契：《认识世界和认识自己》，华东师范大学出版社 1996 年版，第 20 页。

认同这个理想，并为了这个美好的理想而自觉地追求和践行了马克思主义理论。

马克思主义理论的最终理想通过促进人的解放，实现人的自由全面发展，这也是中国共产党的最高使命。中国共产党进行革命斗争，推翻旧政权、建立新中国，是为了把人民从"三座大山"的压迫中解放出来；中国共产党进行社会主义改造和社会主义建设，是为了把人民从半封建、半殖民地的生产关系中解放出来；中国共产党建设和发展中国特色社会主义，是为了把人民从落后的生产力中解放出来；中国共产党以实现共产主义为最高理想和最终目标，是为了把人从各种束缚中解放出来，实现人从"必然王国"向"自由王国"的迈进，实现人的全面自由发展。可以说，中国共产党的一切努力与奋斗，都是以实现人的全面发展乃至最终解放为最高使命。所以，中国特色社会主义共同理想，就是在中国共产党领导下，走中国特色社会主义道路，实现中华民族伟大复兴。

作为社会和政治理想，中国特色社会主义是我们党的奋斗纲领，是中国人民共同的价值追求，是中华民族自觉选择的发展道路。共同的理想和信念对人们的激励作用是巨大的，在不同历史阶段，中国共产党用共同的理想信念凝聚起全民族的力量，取得了革命、建设和改革的一个又一个胜利。实践证明，无论是在过去革命战争年代，还是在和平建设时期，这种共同的理想信念对于党和人民的激励作用都是巨大的，这种精神力量可以转化为巨大的物质力量。有了这种力量，就可以克服各种困难。邓小平说过："没有这样的信念，就没有一切。"①

中国历史的经验表明，核心价值体系建设必须反映老百姓的实际需求。人民群众的日常理想和生活信念就是要过上"好日子"，实现小康社会，实现物质生活富裕，精神生活充实，文化生活丰富，社会生活和谐。社会主义核心价值体系所要树立的共同理想信念必须充分体现人民群众的日常理想和生活信念，才能引起共鸣，进而得到人们的认同，最后变成自觉追求。"中国特色社会主义共同理想"这一概念，在理论上突出强调了个人理想和社会理想的统一性。就主体而言，个人信仰和社会理想是有区别的，但这种区别是相对的。个人需求的自我性与满足需求途径的社会性的矛盾，是人类价值追求中永恒的矛盾。就个人需求的满足以社会为中介而言，个人的价值理想既是

---

① 《邓小平文选》第 3 卷，人民出版社 1993 年 10 月版，第 190 页。

自己的，又是对他人和社会的；正确的个人价值理想，不仅可以实现个人的人生价值，而且会对社会发展作出贡献。衡量任何社会理想的价值尺度，归根到底是看它对个体生存和发展的意义。依据科学的社会理想来树立个人的人生信念，是一个民族兴旺发达的思想基础。

因此，从马克思主义理论理想和中国马克思主义理论的共同理想以及我们核心价值体系形成的经验看，建设社会主义核心价值体系首先要反映广大人民群众的共同理想和实现理想的信念。只有这样，作为科学理论的社会主义核心价值观才能成为他们实现自己生活理想的更有效地的理论工具，他们才能自觉地运用这个理论。所以，社会主义核心价值转化为广大人民群众的自觉行动必须强调个人理想和社会理想的高度统一性。

（二）核心价值必须是农民喜闻乐见的朴素内容

一个国家和民族的核心价值体系所展示的精神内容必须是其民族成员所创造的、所喜爱的生活内容。社会主义核心价值体系建设必须在内容上充分体现广大人民熟悉和喜闻乐见的生活内容，并成为广大人民生活内容的一部分。马克思主义中国化的成功经验就是把马克思主义理论同中国国情、中国民情以及民族的特点结合起来。毛泽东曾说过："必须将马克思主义的普遍真理和中国的具体实践完全地恰当地统一起来，就是说，和民族的特点相结合。"[1] 必须"使马克思主义在中国具体化，使之在其每一表现中带着必须有的中国的特点，即是说，按照中国的特点应用它"。[2] 1942 年毛泽东在一次延安干部会议上作了《反对党八股》讲演，特别就什么是"化"的问题作了解释：所谓"'化'者，彻头彻尾彻里彻外之谓也。"毛泽东说，你们听见列宁讲了吗？列宁说，我们党的宣传教育要让每一个工人、农民都听得懂，我们党的宣传教育工作者是不是让一个工人、农民都听得懂？如果让人家听不懂就是对牛弹琴。对牛弹琴本来是嘲笑对象，毛泽东说取消嘲笑对象的意思，你说话被工人农民听不懂就等于对牛弹琴，没有效果。而且毛泽东也说，我们不能够使自己的语言干瘪，一点生机活力都没有，要生动，要感人，我认为在宣教过程中语言是个问题，即是指具体语言，也是指语言的风格。我们一定要有群众喜欢的语言，按照群众喜欢的思路把最基本的道理说给人家，

---

① 《毛泽东选集》第 2 卷，第 707 页。
② 《毛泽东选集》第 2 卷，第 534 页。

229

这样效果才能好。

　　把社会主义核心价值转变成人民群众喜闻乐见的先进文化形式，是使社会主义核心价值的理论体系为群众所掌握的基本要求。马克思讲："理论一经掌握群众，就会变成巨大的物质力量。理论只要说服人，就能掌握群众；而理论只要彻底，就能说服人。"① 马克思主义的巨大生命力，就在于通过理论为群众所掌握，使人们能够在科学理论的指导下认识规律、把握规律、运用规律，从而更好地在实践中改造客观世界和主观世界。群众掌握了真理，才会变成改造世界的巨大物质力量。把核心价值转化为自觉追求，一定要做好理论普及工作，将社会主义核心价值以老百姓最容易理解和接受的方式，宣传普及到广大的群众中。社会主义核心价值体系是关于"社会的"、"共同的"价值原则、价值理想、价值规范的理论概括，是当代中国共产党人在科学判断时代特征、认真总结历史经验、准确把握广大人民群众根本利益的基础上确立的，从本质上说是广大人民群众根本利益和共同愿望的反映，具有无可争辩的理论抽象性。理论不可能像具体事物那样丰富多彩，它只能是枯燥的，但它又必须被群众所掌握，这就需要使之实现从抽象到具体的转化。抽象的理论只有转化为群众喜闻乐见的形式和内容，才能为群众所接受、理解和掌握。

　　"社会主义核心价值体系从最基本的层面看，包括四个方面：首先是'马克思主义指导思想'。这是我们立党立国的根本指针，是社会主义意识形态的灵魂。马克思主义是与时俱进的，坚持马克思主义在意识形态领域的指导地位，就必须坚持用马克思主义中国化的最新成果来教育人民，这是我国现代化建设沿着社会主义道路顺利前进的根本保证。其次是'中国特色社会主义共同理想'。这个共同理想集中了我国工人、农民、知识分子和其他劳动者、爱国者的利益和愿望，是保证全体人民在政治上、道义上和精神上团结一致，克服困难争取胜利的强大的精神武器，是当前全国各族人民团结奋斗的崇高目标。第三是'以爱国主义为核心的民族精神和以改革创新为核心的时代精神'。这是中华民族生生不息、薪火相传的精神支撑，是当代中国人民不断创造崭新业绩的力量源泉。第四是以'八荣八耻'为主要内容的社会主义荣辱观。它是对我国改革开放以来思想道德建设的经验总结和科学概括，体现了社会主义基本道德规范的本质要求，是中华民族传统美德、优秀革命道德与

---

① 《马克思恩格斯选集》第 1 卷，人民出版社 1972 年版，第 9 页。

时代精神和社会主义的完美结合。"① 我们要把核心价值体系的这四个方面的基本内容进行深入浅出的阐释和解读，充分把握基层人民群众的特点，深入研究新形势下各种受众群体的认同习惯和心理特点，从群众的关注点和兴奋点入手，把理性的东西感性化、生活化，把枯燥的内容生动化、形象化，用鲜活的群众语言和群众所喜闻乐见的形式进行理论的宣传普及，真正做到把社会主义核心价值体系的理论成果通俗化、大众化。

把社会主义核心价值的理论转变成人民群众喜闻乐见的朴素内容，是理论传播、理论发展的需要。正确的理论只有被人民群众普遍接受、理解和掌握并转化为社会群体意识，才能为人们所自觉遵守和奉行。因此，建设社会主义核心价值体系，必须要做好理论普及工作，用人民群众所喜闻乐见的形式，将核心价值的理论传播普及到广大的人民群众中，使之真正为人民群众所理解、接受和掌握，从而转变为改造世界的巨大力量。

（三）核心价值必须与农民的民生利益紧密相关

一个国家和民族的核心价值体系所体现的利益必须是其民族成员的共同生活需求和发展利益。中国化马克思主义必须具备人本性，充分反映广大人民的利益。普及社会主义核心价值，要坚持科学发展，以人为本，从民生问题入手，要让老百姓得到看得见、摸得着的实惠，要让各个社会群体的成员都能享受发展成果。党的十七大报告第一次提出了"加快推进以改善民生为重点的社会建设"的命题。改善民生是建设和谐社会的必然内涵，是社会发展的永恒主题。社会和谐，民生为本。群众利益无小事，民生连着国计国运。为此，建设社会主义核心价值体系，绝不能离开人民群众日常生活所面对的民生问题。这关系到群众对社会主义核心价值的切身认同感的大问题。因此，要通过践行社会主义核心价值就能得到切身利益保障的方式，深化人民群众对社会主义核心价值的认同感。

社会存在决定社会意识，社会主义核心价值体系作为一种价值观念体系，是立足于社会主义经济基础之上的，是在一定的经济关系中形成并反映社会利益和人们需要的思想体系。诚如恩格斯所说的："人们自觉地或不自觉地，

---

① 罗国杰、邢久强：《我们党思想上精神上的一面旗帜——关于建设社会主义核心价值体系的对话》，《前线》2007 年第 3 期，第 26 页。

归根结底总是，从他们进行生产和交换的经济关系中，获得自己的伦理现象。"① 社会主义核心价值体系是在人们生产和交换的经济关系中形成的，是以一定的物质条件和物质利益为基础的。马克思主义克服了以往一切思想理论所固有的阶级狭隘性与片面性，其价值理想不仅是与人类彻底解放的历史趋势相符合的，而且是与广大劳动群众的切身利益相一致的。因此，把社会主义核心价值体系转化为人民的自觉追求，必须结合群众的切身利益。人民群众只有直接和真正地从社会主义制度中获得了实实在在的实惠、利益和幸福，才能真切地拥护社会主义制度，认同社会主义核心价值观念。

人民群众是历史活动的主体，是历史发展的动力和源泉。我们党取得政权靠的是广大人民群众，巩固执政地位同样靠广大人民群众。建设中国特色社会主义，离不开广大人民群众的实践活动，离不开实现好、维护好、发展好最广大人民的根本利益。建设社会主义核心价值体系也离不开广大人民群众的实践活动，离不开广大人民群众利益的维护和实现。我们要尊重人民群众的主体地位，充分发挥其能动性和创造性，把自上而下的社会主义核心价值观念的培育与自下而上发挥广大人民群众在社会实践中创造主体活力的激发有机结合起来，着眼于广大人民群众物质、精神文化需求的满足，大力发展社会生产力，不断推进经济建设、政治建设、文化建设、社会建设的协调发展和全面进步，从广大人民群众最关心、最直接、最现实的问题入手，关注民生，关注社会协调发展，真正实现好、发展好、维护好广大人民的根本利益，让广大人民群众真正共享社会发展所带来的实实在在的成果。这就要求在推进社会主义核心价值体系建设过程中，必须正视人们所关注的切身利益，尤其要关注民生，在确保人们利益实现的同时，把社会成员的利益期待引导到正确的认识视野中来。要让越来越多的普通群众知道世界上有为他们利益服务的马列主义，使他们感到马列主义可敬可亲，马列主义就这样日益深入人心了。在中国，马克思主义就是通过这样的方式，经过这样的渠道，进入到中国人民的千家万户。

因此，从马克思主义人本性的要求和历史发展的规律来看，把核心价值转化为人民的自觉追求，必须与人民群众的切身利益紧密结合。我们要紧紧抓住新世纪新阶段的时代主题，不断巩固全面建设小康社会取得的成果，切实解决好就业、医疗、教育、住房、社会保障、收入分配、生态环境、安全生

---

① 《马克思恩格斯选集》第 3 卷，人民出版社 1995 年版，第 343 页。

产、社会治安等关系群众切身利益的问题，着力为广大人民群众办实事、谋利益，使人民群众在得实惠中受教育，在受教育中谋发展，不断增强人们对社会主义核心价值体系的认同感和归属感。

（四）核心价值必须体现农民赖以生存的文化内容

一个国家和民族的核心价值体系的内容必须是其民族成员赖以生存依靠的历史文化内容。文化是维系一个民族过去、现在和将来的命脉。一个民族的优秀历史文化精神始终应该是一个民族国家生存、发展的核心灵魂。我们应借助文化传承的纽带力量，以优秀的传统文化精神增强社会主义核心价值的吸引力和凝聚力。随着市场经济的推进，利益主体的分化越来越明显，人们的价值观念和价值取向已经不可能达成完全一致。这种局面的形成意味着核心价值体系的建设不能沿袭过去刚性手段畅通无阻地去推行其价值观，而只能依靠自身的魅力去吸引社会成员，以获得教化大众的效果。那么如何增强社会主义核心价值体系的吸引力和凝聚力呢？这就要靠大力发展中国特色的社会主义文化，其中一个最具根基性的方面就是要大力弘扬民族文化，弘扬优秀的传统文化。

中华民族优秀传统文化，为人类文明进步作出了巨大贡献，是中华民族生生不息、国脉传承的精神纽带，也是中华民族历经劫难而百折不挠的力量源泉。社会主义核心价值观的形成与把握不能离开民族文化传统的继承与弘扬。当下，文化已经成为国家综合实力的重要组成部分，成为民族凝聚力和创造力的重要源泉，我们建设社会主义核心价值体系，应紧密从中国的历史和现实这一实际出发，认真研究和学习中国传统文化，凸显民族特色，注重培育和弘扬民族精神与价值观念。中国传统文化所蕴含的民族精神和价值观念至今仍内化、积淀在普通民众的心灵深处，成为其为人处世的准则和规范，发挥着持久的影响力。如传统文化所倡导的"仁、义、礼、智、信"至今仍是当今时代人们所应遵守的做人准则，而儒家文化所倡导的"己所不欲，勿施于人"[①] 的忠恕之道，作为处理人与人之间关系的法则，更是被国际社会誉为"道德金律"。[②] 中国传统文化所具有的这种持久影响力和凝聚力，是十分巨大的。这是为其他文化、特别是从外部"灌输"的文化所不可比拟的"原

---

① 杨伯峻：《论语译注》，中华书局1980年版，第166页。
② 汤一介："全球伦理"与"文明冲突"，《北京行政学院学报》2003年第1期。

生"优势。我们要充分利用这个优势，传承其精华，大力弘扬中华优秀传统文化精神。优秀传统文化精神是中华民族赖以生存的文化根基。我们要充分重视，认真挖掘，采取批判与继承、整合与创新的科学态度，使之得以更好地传承与弘扬。只有批判地继承、采取"扬弃"的辩证态度，才能构建出能够科学的核心价值体系。只有整合与创新，我们的文化才能向前发展，人类才能进步。

人类的发展离不开文化的传承，人们的生活离不开精神文化生活的满足，社会主义核心价值的建设也离不开传统文化的传承与弘扬。因此，把核心价值转化为人们的自觉追求，要充分挖掘传统文化的优秀资源，把传统文化与人民的现实文化需求结合起来，实现传统文化的现代转型。我们既要对传统文化中有益于促进社会主义核心价值体系建设的合理成分加以继承，并赋予新的时代内涵和文化样式，又要紧密结合当代中国的社会文化状况和人民的文化需求，把传统文化的主导价值观与当代中国的现实价值导向、理想价值取向有机结合起来，创造源于中国传统文化又高于中国传统文化的当代价值观，从而不断增强社会主义核心价值体系的吸引力、凝聚力和生命力。

（五）核心价值普及的教育方法要人性化、灵活化

建设社会主义核心价值，使其转化为农民的自觉追求，重在教民，教民在当代社会中最终还是要靠教育来实现。而思想道德教育则是建设社会主义核心价值体系的基础和重要环节。要把社会主义核心价值体系转化为农民的自觉追求，关键是要抓好社会主义核心价值观的教育和传承，研究和琢磨出核心价值体系有效的教育模式。从根本上说，一个社会的核心价值体系，要想成为整个社会的普遍价值准则，只有靠持之以恒的教育才能实现。比如我国古代的儒家思想之所以能成为当时社会的主导思想，之所以能对当代的后人产生如此深远的影响，与它所推行的教育是分不开的。儒学以教育为立国之本，儒家的教育思想的显著特点是善于启发人的内心自觉，重视道德教育和人的修养。"儒家教育的终极目的是培育民族精神，淳化代代人风，提高人的心灵素质，帮助人们修养身心，达到一种真善美统一和谐的人格境界。""不管现代社会科技、商业如何发达，不管我们所从事的现代职业如何先进、精密，人性的培育，心灵境界的提扬，人们从实然的人向应然的人的超越，总是不可代替的。这对于人类、国家与人的自身来说，都是生命攸关的大问题，因此人类现代化事业的一个重要的建设层面是人性的培育、道德境界的

提扬。"由于社会个体道德品质的养成仅仅依靠外在灌输和说服教育是不够的，必须启发人的内心自觉，必须有人的主体性的积极参与，才能由"他律"逐渐转化为"自律"。我们的核心价值体系教育可以借鉴儒家的教育理念和方法，应该克服以往道德价值观教育方式方法上的一些弊端，如往往以外在强制性灌输的他律为主、忽视人的内心和自我习惯的养成、忽视道德践行和道德能力培养，而且又过于枯燥、死板、空洞和形式化。

因此，建设社会主义核心价值体系，使其转化为自觉追求，必须要围绕社会主义核心价值创新道德教育方法，使核心价值普及的教育方法更加人性化、灵活化。要注重人的"内心"和修养，注重科技理性教育与人文德性精神教育的结合，注重"他律"向"自律"的转化。同时，充分尊重教育对象的自主性，把说理教育和道德践行结合起来，注重自律意识和道德能力的培养，注重启发和引导人们去思考，不断提高其道德践行能力。进而，使社会主义核心价值体系教育由一种规范性的教育变为提升人民群众个体人生价值、生活质量和生命精神境界的教育。

（六）核心价值普及的外在保障制度要完备化、科学化

建设社会主义核心价值，使其转化为九亿农民的自觉追求，还需要有"教民"的制度上的保障。有了好的道德教育方法，没有合理的教民机制做保障，社会主义核心价值体系的教育工作也无法顺利开展。在新农村建设中，建立完善教民机制，是促使社会主义核心价值体系教育工作顺利、有效开展的根本保障。只有通过建立完善育人机制，把社会主义核心价值体系的教育制度化、常态化，使社会主义核心价值融入到社会的各种管理制度中，才能保障社会主义核心价值体系的教育工作有效、长效的开展下去，从而确保社会主义核心价值体系不断发扬光大，真正成为中华民族安身立命的精神之源。

学校作为教书育人的主阵地，作为核心价值观教育的主渠道，首先应该建立起完善的育人机制。学校要牢固树立"育人为本、德育为先"的理念，把人才培养作为学校的根本任务，把培养学生、促进学生全面发展作为学校一切工作的出发点和归宿；要调动一切可以调动的力量，形成一个全员参与、责任明确、分工协作的教育群体，构建一个目标明确、要求一致、管理严密的德育工作与价值观教育工作的领导管理体制；要从学生思想品德和价值观形成的规律出发，加强德育工作的阶段性、连贯性、时间性、发展性，使价值观教育和德育工作贯穿于教育工作的始终；要加强德育内容的丰富性、德

育途径的多样性，把价值观教育和品德教育结合起来，把德育课与其他教学课程结合起来，使德育和价值观教育渗透于学生生活的方方面面，加强学生的参与性、自主性、选择性，切实提高德育工作的实效。

育人工作是一个完整的系统工程，不能仅仅依靠学校教育系统，还要借助全社会合力、育人工作的大环境，要创造和综合利用各种积极因素为育人工作服务。要形成教育育人、服务育人、管理育人、社会各界齐抓共管、全方位育人的合力机制；社会各界都要始终把德育工作当作为首要工作来抓，不断改进方式方法，积极开拓德育工作新途径，形成在学校抓人格和品德教育，在行业部门抓职业道德教育，在家庭抓家庭美德教育的齐抓共管的良性育人网络机制。

社会主义核心价值观的教育将是一个长期的过程。因此，在教育战略上，我们要树立长远眼光，制定长期规划，使核心价值融入到社会的各种管理制度中。因为一个民族、一个社会价值观的形成绝不是一朝一夕的事情，只有通过长期全方位的科学的价值观教育，才能使人们在在潜移默化中形成健康人格和科学而高尚的价值观念。

总之，建设社会主义核心价值体系，就是一个从理论转化为实践、他律转化为自律的过程，是一个知与行相统一、运用科学理论成果解决实际问题的过程。在这个过程中，要从科学发展观出发，采取多种人本途径和措施，把人的切身利益实现和理论功能紧密结合起来，大力促进核心价值体系从理论形态向社会心理形态的转化，使其内化为广大社会成员的心理认同、自觉意识，真正发挥社会主义核心价值体系的文化教化作用和规范功能。

第十章　新农村建设中的新情况新问题总结

新农村建设以来出现了很多新情况、新问题，引起了学界和政府部门管理者的广泛关注，由于出现的问题较多，情况复杂，研究和解决起来感觉无从下手，因此有必要对这些问题做一个归类梳理。

分析新农村建设出现的新问题，依据就是按照科学发展观的以人为本的宗旨要求，围绕农民增收这个核心问题，紧密结合农民的实际生活和生产需要，厘清新农村建设中出现的诸多新情况、新问题。特别是要有重点和主次地研究与农民增收紧密相关、体现科学发展、顺应农民需要的情况和问题，还要深入研究哪些问题是阻碍农民增收的因素（如"撤村并乡"等），哪些是促进农民增收的因素（如多种经营等），并且要区分政策性因素和管理性因素，区分理论问题和实践操作问题等等。最终要搞清哪些新情况、新问题是对农民增收最为重要的影响因素。

新农村建设以来出现的新情况和新问题一部分是属于政府部门绩效管理问题，这些问题主要包括：① 新农村建设人才短缺问题，主要以全国人大常委会副委员长周铁农为代表，强调现阶段新农村建设中普遍存在的一个突出问题就是人才问题，人才问题已经成为继续推进新农村建设的关键因素，迫切需要从战略的高度来加以认识和重视；②农民素质方面的问题影响新农村建设进程，关注这个问题的学者和论述也比较多；③农民成为新农村建设成本的支付者问题，主要以全国政协委员、知名经济学家林毅夫等为代表，针对一些地区新农村建设成为农民"一个新的负担"而呼吁，新农村建设要给农民带来实惠而非负担；① ④新农村建设过程中出现的政绩工程问题，主要以政协委员杨志福等为代表，提醒社会注意，新农村建设出现政绩工程的苗头，导致新农村建设出现了形式主义倾向和舍本逐末的做法；⑤村民自治的一些新变化问题，主要以吴敬为代表，认为尽管村民自制出现了一些问题，但是，村民自治也出现了新变化，选举模式正经历从"有候选人选举"到"无候选

---

① 林毅夫：《新农村建设要给农民带来实惠而非负担》，新华网，2006年3月5日。

人选举"的变革。

以上这些问题都是从政府管理的角度看，新农村建设在推进过程中出现的一些新农村建设的新问题。这些问题直接影响到政府推进新农村建设的成效和新农村建设的成就，以及农民对新农村建设的评价等问题。

另一部分新情况、新问题是属于社会公益性方面的问题：①农村劳动力转移过程中出现的"留守儿童"问题，以全国人大代表刘明华为代表，呼吁农村"留守儿童"问题应当引起全社会的关注；②农民工社会地位需要引起全社会的关注问题；③农村公共基础设施建设遗留问题等等。这些问题既涉及政府的新农村建设绩效考核，也涉及农民的切身利益问题。

还有一部分新情况和新问题是属于农民民生问题：①生产资料价格上涨影响农民增收问题，这是很多专家学者和农民都关注的热点问题；②教育改革成本成为农民家庭主要新增负担问题；③农民迫切希望基层政府开展多种经营和进行产业升级问题；④农民反映对新农村建设的政策和政府相关部门的配套措施不了解，影响农民新农村建设的积极性问题；⑤现行的一些新农村政策（如农贷政策等）与农民增收愿望不一致问题。以上这些问题是新农村建设过程中出现的直接涉及农民切身利益、影响农民增收进程的新情况新问题，这些问题也是与农民生产和生活紧密相关的民生问题。上述国内学者提出的这些新情况新问题对于我们精准解决新农村建设初期出现的问题是很有启发意义。

新农村建设出现的新情况新问题，也引起了国际学者的广泛关注。其中比较有代表性的评论就是韩国前总统朴正熙新乡村运动的顾问之一，韩国"新乡村运动"委员会副会长金裕赫教授。他指出，韩国"新乡村运动"不是政府投入的工程，目的在于更新农民的观念，培养新农民素质。"新乡村运动"是帮助农民树立能过上好日子的信念和决心，并帮助其实现他们的想法。农村如何发展是他们自己决定的事情。其次，韩国"新乡村运动"是为了解决工业的发展问题。所以，"新乡村运动"是为工业发展提供需求的。最后，韩国"新乡村运动"政府没有投入。"新乡村运动"实际上韩国政府政府的投入很少，对每个乡村投入只是三百袋水泥和两吨钢材，和中国政府在新农村建设第一年两千亿的投入不可同日而语。因此，金教授认为，中国新农村建设出现了"没有充分调动农民积极性，使其成为农民自救的新文化运动、忽视扩大内需和只重视物质和资金投入而缺少精神文化投入"等三个值得注意的问题。

此外，日本著名农村经济学者吉村弘教授根据日本新农村建设经验提出，中国的新农村建设应该有一个科学细致的整体规划和发展目标，特别应该明确新农村建设应该是主要以科技振兴农村为主的发展战略，依靠科技投入可以彻底改变农村的状况，单纯依靠资金投入，对于改变农村不会形成长效的驱动机制。另外，还有很多学者论及了新农村建设还没有拓宽农民增收渠道、建制村规模小、村庄规划滞后、医疗养老保险制度不健全、公共基础设施建设完善等问题，也成为新农村建设过程中的一些新问题。

　　增加农民收入是当前"三农"核心的问题，研究新农村建设以来出现的新情况、新问题，必须是与农民的增收紧密相关的新情况、新问题。国内外总结了很多新农村建设出现的新情况、新问题，如何搞清这些问题的重要性，有必要明确那些真正是新情况和新问题。为此，要确定一个新情况、新问题的界定依据。①科学发展依据。在鉴别这些新情况、新问题时首先要坚持科学发展观的标准，坚持以人为本原则，看那些问题是与农民生存和发展需要紧密相关，要看这些问题是否与农民民生问题紧密相关。②增收依据。真正的新情况、新问题与农民增收、提高农民生活水平紧密相关。坚持这个标准，就是在"三农"问题上坚持生产力标准。③调查研究的形而下方法论的依据。深入我国农村实际，调查研究，倾听农民的呼声，贯彻群众路线，走一条依靠形而下的方式，来检验决定哪些问题是与农民实际生活利益密切相关的新情况、新问题。

　　依据以上这几条界定原则，确定新农村建设的新情况和新问题，就主要看是否关系到农民增收问题和农民实际生活的切身利益。由此出发，对新农村建设以来出现一些新情况和新问题做一个概括。

　　1. 新情况：由于"三农"的约期不准问题，小额农业贷款期限限制农民增收。新问题：国家急需按照农业生产周期、农作物生长周期、农民开展生产的实际需要周期和农产品市场运转规律来改革农信贷款管理规章制度。

　　近几年来，国家支农资金绝对数是不断增加，但仍然没有缓解地方支农部门资金短缺。资金短缺直接导致农民贷款难、利率高、还款急（约期不准）等问题。其中"三农"的约期问题，是一个关键问题。"三农"中的约期不准问题表现为很多方面的内容，但归纳起来主要表现为四个大问题，即国家通过农信部门发放的支农贷款与农业生产周期不相符，与农作物生长周期不相符，与农民开展生产的实际需要周期不相符和与农产品市场运转规律不相符。这四个不相符集中表现在农贷期限上。在调查中研究人员普遍了解到，农民对贷款期限问题呼声比较大。他们反映，一些农信社在农户贷款到期时，基本上不考虑什么原因，当年投放贷款必须全部收回。这种做法，不考虑农产品变现的周期（不仅仅是生产周期），仅凭贷款期限催农民出卖农产品还贷，是广大农民最不满意的。一些老百姓讲："为了能让我们种上地，农信社给贷了款，解决了我们'种地难'的问题；丰收后，农信社要回收贷款，我们也确实应该还。但是，粮食卖不上好价格，吃亏的还是农民，我们不能因为农信社收贷款不管行情好不好就卖苞米，如果必须是那样的话，没有赶上好行情卖了，损失的还是我们农民，价格低卖，我们辛辛苦苦一年就白忙乎了。"还有的老百姓说："每年一到农信社收贷款时，苞米就掉价，原因是粮贩子抓住了农信社让农户卖粮还贷的时机，一再压级压价，农户在农信社催贷缺钱的情况下，没办法只好低价把粮卖给粮贩子。农信社收完贷款后，粮食就开始涨价，这几年都快成规律了，涨价前后对比，每垧地苞米能差 500 多元，这对于一些还不富裕的农民来说，是个很大的事。"贷款期限主要概括表现为"春贷秋还"，这严重制约农民增富程度，使农民为了还贷低价售粮，损失至少 0.1—0.15 元/斤（以玉米为例），每个贷款户（以十亩地为例）损失 1000—1500 元/年，相当于全国农民平均收入的 1/4 多些。以辽宁为例，2006 年贷款户是 398 万户（总农户 600 万户），由于农贷规定导致贷款户少收入至少 39 亿元，这还不算农民利用贷款开展短期多种经营（例如开展养殖业）的收入损失。

经调查发现，其原因主要是受各级联社统一办理人民银行支农再贷款约期和收贷收息等考核指标影响。基层农信社对农户贷款的收回时间，决定于各级联社与人民银行支农再贷款的贷款约期。支农再贷款资金到了基层农信社以后，与农信社其他资金组合在一起对农户发放贷款，在农户贷款个体样板的资金来源上，根本区分不清哪个信贷员在哪天对哪个农户放的是支农再贷款，农信社对农户贷款时也根本不可能挑出来那笔贷款不是支农再贷款，这就难以保证农户贷款期限由农信社自己确定，让农民卖粮时不吃亏。所以，基层农信社按支农再贷款期限收贷，要求农民在贷款到期时卖粮还贷也是身不由己。如果为了贷款种地的农户利益不按时收贷，联社在资金严重短缺的情况下也无法拿出资金还人民银行的支农再贷款。因此，解决新农村建设发展资金，要建立一个地域性支农资金长效保障机制，增加自有资金，减少再贷款，可以降低利率，灵活还贷。

2. 新情况：生产资料价格上涨抵消了新农村建设的惠农政策带给农民收

益。新问题：在新农村建设过程中，如何建立农业生产资料价格长效稳定机制。

新农村建设以来，广大农民普遍反映，取消农业税抵不住农资提价。据调查，取消皇粮国税，每亩耕地平均约免交农业税 26 元，但 2007 年比 2006 年农资五种化肥平均提价 36.8%，农药平均提价 20%，农用薄膜提价 30.4%，烤烟用煤提价 89.3%，农耕机械提价 83%，农忙雇帮工提价 100%，农用柴油价格上涨了将近一倍。以此计算农业生产成本增加 254 元，每个家庭按照 10 亩地计算，成本增加 2540 元。尽管 2009 年各种农业生产资料价格有所回落，但是，这是国际金融危机影响的结果。当务之急要通过建立长效稳定机制来确保农业生产资料价格稳定。

3. 新情况：农村实行九年义务教育，要让更多孩子上得起学，但是，农村孩子越来越上不起学，原因是农村教育实行"撤村并乡"增加了农民家庭的教育负担。新问题：如何减轻新农村建设带给农民新增的教育负担问题。

农村九年制义务教育改革目的是要降低农村的教育成本，让更多的农村孩子有机会上学接受教育，但是，在实际执行过程中，这项教育改革措施不仅没有实现惠农目的，反而加重农民家庭教育支出，形成了农民家庭新的教育负担，导致更多的农村孩子上不起学，尤其是导致农村孩子上高中和上大学的几率降低了。由于实行"撤村并乡"，提高教育质量，集中教学，导致农民孩子每年上学额外增加交通费、吃饭费用、住宿费用等其他费用（电脑费等）合计 1800—2200 元/户，以农民家庭的平均收入 5000 元计算，新农村建设中的九年义务教育改革引发的农民新增负担占农民家庭收入的 40% 左右。这导致在我国农村，出现了很多家庭只能负担一个孩子上学，另一个孩子只能辍学务农的新情况和新问题。

4. 新情况：新农村建设开展以来，广大农民反映对新农村政策普遍不了解。新问题：新农村建设政策不仅要让广大干部知晓，也要让农民知道。

农民对新农村建设政策只是通过电视了解到一些大致情况，对很多基层部门具体配套规定不了解，许多配套措施也不向农民通报。这种政策和规定的不透明，不利于农民参与新农村建设，也会导致干群关系紧张和农民对新农村政策的误解。造成百姓对新农村建设的要求高与对政策的理解和认识程度低的矛盾。虽然宣传媒体、各级政府对新农村建设宣传力度较大，但是，绝大多数政府的政策和规定的文件仅仅要求传达到乡的级别，村级干部都看不到，农民更是根本看不到，只能依靠口头传达，传达的过程中难免出现政策解读和理解不到位的情况。农民不了解新农村政策就不能发挥他们的积极性。

5. 新情况：新农村建设以来，尽管实行了新型农村合作医疗保障体系，但是，农民越来越感觉看病难、看病贵。新问题：新农村建设必须加大对农民的医疗补贴投入和政府医疗部门的监管力度，尽快妥善解决好农民看不起病这个民生问题。

看病难、看病贵是全国性的难题，但是在新农村建设中显得更加突出。全国农民占总人口60%以上，但是，农村医疗卫生资源、资金投入仅占全国总量的20%。三级医疗覆盖农村的保障体制中，村一级基本未设医疗站，合作医疗、大病统筹制度农村覆盖面太小。在调查的百余村中，有村医的仅占不到30%，并且村医看病费用不能报销，不仅不方便农民看病，也体现了新型农村医疗保障体系的漏洞，调查中有76%以上的农民深感医疗卫生负担沉重。随着国家GDP不断增长，对农民的医疗保障补贴投入份额应该制度化法制化地增长，增加对农民医疗补贴已经是迫在眉睫。

6. 新情况：新农村建设由政府包办代替一切，农民参与不进来。新问题：明确新农村建设的主体是农民，政府是帮助农民建设新农村，为农民增收提供支持和服务。

新农村建设面临一个靠谁来建问题。有一项学者的调查显示，28%的被农民调查者认为政府应该是新农村建设的主体，27%的被调查者认为村级组织应该是主体，只有41%的被调查者认为农民才应该是主体。农民是新农村建设的受益者，理应起主体作用，但目前，农民的主体作用发挥的还不够明显。一些干部没能正确地摆正政府引导与农民群众为主体的关系，缺乏引导和激发农民发展生产的有效措施，完全忽视了农民群众在新农村建设中主体作用的发挥，农民没有话语权。新农村建设形成政府主导推进，农民自主建设的机制势在必行。

7. 新情况：农民希望开展多种经营和科技种田，但是不知道谁能帮助他们。新问题：基层政府要加快扶持产业结构升级和帮助农民发展多种经营。

新农村建设开展几年来，农民普遍增收了，生活水平有所提高，他们已经不满足于传统的种植业，十分迫切需要开展多种经营和产业升级，基层政府在推进新农村公益性基础建设的同时，还要帮助农民开展多种经营和产业升级，这样可以极大增加农民收入。例如，如果在农民开展传统种植业情况下，帮助农民开展饲养业和食用菌业，可使每户至少增加500—6000元/年收入，增收幅度达 12%—250%。为此，农村基层政府要为农民提供市场信息、产业态势信息和相应技术服务，支持他们开展产业升级和多种经营，提升增收含量和拓宽增收渠道。

针对诸多影响农民增收的新情况新问题，国家和各个省份有关部门应该重点解决以下两个问题：①考虑建立区域支农资金长效保障机制和形成区域公用资金储备库问题，解决支农资金短缺造成的贷款难、利率高、还贷急、发展多种经营等增收资金短缺问题；②建立新农村建设中影响农民增收因素问题测度工具和手段。测度新情况、新问题对农民增收的影响程度，并随时随地测定影响农民增富的变化因素和监控农民的收入变化情况。

第十一章　制约农民增富因素综述

　　保障农民增收问题是"三农"的最大民生问题，然而，虽然中央财政逐年加大了支农资金的投入力度，从 2006 年的 3345 亿元增至 2009 年的 7161.4亿元，翻了一番多，但是，近几年来我国农民人均纯收入的增幅却有所趋缓。其中的原因是多方面的，本书在前几章中对其造成的原因都有一些分析。本章在前期广泛调研和深入研究的基础上，挖掘梳理了当前制约我国农民增富的主要因素，如贷款难、贷款额度低、缺少中长期贷款、贷款期限不合理、生产资料价格上涨过快等因素仍然在长期困扰着农民，并且，在新的时期，出现了新的问题，反映出新的矛盾。针对此问题，在进行深入研究，并借鉴一些省份的成功经验基础上，我们提出了切实可行的对策建议，供相关部门进行决策参考。

　　多年来保障农民增收问题一直是中央一号文件的主题和宗旨。为了确保农民增收，自 2006 年即提出新农村建设第一年以来，中央以及各省财政均逐年加大了支农资金的投入力度，中央财政支农资金从 2006 年的 3345 亿元增至2009 年的 7161.4 亿元，翻了一番多。与此同时，每年也陆续出台了很多惠农措施，并配套制定了相关的保障措施。

　　随着支农力度的逐步加大，我国农民人均纯收入也呈逐年增长趋势，从2006 年的 3587 元，增至 2009 年的 5153 元，然而增幅却未实现同比增长。相对于上一年，2007 和 2008 年增幅分别为 15.4% 和 15.0%，然而 2009 年增幅仅为 8.2%，增幅明显放缓。国家支农投入不断加大，农民增富幅度却有所放缓，原因就在于在"三农"中存在很多管理和实施问题，严重制约农民增富的幅度。

一、制约因素表现

　　就以上一些问题，研究人员在一些省份的农村地区进行了田野调查，通过深入访谈和重点问题核查，以及相关数据采集和分析处理后，我们发现贷款难、贷款额度低、贷款期限不合理等这些长期困扰农民增收的问题，在很多地区依然未能得到妥善解决，并且还出现了一些新问题，产生了一些新矛盾，如贷款额度限制农民规模化经营等。就目前掌握的情况看，概括起来，目前制约农民增富的因素主要有以下几方面。

（一）制约农民增富的因素分析

1. 农信社不良贷款率高，资金来源渠道少，导致农户贷款难，没有生产发展资金。

通过我们调研后发现，贷款难问题仍然是目前制约农民增富的最重要因素。我们接触的农民中80%最先反映的都是这一问题。

长期以来，分散的小规模农户和很多周期长、风险高、回报低的农业生产项目都非常迫切地需要资金支持。例如，辽宁邮储银行2008年在农业大县铁岭市昌图县进行的入户调查结果表明，有70%的农户和商户反映，最缺的是资金；90%以上的人认为贷款困难。这一问题在全国各个省份均不同程度地存在，甚至一些地区，农民由于通过正规渠道贷款难，不得不转借高利贷。如宁夏回族自治区固原市农民由于贷款困难，致使当地短周期、高回报的"高利贷"盛行，甚至引发了农民抵押房屋、远离家乡，法院积案增多等一系列社会问题。

贷款难的问题仍然长期困扰着农户，归根结底是目前服务农村的主要金融机构——农信社资金来源渠道过少所致。

农信社作为支农的主体，虽然网点众多，但资金来源渠道少，且由于不良贷款率过高等原因，导致存款中企业存款比重过低，致使其贷存比过高，贷款压力过大。以辽宁省为例，2008年农村信用社新增贷存比达到80.9%，部分地区的农村信用社新增贷存比超过90%，甚至有的超过100%，远远超过75%的警戒线。

一是农信社资金来源以城镇居民和农民存款为主，而大量的农村资金却不断被其他金融机构吸走转往城市。商业银行在县域以下地区基本只存不贷，邮政储蓄也在不断吸收转移有限的农村资金。辽宁邮政储蓄存款余额近四分之一是从县及县以下网点吸储的，但由于传统定位及历史体制原因，大部分资金却难以回流到农村。虽然2009年辽宁邮政储蓄银行也开始对农民发放小额贷款，但由于其利率高出农信社2—3个百分点，并且办理贷款门槛较高，需要定期存单等做抵押，很多农民反映这种做法脱离农村实际，如果自己手里有定期存单，可能就不需要贷款了。

二是由于历史包袱沉重，不良贷款率偏高，导致农信社存款中80%—90%都是城镇居民和农民储蓄存款，企业存款比重太低，甚至连政府部门的涉农资金都不愿存在信用社，这造成支农资金持续紧张。虽然为解决此问题，各地方政府也开始陆续要求各级涉农部门要将财政涉农资金存入到各级信用社，但目前还难以落实。以辽宁省丹东地区为例，该地区县级以下涉农账户应该有15个，但只有宽甸和凤城联社有4个涉农账户；宽甸县涉农资金2亿元以上，但建在当地农村信用社涉农资金账户存款仅500万元，形同虚设。另一方面，虽然邮政储蓄资金常有节余，2009年辽宁邮储银行在其他的商业银行有254亿元的同业存款，但由于农信社不良贷款率过高，所以这些同业存款没有一分钱存在农信社。

不良贷款率偏高，资金来源受限，使得农信社也是有苦难言，面对农民反映贷款难的问题也是心有余而力不足。

2. 多数地区贷款额度偏低，个别地区虽然已提高贷款额度，但附加不合理条件，满足不了农民对支农资金的需求。

一方面，贷款额度偏低。为规避风险，农信社原则上以发放农户小额信用贷款和农户联户担保贷款为主。其中，小额种植贷款多为5000元以下，小额养殖贷款多为1万元以下。但随着农村经济的发展，很多农民的资金需求已从生活脱贫型、简单生产型转向规模生产型。农业生产资金的投入现在正在由单纯农业投入转向专项承包投入，由传统的种养业投入转向多种经营投入，由分散的种养业投入转向板块种植投入。

调查发现，随着收入的逐渐增加，原有土地规模下，大约只有1/3的农户种地需要贷款，其余2/3的农民种地已不需要贷款。而目前相当数量的农民贷款是为了扩大规模种植，或开展农产品初加工、深加工，这方面的资金需求目前非常强烈。资金需求少则数万元，多则数十万元，原来的几千元、上万元发展贷款额度根本难于满足需求。

另一方面，据农民反映，个别地区虽然已上调了贷款额度，但附加不合理条件。一些地区贷款额度已从去年的1万元/户上调到2万元/户，但要求必须在贷款发放期初，就扣除全部利息。换句话说，农民贷了2万元的资金，期初即扣除10%的利率，即2000元，农民实际只能拿到1.8万元的贷款。这种行为明显不合理，但为了能够贷到款，农民有苦难言，也只能吃哑巴亏。

3. 中、长期贷款严重缺乏，制约农民发展规模农业。

目前农信社多提供的是一年期以内的短期贷款，但一年以上的中、长期贷款严重缺乏，尤其是1—5年之间的中期贷款。

我们一直鼓励农民大力发展高科技农业，但相关的配套措施做得还很不够。以我们调研的一位种植葡萄的农民为例，这位农民原来一直种植大田葡萄，这种葡萄受自然灾害影响非常大，而且单价也不高，2009年年底收购价是1.3—1.7元/斤，亩产2000—5000斤，平均合计每亩毛收入6000元。

2009年，该农民通过技术学习，接触到设施葡萄栽培技术，产出的葡萄无农药残留、无化肥残留、无重金属残留，可以达到有机葡萄的标准，单价可达到原来的三、五倍，甚至十倍。按五倍计算，亩产收入可达3万元，按10亩地算，毛收入可达30万元。但存在一个制约因素，就是该项投资需要2—3年才能收回成本，但目前我国这样的中期贷款非常难贷，苦于贷款无门，该农民只能将计划搁置，今年不得不仍然种植大田葡萄。据了解，该农民发起的农业合作社中，有这样需求的农户很多，大家都强烈呼吁农信社或其他金融机构能够尽早为农民多提供这种中、长期的贷款项目。

4. 短期贷款期限与作物销售周期不符，与农民生产生活周期不符，与作物生长周期不符，导致农民损失占总收入的比重过高。

目前农户贷款期限，主要是依照支农金融部门的年度经营管理需要确定的，忽视农民需要、作物生长需要和农产品市场需要而确定的固定还款时间。即无论农民是当年1月贷款，还是3月贷款，还款时间都规定为当年的12月左右。这看上去是和农民十月份收粮的时间相符，但实际上里面隐藏着不合理的因素。

以辽宁新民市某一比较有代表性的农户为例。这家农户家里共有18亩地，全种玉米，亩产1300—1400斤，为在2009年11月20日前还贷，以当时的低价0.65元/斤售出，而今年3月玉米价格升至0.75元/斤，每亩损失130—140元，初步估算，18亩合计损失了2340元。另外，家里养2头猪，11月只长到170多斤，时价5.4元/斤，当时也是迫于还贷压力，提前就卖了；若今年年前出栏，能长到200多斤，时价6.7元/斤，粗算每头损失422元，两头猪合计损失844元。

种地和养猪两项加起来，该农户因为年底前还贷损失了3184元，这不是个小数目，已占当年该户家庭经营收入（合计17046元）的18.6%，这个比重过高，已在很大程度上影响、制约我国农民增长，急需通过政策调整尽快解决。

再比如辽宁阜新某地农民开展多种经营，扣大棚种香瓜，得到了当地支农金融部门的支持，提供 3 个月的短期小额贷款，但是，香瓜的生长周期一般都是 4—5 个月，结果香瓜没有下来，就催逼农民还款，农民不得不四处借钱先还小额贷款。这是贷款期限与作物生长周期不符的典型。

5. 农业生产资料价格上涨幅度虽然有所控制，但仍高于农民家庭经营收入增长幅度。

农民收入来源主要包括工资性收入、家庭经营收入、财产性收入和转移性收入。其中，家庭经营收入是农民收入的最重要来源，我国农民家庭经营收入占纯收入六成以上。家庭经营收入主要包括种植业、养殖业、林业、渔业等收入，受农业生产资料价格上涨的影响非常大。2009 年，我国通过加强宏观调控力度，有效缓解了金融危机的不利影响，农业生产资料价格增幅虽然得到一定程度的控制，但增长幅度依然高于农民收入增长幅度。

一方面，农业生产资料价格得到一定程度的控制。以化肥为例，2007 年中档化肥市价是 150 元/袋（100 斤装），而 2008 年由于遭遇金融危机，国内一些煤头尿素企业因成本压力而处于停产或停产检修状态，一些复合肥企业也受到很大影响，有些地区甚至高达 90% 的复合肥企业都处于停产状态，导致化肥行业整体供给能力大幅降低，化肥价格大幅上涨，甚至一度达到 236 元/袋，增幅高达 57.3%。而通过有计划的宏观调控，2009 年化肥价格开始回落，降至 175 元/袋。虽然价格回落明显，但相对于 2007 年仍增长了 16.7%。

而另一方面，我们也不得不看到，相对于农民家庭经营收入，农业生产资料价格上涨幅度偏高。以种植玉米（郑单 958）为例，亩产（脱粒后）在 1300—1700 斤/年，2006 年收购价约为 0.5 元/斤，2009 年增至 0.7 元/斤，即每亩收入从 2006 年的 750 元增至 2009 年的 1050 元，收入增加了 300 元，增长了 40%。

而相对于 2006 年，2009 年农业生产资料价格不同程度均有所增长。2006 年种植玉米的各项生产资料支出分别为：种子，单价 7 元/斤，每亩需要 6—10 斤，合计需 56 元；化肥，单价 150 元/袋（100 斤装），每亩需 100 斤，合计需 150 元；农药每亩需 25 元，其他各项费用（包括除草、整地、播种、收割、运输、脱粒等）需要 130 元，各项支出合计 360 元。

对应地，2009 年种植玉米的各项生产资料支出分别为：种子，单价 8—9 元/斤，每亩需要 6—10 斤，合计需 68 元；化肥，单价 175 元/袋（100 斤装），每亩需 100 斤，合计需 175 元；农药每亩需 25 元；由于柴油从 2006 年的 5 元/升增至 2009 年的 6.5 元/升，使得与机械化耕作相关的各项费用（包括除草、整地、播种、收割、运输、脱粒等支出）均有不同程度的增加，合计需要 245 元，各项支出合计 513 元。

相对于 2006 年，2009 年种植 1 亩玉米，农业生产资料价格上涨了 153 元，涨幅为 42.5%，反而高出收入增幅 2.5 个百分点，使得农民每亩地少收入 153 元，按每户 10 亩地计算，使每户少收入 1530 元，这对于我国农民人均 5153 元的纯收入来说，是个不小的数字。

6. 教育支出占家庭收入比重仍然过大。

我国九年义务教育虽然规定免除学费，却允许增收杂费，这一规定在实质上取消了"义务"的无条件性，在缺乏国家财政拨款支持的前提下，农村教育部门不得不把增收超过学费的杂费变成最主要的经济来源，以维持学校的正常运转。落到农民头上，就是"义务"教育并不义务，教育支出负担仍然很高。

在湖南省安乡县，农民的家庭年收入是 1200 元，供一个孩子读书则要花费 800 元。在辽宁省铁岭市，一个学前儿童的教育支出，每年不包括其他住宿、伙食等费用，仅学杂费一年就需交给学校 1960 元。特别是在农村教育实行"撤村并乡"后，集中办学虽然有利于提高教育质量，但也增加了农民的负担，如学生上下学的交通费、离家太远的地区还有住宿费、膳食费、杂费、电脑费等，这些新增教育费用每年一个学生就需要 1200—1500 元左右。据估算，以辽宁省为例，培养一名初中生，家庭一年需承担学杂费、书本费、中餐费、交通费等至少需要 2000—3000 元，占家庭收入比重近 20%，2009 年辽宁省农村人均收入为 5958 元，而初中教育费用占农民收入的一半。当前我国农村教育的巨大开支，严重影响了农民生活水平的提高。

二、相关解决办法

1. 进一步促进农信社提高自有资金比例，加大鼓励涉农资金存入农信社力度，保证支农资金充足。

农业资金不足问题需要通过多方努力，但是主要还是以农信社组织吸收存款、农信社之间自行拆借、农民自筹解决为主。其中，目前我们能够做的一个重要工作，就是促进农信社增加组织吸收存款，提高其自有资金比例。

首先，各级政府应主动、尽快为农信社清收贷款服务，化解农信社历史包袱问题，有效降低其不良贷款率，减少各企业、银行同业对在农信社存款存在的顾虑，增加企业及个人在农信社存款的积极性。

其次，各地方政府应要求各级涉农部门将财政资金存入各级农信社，并确保进一步落实。各地方政府应从建立支农资金长效保障机制的角度，把各级涉农部门的财政资金存入支农金融部门，增加各级农信社的自有资金，形成一个虚拟的支农资金储备库，以确保农信社有充足的自有支农资金。建议政府相关部门加大沟通、协调力度，要求各涉农部门（农业局、林业局、水利局、畜牧局、移民局等）的资金和县域部分的社保资金真正存放到农信社，在农信社建立基本结算账户，并对相关工作进行严格的过程考核，确保相关政策能够真正落到实处，避免个别部门只是"开户做样子"的情况发生，把好事真正做好。

再次，进一步调整理顺邮政储蓄与农信社的关系，建立邮政储蓄资金的回流机制，可考虑改变邮政储蓄的转存方式，通过给予一定的贴息将邮储资金直接转存到农信社。

2. 适度延长农信社的营业税和所得税改革期限，并给予利息补贴等扶持政策，使其轻装上阵，支农无后顾之忧。

政府及各相关部门应把农信社看作促进当地农村经济发展的关键因素，用优惠政策帮助农信社化解风险，适度给予农信社财政税收等方面的优惠政策。

首先，适度延长农信社的营业税和所得税改革期限。农信社改革启动以来，国家在税收上给予了相关优惠，各试点地区农信社的营业税按3%征收，所得税减半。但根据财政部、国家税务总局的相关文件，这种税收优惠政策在试点地区和进一步扩大试点地区的最后期限分别是2008年年底和2009年年底，这种短期性优惠政策结束之后，以农信社现在的经营状况，尚无法在缺少政策扶持的条件下实现快速发展，因此，建议适度延长相关政策优惠期限，进一步促进农信社实现快速发展。

其次，对农户小额信用贷款给予利息补贴。目前近10%的短期贷款利率农民觉得太高了，而降低贷款利率对于农信社来说有些力不从心，建议对农信社给予适当额度的农户小额信用贷款利息补贴，缓解农民贷款还款压力。并且建议对农村贷款大户给予优惠政策，适度降低或减免贷款户抵押物评估、过户、公证、处置等环节的费用。

3. 适应"三农"新情况，鼓励支农金融部门开展多元信贷模式，适度提供大额、中长期贷款，创新担保方式，满足"三农"新需要。

首先，应鼓励农信社等传统农村金融机构，适度提供大额、中长期贷款。农信社应根据农村信贷需求的变化，根据自身资金能力、市场需要和当地经济发展状况，研究新的农村多元信贷模式，主动采取"有保有压、有进有退"的信贷政策，加大对优质、高效农业的支持力度，通过"公司+基地+农户"模式，适度提供大额、中长期贷款，引导农户由分散经营向规模经营、由兼业经营向专业经营转轨，不断提高农业产出效益。

其次，创新抵押担保方式，扩大农村有效担保物范围。目前，制约农村大额、中长期贷款发展的瓶颈是抵押担保问题。农业资产的表现形态主要是农作物、果园、牲畜等动产，这些动产往往不符合金融部门规定贷款抵押物的标准，使得农信社等金融部门难以对农户开展中长期贷款业务。因此，一方面，各基层农信社应用足各省联社已推出的各种信贷产品，灵活采用单一担保或组合担保方式，努力提高担保类贷款占比；另一方面，在政策和法律法规允许范围内，应结合地方经济发展规划，发挥地方特色，积极探索新型担保贷款业务，可以借鉴浙江、江苏、山东等地农信社的成功经验，选择试点尝试开展土地农民自建房抵押贷款业务。

如浙江省温州市乐清农村合作银行从 2006 年开始试点办理集体土地农民自建房抵押贷款业务，将集体土地上建造的农民住房，视同国有土地上的房产办理抵押贷款。截至 2008 年 2 月末，该行已为 3452 户农民提供集体土地上的自建房抵押贷款，贷款金额达 6.23 亿元。2009 年江苏省新沂市出台《关于开展农村"一权一房"抵（质）押贷款工作的试行意见》，农民可以用农村住房、土地承包经营权抵押申请贷款。在办理抵押手续后，农民可获得期限不超过 5 年、额度不超过农村房屋评估价值 60% 的抵押贷款。在借鉴相关经验的基础上，建议各地方政府可陆续试行开展农村集体土地和农村住房抵押贷款业务，扩大农村有效担保物范围。

4. 调整短期贷款起始时间。

通过广泛调研，我们发现，事实上农民的要求并不高，即使不延长短期贷款一年的期限也可以，只是希望一年期贷款期限起始时间为当年的三月，结算时间为次年的三月。这样，还是一年期的短期贷款，但在三月份贷款，可以满足四月份左右开始的春耕需求；次年三月还贷，按照惯例，粮食或者农副产品也能卖上好价，农民因迫于还贷压力而急于卖粮产生的损失会大大降低。

因此，建议根据农民需要和农作物生产和销售周期，制定灵活多变的农贷政策，使小额农业贷款变成跨年度农贷，缓解农民还贷压力和急于还贷造成的收入损失。根据基层农信社的同志介绍说，这个问题完全可以通过各省农信社自行解决。并且，根据我们的调查，辽宁省内有些地区（如苏家屯永乐乡）的农业短期贷款已经开始实行跨年度贷款。因此，建议农信部门借鉴相关经验，适度调整农业短期贷款起始时间，这一举措可使每个贷款农户家庭每年增加千元的收入，是一件利国利民的好事情。

5. 加大农业生产资料价格调控力度，研究粮食直补与农资价格挂钩办法。

农业生产资料关系到国计民生，必须严格控制价格。否则，将严重影响农业生产和农民生活，制约农民增富。

首先，政府相关部门可以考虑对关系到农业生产发展至关重要的农业生产资料和必需品实行季节性统购统销，通过这种方式设法在农忙时节稳定农业生产资料价格市场。或通过其他政策渠道发挥政府的宏观调控作用，加大农业生产资料的价格调控力度。

其次，可以考虑研究粮食直补与农资价格挂钩办法，增设"农资补贴"，维护农民的切身利益。在市场供求和政策等各种因素的影响下，目前农资市场价格不容乐观，化肥等农资产品大部分还将维持一定的涨势，目前的粮食直补办法已难以弥补种粮成本的上升，因此，应认真研究粮食直补与农资价格挂钩的办法，增设"农资补贴"，让农民看到真正的实惠，有效促进农民增富。

6. 加大农村教育补贴力度。

"撤村并乡"导致农民新增许多隐性教育支出，成为新农村建设以来农民的最大新增负担，增负就是减收，促进农民增富，应该增收减负双管齐下。

可以考虑给予农民适当的教育补贴，如学生上学使用的校车的车补等。同时，应加大对中小学校的财政支持力度，使得学校适度减免学生九年义务教育期间的住宿费、电脑费等新增杂费，从而减轻农民家庭负担。

第十二章　区域性支农资金长效保障机制建设

　　针对诸多影响农民增收的新情况、新问题，前面提出了国家和各个省份有关部门应该重点考虑建设区域支农资金长效保障机制和形成区域公用资金虚拟储备库，以便应对新农村建设出现的新情况、新问题，特别是解决支农资金短缺造成的贷款难、利率高、还贷急，以及发展多种经营受阻等制约增收的问题。

　　支农资金短缺是制约新农村建设和农民增富的瓶颈，也是引发很多妨碍农民增富的关键问题，针对前几章"三农"在新农村建设过程中出现的诸多新问题，本章将集中分析导致这些问题的关键原因——支农资金短缺。造成支农资金短缺的长期规律性原因有：农业自身资金供给能力弱；支农金融部门股东资金来源先天不足；金融机构在农村金融市场吸储多、注入少；国家金融政策限制支农资金有效使用；农村信用部门规避风险回投企业；涉农部门各自为政影响支农资金的使用效率等。其突发性、非规律性原因有金融环境变化、国际金融危机和国家宏观调控、银根紧缩政策的影响等。基于理论发展需要和实践验证的结果，笔者提出了整合支农资金、建立区域公用支农资金虚拟储备库，并通过制度化形成支农资金保障的长效机制，确保农业生产顺利进行和农民增收稳步实现。

　　支农资金短缺是制约"三农"的长期性问题，也是新农村建设的一个瓶颈。国家为了解决这个问题和推进新农村建设，近几年不断地增加支农资金投入。例如，2006 年新农村建设的第一年中央财政全部支农资金达到了 3397 亿元，比去 2005 年增加 422 亿元；[①] 2007 年是 3397 亿，2008 年是 5625.6 亿元。可见，"三农"资金绝对数一年比一年高，但是，仍然没有缓解地方支农部门资金短缺问题。资金短缺直接导致农民贷款难、利率高、约期不准等问题，严重制约农民增富进程。

　　因此，如何解决"三农"和新农村建设发展资金短缺问题，特别是建立

---

① 温家宝：《政府工作报告》，人民出版社 2006 年版。

一个支农资金长效保障机制，一直是中央和地方政府以及支农金融部门长期以来不断探索的问题。目前，国家的解决办法就是不断增加支农资金总量来缓解资金短缺，同时，国家也从2007年开始探索整合支农资金、缓解资金短缺的方法。但是这种方法目前仍是在一些地区试行的方法。本文试图通过分析导致支农资金短缺原因、传统解决办法、需要深入解决的问题，进而提出一个提高支农资金和地方财政有效利用率、建立共用支农资金储备库、形成区域支农资金长效保障机制的方法。

共用支农资金虚拟储备库就是为了解决区域性支农资金短缺，有效利用区域支农资金和财政资金，通过地方政府行政管理手段，把区域内各级政府涉农部门的财政全部存入支农金融部门，形成一个可供政府、支农部门和支农金融部门随时使用和应急调配的支农资金虚拟储备库。这种做法增加了支农金融部门资金储量和自有资金，特别是提高了地区支农部门对财政资金有效支农的调配力度。同时，自有资金增加后，可以减少支农再贷款，降低利率，让利惠农，解决农民贷款难、利率高、贷款周期与生产周期和作物生长周期不符等一系列问题，并通过地方政府的规定把这种做法制度化，形成区域支农资金长效保障机制。这种方法是辽宁社会科学院哲学研究所"新农村建设课题组"的研究人员经过多年实际调研后提出的，并且被辽宁省政府专题业务办公会于2008年1月采用实施的应对方法。几年来的实施情况表明，这个方法很奏效，极大地缓解了辽宁省支农资金短缺问题。通过建立支农资金虚拟储备库，增加区域支农部门自有资金的做法，可以作为经验在全国进行推广应用。

一、支农资金短缺原因分析

在此，还是借助前几章的一些例子来说明如何建立区域支农资金虚拟储备库问题。近几年对资金短缺原因已有所研究，[①] 在此主要探讨支农资金短缺的长期性原因和突发性原因。支农资金短缺有其形成的长期规律性原因，主要包括农业是弱势产业，自身资金供给能力相对弱；支农金融部门股东多是农民资金来源先天不足；金融机构在农村金融市场吸储多、注入少；国家金融政策限制支农资金有效使用；农村信用社部分资金规避风险回投企业；涉

---

① 刘锦虹：《农村信用社支农资金问题的研究与探讨》，《企业经济》2004年12期。

农部门多，各自为政，严重影响支农资金的使用效率等等。从目前各个方面的研究分析结果看，导致新农村建设资金短缺主要的长期性原因包括：

1. 资金不足一直是我国农信社发展的瓶颈。农信社的股东大都是农民，他们本身就没有多大的资金入股，这是农信社资金来源先天不足的筹资缺陷，再加上农信社不能通存通兑，不利于储户结算，许多大的企业储户很少在农信社开户。这样一来，农信社的资金来源渠道很有限。这种先天不足导致其吸储规模一直上不来。

2. 地方金融部门不能有效地建立资金拆借的绿色通道和拆借平台，为了条块利益，地方金融部门制定很多制度，不允许各级农信社自主筹措资金。如资金缺乏的农信社，不能向资金较充足的农信社或其他商业银行进行拆借，这样既不能解决资金缺乏地区农信社资金不足问题，又不能解决资金充足地区农信社有款放不出去的情况，从而不能有效利用资金，缓解农村生产资金紧张压力问题。

3. 支农金融机构的信贷壁垒。金融部门的很多新信贷要求，限制了多数农民的信贷需求。金融部门为了防范信贷风险，制定出台了一整套贷款新措施，如贷款必须实行存单等规定的有价证券、不动产的抵押，或者由第三人提供中间担保等等。对于多数农户，抵押贷款根本无法实现，特别是对于一些中低收入农户更是难上加难，而这部分农户的贷款需求弹性最大。近年来，随着国家诸多惠农政策出台、农民收入增加，开展多种经营和产业升级的农民不断增加，农民从事非传统农业生产的积极性很高，而贷款需要抵押，需要担保，多数农民由于缺乏抵押物，找不上担保人，无法获取贷款，很多人由于这些支农金融部门的规定限制而只能望洋兴叹。笔者从 2006 年到 2008 年在辽宁农村调查结果显示，在对 26 个县的农民访问调查中，有 2/3 的农户认为贷款很难。当问到贷款难的主要原因时，有 36.4% 的农户认为是没有关系，31.1% 的农户认为是手续太繁琐，34.8% 的农户认为没有担保人。金融机构信贷的新要求，限制了多数农民的信贷需求，造成了农民生产资金短缺。

4. 贷款中的歧视条款。现行支农金融部门存在很多放贷歧视条款，例如，对农民进行信用等级评估，依据农民家庭财产多少，具有多大的还贷能力等把农民划分为三六九等，不仅让家境贫穷的农民更感觉贷款无望，也对农民的自尊心造成极大伤害。在西方发达国家也有类似信用评估，但是都是业务部门内部掌握，从不公开，避免造成对客户的人权侵犯。很多贫困户本来就无法贷款，再给他订没有信誉的贷款户，不仅雪上加霜，更体现不出对困难户的贷款扶持，也不利于社会和谐发展。支农金融部门的"贷富不贷穷"已经约定俗成，中低收入农民货款更为困难。一方面由于贷款抵押政策门槛较高，多数农户难以提供抵押物，因而得不到贷款；另一方面由于农业投资见效慢、风险大与支农贷款期限短的矛盾比较突出，加之支农"主力军"信用社自身资金紧张，因而向农户放贷更加警惕。低收入农户发展生产脱贫致富最需要资金，但贷款需求与贷款满足比例相差却很大。由于资金需求满足程度的差异，在一定程度上拉大了贫富差距。

5. 支农资金被部门分割，导致支农资金分散。目前各级政府涉农部门有农委、农业厅、财政厅、农信社、科技厅、农行、人民银行等十几个，支农资金拨付到这些部门后，由于部门利益的原因，在资金使用和支农项目资金配置问题上各自为政，这严重影响了支农资金的使用效率和规模化使用支农资金解决急需问题。

6. 金融部门在农村吸收储蓄多，资金回放少。除了农村信用社以外，邮政储蓄、农行、建行等银行都从农村吸收存款，导致大量农村资金回流城市，严重影响农信社吸储资金。例如，2008年初统计显示，仅在辽宁开原市（县级市），邮政储蓄一年吸储资金达60多亿元，但邮政储蓄在农村根本没有放贷业务。这严重影响当地农信部门的支农资金筹措。

以上诸多原因导致农村生产资金短缺情况时常出现。这种情况的存在极不利于农民生产发展，长此以往将形成农业安全隐患。

同时，支农资金短缺也有其形成的突发性、非规律性原因，例如，由于金融环境和国际金融危机影响导致支农金融部门信誉度下降，储蓄锐减；2007和2008年国家不断实行宏观调控、银根紧缩的政策，经常造成很多省份支农资金政策限制性紧缺，导致农民正常农业生产资金得不到保障。很多省伴随国家多次利率的调整，都出现了类似资金短缺问题。具体包括以下几个方面的具体原因：

1. 金融环境的影响导致农信社存款额急剧下降。根据我们的调研，2007年以来，由于股票基金热和储蓄领域的不正当竞争（如"贴水"现象）的影响，资金流向发生了很大的变化，很多资金从农信社流向证券市场、邮政储蓄、农业银行等金融领域，导致农信各级联社存款严重下降。以辽宁铁岭开原市（县级市）为例，从2007年9月末到12月10日，存款下降了2.2亿元；从2007年12月10日到12月末，存款下降了3000万元；从2008年1月1日至10日，存款下降了6900万元。

2. 央行票据兑付额占贷款比重大,影响年度贷款投放能力。据农信社相关人士反映,2007 年票据兑付完毕后,人民银行不再增加贷款额度。以往每年农信社的资金缺口,通过农户自筹解决一部分,筹不上的通过向人民银行申请再贷款解决。2007 年各地农信社纷纷反映,人民银行在农信社票据兑付后,就开始限制农信社的贷款额度了。这是导致有些地区春耕备耕资金缺乏的主要原因。

3. 受央行存款准备金调整影响,资金可用额度减少。央行存款准备金率上调时,必然锁定了农信社的部分资金,使得可用资金额度减少。2007 年,人民银行实行银根紧缩政策,先后 10 次上调存款准备金率,由原来的 9% 提高到 14.5%,涨幅很大,对农信社影响也很大。以我国粮食大县辽宁省铁岭市昌图县农村信用联社为例,该联社 2007 年存款增加了 3 个亿,由于存款准备金率过高,导致存款资金"冻结"达 1 个亿,无形中又减少了农信社的可用资金。

4. 金融危机导致农村信用社信誉降低。2008 年对辽宁农村 7 个县的调研结果显示,由于金融危机的影响,很多农民对金融部门能否抵御危机产生疑虑,这影响到农民的储蓄存钱,直接导致农信部门吸收储蓄能力下降,资金减少。

这些突发性原因比长期性原因影响后果更为紧急和严重,常常造成支农资金突发性短缺。例如,2008 年初国家的紧缩银根政策曾导致辽宁省春耕备耕资金出现短缺,辽宁 14 个市中仅阜新、铁岭、丹东三个市的支农金融部门就出现了 13.4 亿元的春耕备耕资金缺口。资金短缺导致农民无法从农村金融部门得到农业生产资金,严重威胁农业生产的正常进行。

因此,近些年来,造成支农资金短缺的长期规律性原因没有得到彻底解决的同时,这种非规律性的突发情况加重了支农资金短缺的严重性。它涉及农业生产等国计民生问题,对此必须引起足够重视。

二、以往解决的办法

就一个省域看,以往出现支农资金短缺,一般解决办法都是农民依靠民间借贷自行解决,少部分依靠农村金融部门之间的拆借解决。民间借贷和拆借都不同程度地暂时性解决了支农资金短缺问题,但是,目前还没有解决这个问题的常规办法。为了从根本上解决这个问题,急需从理论上和操作方法上探索建立一个在国际和国家大金融环境中相对独立的地域支农资金小环境系统，避免国家金融调整和国际金融动荡造成的支农资金经常性和突发性短缺情况出现，进而保障农民年年都能顺利种上地，每年农业生产都能按期顺利进行，最终形成建设地域新农村资金保障的长效机制。

从最近的研究和调研情况看，2007—2008 年一些省份支农资金短缺的解决途径主要有以下三个：

1. 人民银行再贷款支持。出现支农资金短缺，绝大多数省份还是依靠人民银行的再贷款来解决资金短缺问题。例如，2008 年初春辽宁部分地区出现支农资金短缺问题，辽宁省政府马上于 2008 年 1 月份召开春耕会议，省政府各相关部门、人民银行、银监会等相继找到各级农信部门，主动提出要给予春耕资金支持，农信社也积极主动地向人民银行申请再贷款。截至 2008 年 5 月，阜新市农村信用社向人民银行再贷款 2 亿元；铁岭市农村信用社向人民银行再贷款 5.8 亿元。人民银行的再贷款有力地缓解了基层农信部门放贷资金不足的问题。

2. 自主拆借和内部调剂。由于一些省份的省联社等农信部门的积极支持，再加上一些省政府开始允许农信部门自主筹措资金政策的落实，地方农信社之间资金拆借的绿色通道得以顺利开通。通过自主拆借，农信社很好地解决了春耕资金缺口的部分资金。例如，辽宁省有关部门就专门搭建了资金拆借绿色通道，使铁岭市农村信用社通过从沈阳市联社拆借 2 亿元资金来缓解春耕资金不足。同时，各农信社还通过加大支农再贷款总量及额度调剂力度，将支农再贷款集中用于春耕生产资金不足的地区。以辽宁丹东市城区联社为例，该联社 2007 年可放贷资金 2923 万元，满足不了春耕生产资金需求，通过从东港市、奉城市、宽甸县等地联社调剂了 7 千万元后，基本缓解了本地区春耕资金不足的问题。

3. 加大组织吸收存款的力度。各地各级农信社为保证春耕资金和全年支农资金需求，积极组织吸收存款，鼓励职工搞好服务，吸收存款，拉动农业生产。例如，辽宁铁岭市农村信用社一季度组织存款 5 亿元；丹东市农村信用社一季度组织存款 6.17 亿元；阜新市农村信用社一季度存款增加 6 亿元，比 2007 年均增加了两倍，有力地缓解了局部地区农业发展资金的不足问题。

三、尚需深入解决的问题

上述方法有力地缓解了局部地区出现的支农资金短缺问题，但是，并没有从根本上解决支农资金保障问题，因为，诱发支农资金短缺的深层次原因还没有彻底解决。主要表现为：

1. 农信部门自有资金不足的问题还需要进一步解决，农村生产等支农资金保障机制尚未形成。例如，尽管 2007 年辽宁省农信社的平均存贷比是 67.8%，但是，我们在辽宁一些地区调研发现，辽宁个别地区的存贷比达到 98%，表明这些地区农民的贷款需求太大，农信社的自有资金不充足，不得不动用银根满足农民需求和缓解资金不足。这十分不利于农信社支农工作的长远发展。从上述调研情况看，资金不足问题的解决是多方面努力的结果，但是主要还是以农信社组织吸收存款、农信社之间自行拆借、农民自筹解决为主。从组织存款的情况看，2008 年一季度，辽宁的阜新、铁岭、丹东三地区组织存款共计增加了 17.17 亿元（其中，铁岭农信社存款增加 5 亿元，丹东地区农信社存款增加 6.17 亿元，阜新市农信社存款增加 6 亿元）；从向人民银行再贷款的情况看，截止 2008 年 5 月，三地区向人民银行再贷款共计 7.8 亿元（其中，阜新市农信社再贷款资金为 2 亿元，铁岭市农信社再贷款资金为 5.8 亿元，丹东市农信社没有向人民银行再贷款）；从资金拆借情况看，截止 2008 年 5 月，三地区资金拆借资金为 2.7 亿元（其中，铁岭市农村信用社从沈阳市联社拆借资金 2 亿元，丹东没有进行外部拆借，而是通过内部调剂解决了 7 千万元，阜新也没有向外拆借资金）。这表明春耕备耕资金短缺解决主要是以基层农信部门自行解决为主，其中农信社存款增加是主要因素。从数据上看，资金不足问题得以顺利解决，其中一个很重要的原因是由于农信社的存款数额增加了，而存款增加主要是由股市、基金降温这个特殊情况导致的。这是一个很不稳定的因素，如果股市、基金又升温了，拥有闲置资金的农民又转向股市、基金投资，那农信社的存款势必会相应的有所下降。因此，从长远来看，农信社自有资金不足的问题仍然是个有待解决的问题，也就是说，还是没有支农资金的长效保障机制。

2. 受政策因素和自身内部管理以及外部传染风险影响，农信社组织资金日益困难，缺乏支农后劲。在政策方面，我国许多现行制度不利于银行间公平竞争。如国家规定国有大中型企业、财政预算外资金、事业单位、保险公司的有关款项不允许存在信用社。在自身内部经营方面，农村信用社服务手段单一，信用工具落后，金融创新困难重重，市场竞争力弱。在外部经营环境上，由于受清理整顿农金会的影响以及部分商业银行不正当的竞争宣传，农信社信誉受到贬损，公众支持率下降，存款逐步向商业银行、邮政储蓄等金融部门转移，市场份额呈下降趋势。以上几个因素使农信社组织资金难度加大，自有资金不足，只有依靠人民银行发放再贷款支农。一旦人民银行收回再贷款，农信社则釜底抽薪，发展步履艰难，而农村和农业经济发展，不仅需要农药、化肥等生产资料资金，而且还需要供销、加工等环节资金需求。农信社自有资金短缺，直接制约了农业投入，无法保持农村和农业经济发展的持续性、稳定性。

3. 农信社承担的政府政策性职能过多，为"三农"服务的压力大。农村信用社是农村金融的主力军，其政策取向和市场定位就是为"三农"服务。各省联社自成立后就担负起支持"三农"和新农村建设主力军的作用，如对农业生产和发展给予资金支撑，维持农村社会稳定，完善农村金融服务体系，为农民生产和生活提供资金保障，推动农业产业结构调整和升级，发挥政策性和公益性金融机构的作用等，但农村信用社要真正担此重任依然任重而道远。据农信社相关人士反映，目前农信社发展存在的问题和困难也很多。例如，除资金严重不足外，经营成本较高、历史包袱沉重、承担的社会责任较多等，特别是农信社承担的政府政策性职能过多，为"三农"服务的压力大，这些问题不解决农信社很难承担"一农"支"三农"的重任。。

四、长效解决支农资金短缺问题

1. 建立多元化支农资金市场。开放农村金融市场，准许任何银行开展支农业务，引入竞争机制。没有竞争不是市场经济。农民希望有个好的金融服务，农村金融市场需要有竞争机制，没有竞争，就拿不出适应新农村建设的金融服务品种。为此，首要的是放宽农村金融市场准入，发展多种形式的新型农村金融机构，打破目前农村信用社一统农村金融的局面。比如可建立与农村多种融资需求相匹配，政策性、商业性、社区性、普惠制、合作制和民间金融等多种性质金融机构并存的灵活权变的农村金融服务体系，以满足多元化、多层次的农村金融需求。特别是要重新调整农业发展银行的经营范围，进一步拓宽支农领域，将农业发展银行从单纯的"粮食银行"转变为支持农业开发、农村基础设施建设、农业产业结构调整、农产品进出口的综合型政策银行。通过农村金融体系改革，使农民获得更多的发展资本，使其尽快地富裕起来。

2. 尽快引导和规范民间借贷。民间借贷已经在新农村建设中发挥着不可替代的作用，有效地缓解了基层农村的资金不足问题。因此，应该引导和规范民间借贷，让民间借贷尽快合法化。这也符合国家提出的"鼓励有条件的地方，在严格监管、有效防范金融风险的前提下，通过吸引社会资本和外资，积极兴办直接'三农'服务的多种所有制的金融组织"文件精神。① 民间借贷已发展为还本付息的有偿借贷，而且这种有偿借贷形式逐渐成为农民资金拆借的主要形式，并且借贷形式和内容都有新的变化，不仅仅局限资金借贷，也表现在农业产品和农业生产资料等易货交易的赊销中。所以，要积极培育民间资本市场，鼓励有资金实力的农民个体，参与民间信贷，将闲散资金投向农村借贷市场，解决农民长期或短期信贷需求。农民信贷主体是农民，最了解农民，不仅可以直接了解农民债务人的生产经营情况，也了解农民的信用度，还能起到直接或间接的监督作用。

3. 完善农贷制度。根据农民需要和农村发展需要，与时俱进地完善小额贷款制度。在继续扩大农户小额信用贷款和农户联保贷款的同时，要根据农民的对贷款的需要，完善小额贷款制度和联保贷款。近年来农村信用推出的农户联保形式对保障农户贷款需求起到了重要作用，但贷款覆盖农户比例仍较低。从辽宁省情况看，2007 年获得小额农业贷款的农民有两百多万户，占全省农民户 1/3，很多中低收入农户仍得不到贷款。贷款数额仍偏少。例如辽宁铁岭昌图毛家甸村的新兴养牛专业合作社，发展规模较大，存栏牛达到两千余头，每年周转资金需要两百多万元用于饲料和培育小牛等，而根据联保贷款规定，这个养牛专业合作社的 6 个社员每年只能得到 18 万元的联保贷款，和他们的实际需要相比，杯水车薪。当务之急，支农金融部门应该根据农民和专业合作社的需要，发放贷款，真正起到扶持的作用。

4. 建立共用支农资金储备库。从技术操作层面看，各个省份应该尽快把各级涉农部门财政资金存入农信社等支农金融部门。通过这种方法，可以建立一个包括支农资金和财政资金在内的地域支农资金储备库。从 2008 年 2 月辽宁省采用这个方法以来，各级涉农部门按照省政府要求，把财政资金存入农信社形成一个除了原有支农资金以外的支农资金储备库，资金数额大体在50—80 亿元，等于农信系统吸储资金至少增加了 50 多个亿。这样可以有效利用财政资金，极大地缓解农村支农资金短缺问题。

---

① 刘敏、周萃：《8 个中央一号文件：记录农村金融改革历程》，《金融时报》2006 年 4 月 14日。

农信社自有资金充足了，放贷能力自然也随之增强，因此，无特殊情况，农信社就不必向人民银行申请再贷款，而直接通过自有资金向农民放贷，这样，整体利率也会相对降低。农信社通过向人民银行再贷款后，再间接向农民放贷，利率通常较高。一般通过再贷款向农民放贷的利率通常是在人民银行基准利率的基础上上浮50%—60%，有的甚至更高，达到80%。举个例子，如果人民银行基准利率是4.3%，那么农信社考虑到自身经营效益问题，按照国家允许的上浮50%—60%的标准，农民贷款的利率就会增加到6.15%—6.58%。也就是说，农户每借一笔贷款，就要多支付0.5倍到0.6倍的利息。这无形中加重了农民的负担，不利于农民增收。如果通过各级涉农部门把财政存入农信社，可解决自有资金不足问题，同时可以降低利率，解决小额农贷存在的利率高的问题，实现让利惠农。另外，如果自有资金充足，农民也不会感觉到贷款难，也不必非要农民到期还贷，可以转入下年度贷款，这样还能解除农民急于还贷而形成的压力，特别是解决长期以来存在的贷款周期和生产周期、农产品变现周期不相吻合而严重影响农民收入的问题。因此，增加支农自有资金，不仅可以保障农业生产，还可以解决农民贷款难、还款压力大、期限短和利率高等问题，确实值得考虑推广实施。

五、实施保障措施

从过去一年的实际运行看，采用这种方法需要在操作中注意几个环节和技术问题。

第一，确保政府各级涉农部门落实规定要求，切实把财政资金存入农信社，确保各级农信社有充足的自有资金，这是确保制度化机制形成的保障。

第二，梳理好地方政府与农村信用社的关系，减轻农村信用社的负担，把支农资金真正用在农民农业生产等民生问题上。目前各级政府对农信社业务干涉太多，特别是政府担保支持一些乡镇企业发展，最终形成很多无法收回的不良贷款。因此，地方政府应把农村信用社看做当地农村经济发展的重要因素，用优惠政策支持农村信用社化解风险，而不对信用社业务过度干预。同时，端正政府行为，作农村信用社的坚强后盾，对那些有偿还能力，但逾期不还的单位和个人，政府要给信用社做主，运用宣传、整治、法律等手段，作出严肃处理。为农村信用社支农工作解决后顾之忧。因此，政府及各相关部门应对农村信用社有些特殊政策，倾斜于农信社，如减免营业税等，并减少对农信部门的业务干预。

第三，完善农村信用社相关配套设施，提升农村信用社的服务品质。目前农村信用社普遍设备较差、技术手段较为落后、无法通存通兑，相关人才也较为缺乏，尤其是基层工作人员素质较低。据反映，涉农资金和一些有经济实力的农业相关企业不愿意把钱存到农信社，部分原因是由于农信社技术手段落后、服务水平低造成的。因此政府应该帮助农信支农部门加紧改善农信社自身的软硬件设施，提升服务手段和质量，以便吸引更多储户，增加存款。为此重点应该加强以下几个方面的完善和建设：一是借鉴其他银行（例如招商银行、工商银行等）服务设施建设，完善硬件设施；二是继续加强农信人才的培养、选拔和素质教育工作，增强农村信用社全面发展的内在动力，完善"软件"设施；三是积极探索法人机构治理的新路子；四是努力营造良好的外部环境，以增强农村信用社自我发展能力，使农村信用社逐步走出困境，重显生机和活力。

第四，支农金融部门要科学区分信贷资金。由于贷款难、利率高、约期不准等问题制约农民增富，基层农信部门必须把整个信贷资金做一个科学划分，究竟哪些资金是自有资金，哪些是再贷款，必须划分清楚，不能混淆使用，否则无法让利惠农。因为人民银行支农再贷款约期和收贷收息等考核指标影响基层农信社对农户贷款的收回时间。支农再贷款资金到了基层农信社以后，与农信社其他资金组合在一起对农户发放贷款，在农户贷款个体样板的资金来源上，根本区分不清哪个信贷员在哪天对哪个农户放的是支农再贷款，农信社对农户贷款时也根本不可能挑出来那笔贷款不是支农再贷款，这就难以保证农户贷款期限由农信社自己确定，导致农民卖粮时吃亏。自有资金部分不能按照再贷款利率贷给农民，要降低利率至少50%，而现在很多农信社把自有资金全部按照再贷款利率给农民，导致利率高（达到1分左右）。所以，基层农信社必须做好信贷资金科学划分工作，保障农民贷款利率低，还款期限灵活，贷款手续简便。

总结：农村科学发展后的新变化

近年来，我国农村以科学发展观为指导，以新农村建设为载体，围绕农村发展、农业增效、农民增收目标、农业产业结构调整等项重点工作推进，取得了良好成效。

在科学发展观的指导下，我国新农村建设已经出现了很多新变化，科学发展观已经成为社会主义新农村建设的根本指导方针。在社会主义新农村建设中，全国上下在贯彻落实科学发展观的过程中，基本上从科学发展观的要求出发开展新农村建设，

首先，从我国新农村建设的实践看，全国农村在建设社会主义新农村过程中能够坚持发展是首要任务。在新农村建设问题上，坚持科学发展观就要始终把发展农村生产力放在第一位，以发展农村经济为中心，大力发展现代农业。中央确定的建设社会主义新农村"五句话、二十个字"的总目标和总要求，头一条就是"生产发展"。生产发展是新农村建设的首要任务和主要途径。实现建设社会主义新农村的目标，必须首先立足于农村产业的发展。无论是发展生产、增加农民收入，还是改善生态环境，都必须以现代农业为基础。

其次，从我国新农村建设的实践看，全国农村在建设社会主义新农村过程中都能够坚持以人为本。科学发展观的核心是以人为本。以人为本就是以最广大人民群众的根本利益为本，坚持发展为了人民、发展依靠人民、发展的成果由人民共享。把以人为本落实到社会主义新农村建设中去，最重要和最根本的就是要以农为本，以最广大农民群众的根本利益为本。新农村建设的每一个目标，都是紧紧围绕农民群众的根本利益，以增加农民收入、保障农民权益、提高农民的生活水平和生活质量、改善农民生活条件和生活环境、提高农民综合素质、切实保障广大农民的合法权益，确保让农民真正成为新农村建设的受益者等等这些关系农民切身利益的重大问题为根本出发点和落脚点，处处体现了以农民为本的思想。

生产发展要依靠农民，生产发展离不开农民，农民是生产发展的第一要

素，同时生产发展也是为了农民，造福农民，使农民充分享受建设和发展的成果；生活富裕就是让农民生活富裕，走共同富裕的道路，生活质量不断提高，这也是我们党在农村工作的出发点和归宿；乡风文明，归根到底是农民的文明，包括物质文明、政治文明、精神文明，通过农民的文明，来体现乡风文明；村容整洁就是指村庄形象必须清洁、整齐，生气勃勃，人与人之间和谐，生态环境好，人与自然和谐，体现出一个友好型农村；管理民主能否实现，关键在农民，农民必须具有科学的民主意识，通过民主选举、民主议事、民主决策来实现科学的管理民主化。

再次，从我国新农村建设的实践看，全国农村在建设社会主义新农村过程中能够坚持全面协调可持续发展的理念。全面发展就是要以"二十个字"为目标要求，全面推进农村的经济建设、政治建设、文化建设、社会建设，实现农村经济发展和社会全面进步；协调发展就是要贯彻以工促农、以城带乡的方针，推进农村生产力与生产关系、经济基础与上层建筑相协调，推进农村经济建设、政治建设、文化建设、社会建设各个环节、各个方面相协调；可持续发展就是要注意节约资源、保护环境，促进人与自然的和谐相处，实现农村的经济发展与人口资源环境相协调，坚持走生产发展、生活富裕、生态良好的文明发展道路。

最后，从我国新农村建设的实践看，全国农村在建设社会主义新农村过程中能够坚持坚持统筹兼顾。统筹城乡经济社会发展，其宗旨和目标是使城乡经济社会能够协调发展，最终实现城乡一体化。在中国已进入工业化、城镇化、市场化条件的新形势下，推进新农村建设，不能单纯就"三农"问题解决"三农"问题，而要跳出"三农"抓"三农"，把农业发展放到整个国民经济大格局中来谋划、来推进，把工业和农业、城市和乡村更紧密地联系起来。一方面要不断加大工业对农业、城市对农村的反哺和支持力度，建立以工促农、以城带乡的新型城乡关系，逐步缩小城乡发展差距；另一方面要不断深化改革，努力消除妨碍城乡协调发展的体制性障碍，破除城乡分割的二元体制和政策限制，着力培育城乡统一的要素市场，统筹城乡社会保障制度建设，统筹城乡教育、卫生等社会事业发展，打破传统的二元经济结构模式，推进城乡一体化发展。

新农村建设除了上述一些指导思想和理念发生变化外，辽宁社会科学院"社会主义新农村建设理论和实践研究"课题组在对我国一些省份的新农村建设实践进行跟踪调查研究后发现，新农村建设在科学发展观的指导下，在微观上也使我国农村经济社会出现了很多新的变化。

一、科学发展带来的农村新变化

1. 农村基层政府科学意识增强，更注重决策的科学含量了，表现就是基层政府的决策科学化，不仅坚持以人为本，还坚持以规律为本。

科学发展观强调以人为本，在新农村建设问题上，坚持以人为本就是实现了最大的政治要求。此外，科学发展观还有一个尊重规律的科学要求，这在研究人员的调研地区感受特别明显。2006年3月在新农村建设的初期，研究人员就新农村建设问题先后在某省二十多个农业县区进行调研，到2008年8月份为止，在这个省份先后调研了18个县，两年的调研情况相比发现，在制定农村发展规划时，农村基层政府几乎都普遍开始追求科学决策效果，大都组织和邀请专家对县区进行全面论证，不是像去年那样，县区政府单纯地依靠自己开会就决定了县区农业的开发规划。甚至，条件好的一些农业县区，还邀请国际农业专家和国际专业规划设计发展公司，设计县区的农业整体发展（开发）计划。这在以往县区政府的农业发展决策中，是罕见的。这个变化表明，在建设新农村的过程中，基层政府的民主决策和科学决策的情况越来越多了。现在的农村干部都不希望"花着钱搞建设而被农民骂没有文化"。应该说，这个变化是科学发展趋势形成的必然结果。

2. 农村基层政府更注重解决与农民切身利益相关的民生问题。

新农村建设的初期，农村基层政府和基层群众组织工作重点就是上级主管部门要求什么就做什么，中心工作主要就是落实上级部门关于新农村建设的指示和有关政策，往往都忽视了农民在新农村建设开始时的需求和发展要求。对于农民来说，农村的问题就是很实际的种什么、养什么、怎么种、怎么养、卖给谁和怎么卖的问题。基层政府如果不关注农民关注的问题，就会失去威信。今年的调研结果显示，农村基层政府大都围绕农民关注的问题，解决农民十分关心的实际问题，例如贷款难的问题、产业升级问题、"撤村并乡"引发的教育负担问题、医疗保障问题、农产品销售问题。因此，以往是单纯关注上级政府怎么要求，现在，在此基础上，更关注农民是怎么要求的。这种变化应该是在新农村建设中贯彻以人为本的结果。

3. 基层政府GDP蛋糕的公益性份额逐渐地加大了。

2008年以来，越来越多的县（市），拿出钱来改善农村环境和投资农村公共基础设施，例如修建文化广场、购买休闲娱乐健身设施、改善交通和通讯条件等，有的县（市）甚至拿出几百万修建地域文体活动场所，建立民俗文化馆，保护区域内的历史文化资源等，培育文化景点和文化氛围，以期达到乡村文明的效果。另外"村村通"的建设出资也大大改变。最初是要求农民按照所分得土地多少出钱配套修路，今年几乎是县乡村各级政府负担了这笔费用，不再要求农民出钱修路。这就真正地落实了改革成果人民共享的改革宗旨。

4. 农民确实得到实惠而有所富裕。

2008 年 3 月份的调查情况显示，由于农村长期支援城市，导致农民很贫穷，很多农民连每年种地买种子等生产资料的钱（大约需要 2 千—5 千元），也需要依靠"春贷秋还"的农信贷款获得。从小额农业信用贷款的使用情况看，以辽宁省为例，据了解，2006 年辽宁全省信用社累计发放农户贷款 314.2 亿元，惠及农户 398 万户，占全省农户的 62.6%，占全省农户的 3/5，这表明全省农民有大半以上由于贫困而不得不依靠农贷发展农业生产。2008 年从研究人员调查的 17 个县（市）的情况看，农村贷款农户比例基本上占总农户的 1/3，就是 33% 的农民仍然依靠农业信用贷款，但是，同去年相比，农贷户已经减少了将近 30 个百分点。这说明，经过一年多的新农村建设，辽宁省的农民确实增富了，至少解决了每年春耕用于发展农业生产的急需钱（2 千—5 千元）。与此同时，2008 年占 2/3 的农民大都需要大额（3 万元左右）的农业贷款发展规模性的产业化生产。从这个情况看，以县域经济为载体开展新农村建设，经过一年多的时间，农民确实得到了实惠。

5. 农村社会的和谐度有所提高。

研究人员在 2006 年 3 月开展新农村建设调研时，农村的干群反映，当时新农村建设初期遇到的都是矛盾问题，如土地问题、农村教育问题、农村六合彩问题、很多农村政策限制农民致富的问题等等。这些问题集中表现为农村的干群关系紧张，特别是新农村建设的开始，基层政府和干部的工作重点主要是机械地单纯地落实中央的文件，忽视了农民对新农村建设的期望和切身需求，使原本紧张的干群关系，更加敏感了。2008 年的调研表明，农民和农村干部关注的主要问题都集中在产业升级等生产发展问题上，并且广大农村干部都已经形成了一个统一的认识：新农村建设的中心工作就是如何更好地帮助农民致富。这样一来，干部和农民的目标就一致了，干群关系得到了极大的缓解。因此，农村的和谐程度有了很大的提高。

调研中研究人员发现，广大农村干部在总结农村的这些新变化时，大都把我国农村贯彻落实科学发展观一条最基本的经验总结为，一定要把工作的重点放在农民急需解决的问题上。关键的经验就是在实际工作中要实现两极（党和人民，国家和农民个人，政策和农民需要）对接：如何通过实际工作尽力把国家的大政方针与农民的切身利益需要紧密结合起来。这实际上就是贯彻落实科学发展观的最基本要求：把百姓的利益作为一切工作的出发点和落脚点，不断满足各个方面的多层面发展需求。

二、农村落实科学发展观遇到的问题和对策

新农村建设工作在实施过程中，也遇到了一些困惑和需要解决的理论问题，不及时解决这些问题，搞清楚人们的思想困惑，就不利于新农村建设的顺利发展。这些问题包括：

1. 全面发展问题需要深入开展。

新农村建设以来，农村的政治、经济、社会和党组织的建设都有所发展，但是，农村的文化发展还普遍落后，表现就是农村文化设施匮乏和陈旧，业余文化生活贫乏，赌博现象比较普遍等痼疾没有得到多大的改善，各种境外势力和宗教势力的侵蚀渗透活动日益严重，个别贫困地区竟然出现留守老人和留守儿童入教现象。种种情况表明，农村文化建设任重道远。农民文化阵地继续占领的当务之急是要急需发展农村的文化事业，逐步实现农村社会的全面均衡发展。为此，有关部门要加大农村文化事业的发展力度和投入，根据农民和农村的要求，发展农村的文化建设。

2. 农村实现科学发展的评价依据。

根据民生哲学的效果论要求，新农村建设的效果如何，或者在新农村建设中（或者叫"现代农业建设"）如何做才是科学发展，评价的依据是什么，在谁手里，这是一个关键问题，更是一个民生政治问题。新农村建设是解决我国的民生问题，坚持"以人为本"解决民生问题，评价依据究竟在农民手里还是上级政府的评价？特别是农村科学发展的结果（成效）是由上级政府评价还是百姓评价，这个问题是评价农村科学发展绩效的核心问题。从根本上讲，为百姓解决民生问题，评价的依据就是人民群众的满意程度，而从目前情况看，根据农民的反映，农村基层政府的新农村建设工作究竟是不是科学发展，是不是凡事都坚持以农民利益为重，农民是没有评价权利的，好坏

都由上级政府来评价。因此，在评定新农村建设工作业绩中，需要把农民的评价纳入绩效考核体系中。这个评价标准的确立对于消除新农村建设中出现的政绩工程、形式主义、侵犯农民权益等社会弊端行为具有重要的意义。

3. 急需建立科学发展的量化指标评价体系。

农村干部不仅要树立科学发展观，农民也需要形成科学发展意识和按照科学规律办事情的科学习惯。目前的科学发展观理论，就其内容来说，要实现教育农村干群还有一定的难度，因为科学发展观的理论在农民生产生活的实际中还没有着力点，就是说农民如何做才算体现科学发展观的精神要求，或者说农民如何做才是实现了科学发展，这都没有遵循的依据和实际要求。

因此，对于农民来说，需要告诉农民如何做才是科学发展，就需要制定一套具体的科学发展的标准要求。这是让科学发展观的精神和要求在群众中实现着陆的关键所在。只有按照科学发展的精神、理念和价值要求出发，依据农民生产和生活的内容，制定和确立一整套体现科学发展精神要求的科学量化发展标准，才能把科学发展的精神要求和价值要求贯彻在农民的生活习俗和生产行为中，只有如此，科学发展观的精神才能真正对农村发展起到实际推动作用。为此，建议有关部门，依据科学发展的精神和要求，加紧修改、调整和研究科学发展规章制度，制定规范农民习惯和行为的科学发展的目标要求体系。

4. 以人为本和以自然规律为本的相互关系。

人的自然属性使人类成为自然界的一部分，人的社会属性又使自然界成为人类社会生活的一部分。摆正人在自然社会中的位置，是科学对待人类自身发展和自然规律的关键。以人为本作为科学发展观的核心，提出后对于解放思想、反映广大人民的利益诉求、维护人民的权益，转变发展方式，都起到了积极的作用，但是，现实中打着"以人为本"的旗号，在实践操作上违背自然规律地发展，也是以人为本实践过程中的负效应，实践上的失误往往是理论上的不严谨造成的，因为世界观就是方法论，方法操作过程中的理念失真，意义流失等问题，根本上讲还是理论自身的不完备，缺少约束机制导致的结果。正因如此，需要理论不断地创新和完善。这是符合人类认识发展规律的。

究竟在什么情况下坚持以人为本？在什么情况下坚持以自然规律为本？以人为本有没有界限？是在社会问题上坚持以人为本，还是在自然问题上坚持以自然规律为本？这虽然是一个实践上应该依靠具体问题具体分析（与时俱进）解决的认识论和操作技术问题，但是也是一个需要深入探讨的理论问题。因为，技术操作往往是人的理念和能力的综合体现，在理念上对以人为本没有正确和深刻的认识，就无法科学指导实践。以人为本是不是一个普遍适用的命题，还是需要深入探讨的。因此，这个问题不仅涉及指导思想问题，也涉及发展方式问题，更涉及中国化马克思主义理论创新探索问题。

"以人为本"不是主张利人（利人类、利人民、利己等）就可以无节制地、随心所欲地向自然索取。自然资源的不可再生性，早已被人类所认识。因此，利人要爱物。这些道理，数千年前的中国古代哲人早就提出了。《孟子·尽心上》讲"亲亲"、"仁民"、"爱物"。这里的"爱物"指的便是敬爱自然。而且中国古人讲究的是"取之有制"和"取之有时"。可见古人在为了文明而不得不向自然索取的时候，是特别崇尚"有制"、"有时"的。这便是人对自然的取之有"度"。在当代，在人类社会改造自然的实践活动过程中无法满足人类无限制的需求，因为自然资源是有限的。如果过度开发自然资源，污染环境，就会破坏作为自然界和人类社会统一体而存在的生态系统，反过来会威胁到人类社会的协调发展。也就是说，在人类社会和自然界的有机联系中，人的行为应当处在"度"的规定之中，超过了"度"，事情的发展就会向对立面方向转化。因此，首先需要了解自然的极限。自然资源是有限的，人要在其中合理活动就必须弄清它的资源存量及其可利用限度，把握其发展的客观规律。其次就是在遵循自然客观规律的基础上适当地发挥人的主体性，取之有节，用之有度。

5. 究竟是以人的什么为本。

以人为本作为科学发展观的宗旨，已经成为当代中国普遍接受的发展理念，其提出是为了反对单纯以经济为本和以物为本的发展导向，因此，具有解放思想的意义。特别是在新农村建设过程中，坚持科学发展观已经不断地强化解放思想的先导地位，突破制约科学发展的思维定势，在一些"三农"问题上实现了思想大解放。一是全面准确理解科学发展观的内涵，从片面追求农业发展的总量和速度的观念中解放出来；二是全面把握农村城市化的综合价值取向，从单一的经济价值取向中解放出来；三是坚持以人为本，从"重物轻人"的观念中解放出来；四是创新发展模式，从粗放型的农业发展路径中解放出来；五是发扬积极进取精神，从小富即安小农经济思想中解放出来；六是树立宽广眼光和战略思维，从地缘农业和行政配置资源农业的思维定势中解放出来。可见，新农村建设在科学发展观的指导下，思想观念的变革是巨大的。

从以人为本提出到现在，以人为本已经成为人们所认同的共识，可以说现在人人都知道以人为本，基层管理干部也都在讲"以人为本"。在发展的问题上，人们已经能够坚持以人为本了。强调以人为本，其变革意义就在于让人们认识到，相对于经济发展来说，人更重要、更根本，经济发展的目的最终是为了人，为了人的全面发展。但是，在新农村建设的实践中，却存在着两种对以人为本解读的极端误读版本：一是以绝大多数人的利益诉求代替少数人（甚至是个体存在）的利益，例如，在城市化和工业化过程中，在征地过程中以牺牲少数失地的农民利益，换取发展成就；二是以片面的少数人（甚至个体）利益侵犯多数人的利益，例如，区域性招商引资过程中，为了给某个或者某些个别投资商优惠，不惜牺牲地区农民，换取 GDP 的增长。这两种极端倾向都是打着"以人为本"的旗号进行的，但是造成了很大的实践危害，甚至损害了以人为本的理论价值。恩格斯曾说过，应当"结束牺牲一些人的利益来满足另一些人的需要的情况"，使"所有人共同享受大家创造出来的福利"，"使社会全体成员的才能得到全面的发展"。① 相反，如果随着社会发展进程的推进，社会财富越来越集中在少数社会群体少数社会成员一方，那么就说明社会发展的成果只是为少数社会群体少数人所享用。

因此，问题的实质就在于，"以人为本"的关键不在于以多数人还是以少数人为本，而是究竟应该以人的什么为根本。对此的不同认知理解，导致实践解读的偏差。马克思主义哲学认为，以人为本必须是以人的自由全面发展的利益需求为根本。因此，以人为本就是把关注人、尊重人、解放人、发展人作为文明社会发展的目的，实现人的生存和发展利益，尊重人的价值，维护人的权利，促进人的全面发展。发展的要义和首要目的是满足人的需求，就是要不断满足人民群众日益增长的多样化的需求。人的需求是多方面的，是不断增长和变化的。从个体需求纵向发展层次看，需求的种类包括生存需求、享受需求、发展需求、尊重需求、信仰需求等；从横向个体需求结构看，需求的范围包括物质需求、政治需求、精神需求、健康需求、心理需要、情感需求、审美需求等。需求的多样化和需求结构的变化，要求发展必须是全面的协调的。因此，今后我国的发展理论和实践操作都应该深入研究究竟是要以人的什么为根本。

---

① 《马克思恩格斯选集》第 1 卷，第 243 页。

以人为本不能抽象地谈人是根本，要深入分析，以人的什么为根本。胡锦涛同志说，坚持以人为本，就是要以实现人的全面发展为目标，从人民群众的根本利益出发谋发展、促发展，不断满足人民群众日益增长的物质文化需要，切实保障人民群众的经济、政治和文化权益，让发展的成果惠及全体人民。全体人民既包括多数人也包括少数人。胡锦涛同志所有关于以人为本的论述，都十分明确地指出，我们所讲的以人为本，是以广大的人民群众为本，这里的人，不是抽象的人，也不是某个人、某些人。一切为了人，一切依靠人，就是一切为了人民群众，一切依靠人民群众。这里讲的人和人民，是同一个意思。因此，以人为本，就是以实现人的全面发展为目标，从人民群众的根本利益出发谋发展、促发展，不断满足人民群众日益增长的物质文化需要，切实保障人民群众的经济、政治和文化权益，让发展的成果惠及全体人民。所以，以人为本，就是要以人的全面发展的需要为根本。就是以全体人民的全面发展需要为根本。如何知道发展是否真正体现了广大人民群众的需要和诉求，检验的唯一标准就是广大人民群众的满意程度。因此，以人为本就是要以广大人民群众的满意程度为本。只有坚持这一点，才能消除社会不稳定因素，实现社会和谐。

参考文献

1. 楚国良：《新农村建设中农民的身份该如何界定》，中国乡村发现网，2009 年 3 月 11 日。

2. ［美］杜赞奇（Prasenjit Duara）：《文化、权力与国家：1900—1942 年的华北农村》，江苏人民出版社 1994 年版。

3. 费孝通：《江村经济——中国农民的生活》，江苏人民出版社 1986 年版。

4. 江国成、陈伟：《国家将继续加大强农惠农政策力度》，《经济参考报》2008 年 10 月 21 日。

5. 王业伟：《黑龙江省 2008 年粮食补贴和良种补贴资金大幅增加》，《黑龙江日报》2008 年 3 月 9 日。

6. 胡恒洋、刘苏社、张俊峰等：《"十一五"农民收入增长机制问题研究》，《宏观经济研究》2006 第 7 期，第 15—19 页。

7. 孔祥智：《聚焦"三农"——180 位专家学者破解"三农"难题》，中央编译出版社 2004 年版。

8. 韩俊：《建设新农村中涉及农民切身利益的若干问题及政策建议》，国务院发展研究中心国研网，2006 年 3 月 7 日。

9. 张孝德：《新农村建设要避免三个误区》，《学习时报》2006 年 3 月 20 日。

10. 王春光：《新农村建设关键在于农民不断增强自我发展能力》，《中国青年报》2006 年 3 月 19 日。

11. 申端锋：《村委会选举十年回顾》，《社会科学报》2008 年 4 月 10 日。

12. 俞可平、李慎明、王伟光：《农业农民问题与新农村建设（第 5 辑）》，中央编译出版社 2006 年 12 月版。

13. 李新慧：《论新农村文化建设中存在的问题与对策》，《企业家天地》2007 年第 5 期。

14. 冯兵旺：《新农村建设要谨防三个误区》，《农民日报》2006 年 11 月

30 日。

15. 宋振远、董振国：《部分县乡新农村建设陷入误区 高度警惕"5个误区"》，新华网，2007 年 2 月 22 日。

16. 叶敬忠：《新农村建设中的九个问题亟待关注》，新华网，2006 年 12 月 7 日。

17. 国家统计局农村社会经济调查司：《中国农村贫困监测报告——2005》，中国统计出版社。

18. 刘远达：《中国到 2010 年将解决全部农村贫困人口温饱问题》，新华网，2003 年 8 月 29 日。

19. 《农村文化建设取得显著成绩》，文化部党建在线，http：//dangjian. ccnt. com. cn，2008 年 6 月 6 日。

20. 费孝通：《江村经济——中国农民的生活》，江苏人民出版社 1986 年版。

21. 许纪霖：《本土化的理解误区》，《香港社会科学学报》1994 年第 4 期。

22. Vivienne Shue，The Reach of the State：Stretches of the Chinese Body Politic. Stanford：Stanford Univercity. Press，1988. 转引自王铭铭：《国家与社会关系史视野中的乡镇政府》，《中国社会科学季刊》（香港）1998 年第 24 期.

23. 沈跃春：《促进新农村文化建设 切实保障农民文化权益》，《人权》杂志 2009 年 11 月 5 日。

24. 白雪秋：《韩国政府在新村运动中的作用及启示》，《长春市委党校学报》2000 年第 4 期。

25. 蔡昉、杨涛：《城乡收入差距的政治经济学》，《中国社会科学》2000 年第 4 期。

26. 陈锡文：《统筹城乡发展，解决三农问题》，人民网，2003 年 1 月 12 日。

27. 杜育红：《教育发展不平衡研究》，北京师范大学出版社 2000 年版。

28. 郭建军：《现阶段中国农民收入增长特征、面临的矛盾和对策》，《中国农村经济》2001 年第 6 期。

29. 郭寿玉：《中国封建社会晚期资本主义不能充分发展的原因》，《经济科学》1992 年第 4 期。

30. 金观涛、刘青峰：《兴盛与危机——论中国封建社会的超稳定结构》，湖南人民出版社 1984 年版。

31. 李昌平：《我向总理说实话》，光明日报出版社 2002 年版。

32. 李成贵、李人庆：《中国农村基础教育投入：主体确认与增长机制研究》，《研究报告》2003 年 3 月。

33. 林毅夫：《新农村运动与启动内需》，北京大学中国经济研究中心《研究简报》1999 年第 7 期。

34. 陆学艺：《走出 < 城乡分治，一国两策 > 的困境》，《读书》2000 年第 5 期。

35. 农业部：《农业国内支持政策研究》，《研究报告》2002 年 9 月。

36. 秦晖：《农民减负要防止 < 黄宗羲定律 > 陷阱》，《中国经济时报》2001 年 3 月 21 日。

37. 荣敬本：《村民自治——民主的蝴蝶在飞》，《改革内参》1998 年第 3 期。

38. 荣敬本、赖海榕：《关于县乡两级政治体制改革的比较研究——从村到乡镇民主制度建设的发展》，《经济社会体制比较》2000 年第 4 期。

39. 盛洪：《让农民自己代表自己》，《经济观察报》2003 年 1 月 27 日。

40. 世界银行：《共用增长的收入》，中国财经出版社 1998 年版。

41. 孙立平：《改革反映强势主张》，《改革内参》2003 年第 16 期。

42. 萧瑞、李利明：《农村土地制度的变革之路——访原中共中央农村政策研究室主任杜润生》，《经济观察报》2002 年 9 月 30 日。

43. 吴立山：《日本农产品贸易自由化的经验与对策》，《中国农村经济》1999 年第 12 期。

44. 于建嵘：《岳村政治》，商务印书馆 2001 年版。

45. 张晓山：《深化农村改革促进农村发展》，《中国农村经济》2003 年第 1 期。

46. ［美］加布里埃尔·A·阿尔蒙德等著（1978），曹沛霖等译：《比较政治学：体系、过程和政策》，上海译文出版社 1987 年版。

47. ［美］彼得·布劳著（1964），孙非等译：《社会生活中的交换与权力》，华夏出版社 1988 年版。

48. C·弗塔多著：《巴西的发展模式》，载于 K·威尔柏编《发达与不发达问题的政治经济学》，中国社会科学出版社 1984 年版。

49. 费正清著（1979），陈仲丹等译：《中国：传统与变革》，江苏人民出版社 1992 年版。

50. ［美］撒母耳·P·亨廷顿著（1968），王冠华等译：《变化社会中的政治秩序》，北京三联书店 1989 年版。

51. ［美］西蒙·库兹涅茨著（1966），戴睿等译：《现代经济增长》，北京经济学院出版社 1991 年版。

52. ［美］亚瑟·路易斯著（1979），施炜等译：《二元经济论》，北京经济学院出版社 1989 年版。

53. ［美］格尔哈斯·伦斯基著（1984），关信平等译：《权力与特权：社会分层的理论》，浙江人民出版社 1988 年版。

54. 叶敬忠，王颖：《对新农村建设中试点村做法的思考》，《中国经贸导刊》2007 年第 2 期。

55. ［英］约翰·希克斯著（1969），厉以平译：《经济史理论》，商务印书馆 1987 年版。

56. ［法］H·孟德拉斯著（1975），李培林译：《农民的终结》，中国社会科学出版社 1992 年版。

57. ［美］巴林顿·摩尔著（1966），拓夫等译：《民生和专制的社会起源》，华夏出版社 1987 年版。

58. ［英］李约瑟著（Joseph Needham），劳陇译：《四海之内》（论文集），北京三联书店 1987 年版。

59. ［美］文森特·奥斯特洛姆著（1985），王诚等译：《制度分析与发展的反思》，商务印书馆 1992 版。

60. ［美］约翰·罗尔斯著（1971），何怀宏等译：《正义论》，中国社会科学出版社 1988 年版。

61. ［美］约瑟夫·熊彼特著（1934），何畏译：《经济发展理论》，商务印书馆 1990 年版。

62. ［美］I·沃勒斯坦著（1974），罗荣渠等译：《现代世界体系》（第一卷），高等教育出版社 1998 年版。

63.《马克思恩格斯全集》第 23 卷，人民出版社 1978 年版。

64. ［美］舒尔茨著，梁小民译：《改造传统农业》，商务印书馆 1987 年版。

65. 胡恒洋、刘苏社、张俊峰等：《“十一五”农民收入增长机制问题研究．宏观经济研究》，2006 年第 7 期，第 15—19 页。

66．江忠宝：《社会主义新农村建设"十必须"》，《学习时报》2008 年 5 月 14 日。

67．辽宁社会科学院：《中国新农村建设国际研讨会文集》，2008 年 1 月版。

68．李新慧：《论新农村文化建设中存在的问题与对策》，《企业家天地》2007 年第 5 期。

69．［英］爱德华·泰勒著，连树声译：《原始文化》，广西师范大学出版社 2005 年版。

70．孙秋云编：《文化人类学教程》，民族出版社 2004 年版。

71．夏建中：《文化人类学理论流派》，中国人民大学出版社 1997 年版。

72．李亦园：《人类的视野》，上海文艺出版社 1997 年版。

后 记

本书是辽宁社会科学院 2010 年度省财政资助重大课题"辽宁农村经济社会研究"的最终研究成果。在本研究项目进行的过程中，课题组成员刘艳菊助理研究员、齐心助理研究员、张妍博士、吴伟博士、张春昕助理研究员为本课题研究工作不辞辛苦，广泛而深入地开展理论探索、资料搜集、实证研究，通过深入基层调研，采集、整理和分析数据，为本课题按时顺利完成做出了重大贡献。此外，这项出版成果中还凝聚着辽宁社会科学院研究人员王春光、徐明君、陈东冬、魏晓琳、孟月明、车流畅、元文礼、李绍德、侯小丰等学者的支持和辛劳，本书受到了他们的研究工作的启发和借鉴，有些学者还对本书提出了很有价值的修改意见，在此深表感谢。

感谢原辽宁省政协副主席张成伦多年来对我开展新农村建设研究的支持和鼓励；感谢辽宁省科协副主席金太元研究员为我进行新农村建设研究提供了很多指导性的意见；感谢辽宁社会科学院副院长、研究员孙洪敏博士在百忙中多次为本书进行修改和把关；辽宁省委政策研究室农村处陆丽君处长为我提供了很多政策咨询，同时，她作为一位农学专家学者，也为我提供了很多专业和技术上的指导，在此深表感谢。

感谢人民出版社编审刘丽华主任的擢拔举荐，才使本书有机会在人民出版社出版；感谢人民出版社的编辑雍谊先生，为本书出版花费了不少时间、精力及心血。

作 者

2010 年 7 月 21 日于沈阳

责任编辑：雍　谊
装帧设计：王　舒

图书在版编目(CIP)数据

民生哲学问题研究：以新农村建设为例/牟岱著.
　—北京：人民出版社,2011.1
ISBN 978-7-01-009541-7

I.①民…　Ⅱ.①牟…　Ⅲ.①农村–社会问题–研究–中国　Ⅳ.①D669

中国版本图书馆 CIP 数据核字(2010)第 245301 号

民生哲学问题研究

MINSHENG ZHEXUE WENTI YANJIU

——以新农村建设为例

牟　岱　著

人 民 出 版 社 出版发行

(100706　北京朝阳门内大街 166 号)

北京瑞古冠中印刷厂印刷　新华书店经销

2011 年 1 月第 1 版　2011 年 1 月北京第 1 次印刷
开本：710 毫米×1000 毫米　1/16
印张：17.75　字数：365 千字

ISBN 978-7-01-009541-7　定价：40.00 元

邮购地址 100706　北京朝阳门内大街 166 号
人民图书销售中心　电话 (010)65250042　65289539